Peter 2.0

The Human
Cyborg

彼得 2.0

［英］彼得·斯科特-摩根
（Peter Scott-Morgan） 著

赵朝永 译

C1S 湖南文艺出版社
HUNAN LITERATURE AND ART PUBLISHING HOUSE

博集天卷
CS-BOOKY

著作权合同登记号：图字 18-2021-148

图书在版编目（CIP）数据

彼得 2.0 /（英）彼得·斯科特 - 摩根
（Peter Scott-Morgan）著；赵朝永译 . -- 长沙：湖南
文艺出版社，2021.11
书名原文：Peter 2.0: The Human Cyborg
ISBN 978-7-5404-9684-5

Ⅰ.①彼… Ⅱ.①彼… ②赵… Ⅲ.①回忆录-英国
-现代 Ⅳ.①I561.55

中国版本图书馆 CIP 数据核字（2021）第 174324 号

上架建议：非虚构·人工智能

BIDE 2.0

彼得 2.0

作　　　者：［英］彼得·斯科特 - 摩根（Peter Scott-Morgan）
译　　　者：赵朝永
出 版 人：曾赛丰
责任编辑：丁丽丹
监　　制：吴文娟
策划编辑：黄　琰
特约编辑：吕晓如
版权支持：姚珊珊　王媛媛
营销编辑：秦　声　闵　婕　傅　丽
封面设计：潘雪琴
版式设计：李　洁
出　　版：湖南文艺出版社
　　　　　（长沙市雨花区东二环一段 508 号 邮编：410014）
网　　址：www.hnwy.net
印　　刷：三河市鑫金马印装有限公司
经　　销：新华书店
开　　本：700mm×995mm　1/16
字　　数：227 千字
印　　张：20.25
版　　次：2021 年 11 月第 1 版
印　　次：2021 年 11 月第 1 次印刷
书　　号：ISBN 978-7-5404-9684-5
定　　价：58.00 元

若有质量问题，请致电质量监督电话：010-59096394
团购电话：010-59320018

致弗朗西斯，赛博格的爱人

我们一起对抗这个世界，

世界终将被我们征服。

目　录
Contents

彼得的宇宙第二规则 099

彼得的宇宙第一规则

科学是通向魔法的唯一途径

人生无常

"那么，目前你都获得了什么头衔呢？想必名字后面累积了一长串吧。"安东尼问道。他这是客气，我刚才一直在问他名字后头跟着的大英帝国勋章这一头衔。

"博士，帝国理工学院文凭、工学学士，认证信息技术专业人员，特许工程师，英国计算机学会会员，移动机器人系统、伦敦城市行业协会会员。"我叽里咕噜说了一通，不假思索，似乎又成了学生时代的那个彼得，想要向老朋友炫耀。意识到自己的行为后，成年彼得试图救场："不过，大英帝国勋章才是至高无上的荣誉。"

我和安东尼事先精心协调了各自的行程，以便能在伦敦相遇。他是芝加哥抒情歌剧院的主管，世界各地到处跑，忙得不可开交。我呢，和弗朗西斯结婚快十年了，我们大部分时间都在周游世界，领略所有向往已久的异域风情。但是今天，我和安东尼设法挤出了一天的时间，一起叙叙旧，畅忆往事。

"所以看起来，我错过的历史性事件并非你们结成民事伴侣关系，而是步入婚姻殿堂？"

"是的！去年法律又有所变动，允许关系升级。不过，其实也无所谓，毕竟法律是有追溯力的。我们结婚证上写的日期是2005年12月21日，所以根本没有意识到，我们已经结婚九年多了！"

"你父母在有生之年见证了这一切，真好。"

我父母在三个月内相继去世，且都年近百岁。他们生命中的最后两年一直是我和弗朗西斯在照料。

"现在跟我说说你俩在印度的蜜月吧。我和科林也准备不久后去一趟，所以想听听你的建议！"科林是安东尼的丈夫，他们在一起几十年了。"是不是那次出行以后，你们两个就患上了旅行癖？"

"确实如此。有一天，我们突发奇想：我们为什么不这样一直旅行呢？于是，我们努力攒钱。我知道，钱永远都赚不够，但可以赚到够花。然而，我们意识到，有一样东西我和弗朗西斯永远都不够用，那便是在我们还算年轻时陪伴对方的时光，所以我——"我弯了弯手指，打了个引号的手势，"'退休'了。"

"在你四十多岁的时候——"

"是刚刚四十岁！"

我偶尔也会负责一些项目，在各类公司和组织担任顾问，并乐在其中。

"显然，你现在很享受'退休'！"他边说边模仿我的手势，比了一个引号。

"棒极了！我已经写了几本科学书籍，但主要是在填补自己地理、历史和艺术上的知识空白，上学那会儿，我没机会学这些。我和弗朗西斯都非常健康，也热爱冒险，打算再继续探索个几十年。最终，世上万物各得其所……"

为了观赏北极光，我冬季去了北极圈以北很远的地方旅行。一天，在浴缸里舒服地泡完热水澡，我从温热的水中站了起来，把膝盖以上擦干。我抬起左腿，甩掉水珠——很像一只踩进了什么东西的小狗，踩到防滑垫上，然后抬起我的右腿。就在这时，我的右腿开始剧烈震颤，仿佛穿过了——我只能猜测——时空连续体的某处重要的断裂。在此之后，我发现自己的人生朝着完全陌生的未来快速飞去。

我的右脚不能正常扭动，活动幅度小，很像加拉帕戈斯群岛上一只非常古老的巨龟摆腿时那样，而且充其量也就是缓慢地来回摆动。和科学家一样，我对所有不怎么正常的事件充满无穷无尽的好奇，在不经意间注意到了这一症状，但还是努力从浴缸里挣扎了出来。

类似的情况又发生了几次，我推断是自己脚步不稳，也许是肌肉拉伤，没什么大不了的。潜意识里，我认为这个假说非常合理，我的大脑也随之放松。就这样，我安稳地度过了整整三个月，直到有一天来到罗得岛，爬上了一座保存完好的古希腊神庙，我开始颤抖起来。

我得赶紧补充一句，其实抖得不是很厉害。但是如果我碰巧以某种特定的方式走动或坐下，右腿就偶尔会出现一定的颤抖。只是有时候，几乎难以察觉。两周后，我就此事咨询了一位理疗师。他戳了戳我的右腿，又伸了伸它，并做了大量笔记。医生说对的，很可能是深层肌肉拉伤，也许还有轻微撕裂。他问我还有没有其他症状，我提到了颤抖。

"我没注意到任何——"

"不，引起颤抖需要特定的姿势，看，就像这样……"

"啊——"

这一声"啊"令人稍有不安，表明你未必想知道发声人此刻的想法。当然，我是个例外。

"所以，当有人表现出此类症状时，通常意味着什么？"我凭着直觉以更专业的方式说话，不掺杂个人感情地谈论这一敏感话题，像同辈一样和他讨论，从理论层面同他对话。这样，你将在更短的时间内得到更多的信息。

"呃，这种状况是阵挛的典型征兆。"

我不记得自己之前听过这个词，而且我的脑海中还模糊地记着上千个医学术语，自然就非常自大，以为这种情况一定相对少见，于是我不假思索，大胆猜测："神经损伤？"

"非常正确！可能是上运动神经元病变。我马上给你的全科医师写封信，他会推荐你去看神经科医生，给你做个磁共振成像。"

我走出理疗师的办公室，手里攥着他匆忙给我的全科医师写的信，仿佛那是一张护身符，脑海里开始回想哪些较为明显的"病变"类型可能会影响我的脊髓或大脑（这就是我的理疗师想要表达的意思）。身体上的伤害就是明显的一类，但从十八九岁开始练空手道之后，我就没怎么受到过重击，为什么伤害现在才出现？

当然是因为癌症，脑瘤就会这样，但我并没有其他症状。难道是脊椎上的局部肿瘤？我想知道这种可能性有多大。或者是轻度中风？如果颤抖是更多症状的预兆，可不是什么好消息。也不会是行动不受控制的脑瘫，毕竟脑瘫通常始于童年。多发性硬化呢？很常见，可能会在以后的生活中出现，无法治愈。即便如此，也比脑瘤好。

十天后，我平躺在一个狭窄的台子上，然后被缓缓向后推到一个高性能磁共振成像仪甜甜圈状的真空槽里。我以前从来没有做过磁共振成像扫描，所以被这部设备迷住了。磁共振成像使用了由液氦冷却的超导磁体，这种磁体非常强大，可以让你身体的某些部位发出微小的信号，信号经处理就可以形成三维图像。当然，磁共振成像的噪声也异常大。

即使我戴上了隔音性能良好的护耳器，杂音也没能放过我。巨大的磁力一秒剧烈地砰砰响几次，导致整部设备一起砰砰响。由于此时我也在这部设备内，所以也会受到冲击。设备发出的低音听起来就像有人试图用气锤敲开你头骨上的金属头盔；而高音听起来（以及感觉起来）则像一场火力全开的炮击。这是医学影像的震骇效应，而我在里面一待就是几小时。

我一直觉得自己很擅长解读别人，但没能从我神经科医生的脸上解读出什么。我知道这是一个经常得公布坏消息的人的习惯性掩饰。他指了指面朝大屏幕电脑的那把椅子，又走到房间的一个角落给弗朗西斯拿了一把椅子，等我俩坐下后，他自己也坐了下来，然后突然就笑了。

"在给你们看扫描结果之前，我想向你们保证，我们没有发现任何不好的东西。所以，你们可以放轻松了！"

我这才意识到，自己此前一直在屏着呼吸。我感到一阵麻麻的刺痛感，内心的职业性也瞬间被唤醒了。这一定是判决结果揭晓前，作为科学家的彼得将大量肾上腺素释放到血液里的缘故。

"哦，好吧，那真是令人鼓舞。"我表现得冷静、克制，就好像他刚刚告诉我的是，他曾经获过奖的矮牵牛花今年长势也不错似的。于是，我与生俱来的强烈好奇心又冒出来了。

"那么，到底是怎么回事？"

我的神经科医生带我们了解了我的大脑。

"你有一个可爱的大脑，"他自豪地说，暗示这有他的一部分功劳，"你们看……在头骨里……根本什么也没有……"我不确定这句话是否适合作为推荐语放在我任何一本书的封面上，但我知道他是善意的。

我们看着扫描结果，慢慢下移图像。沿着我的脊髓，一个均匀的黑色圆圈被我的椎骨以灰白相间的起伏状轮廓线包围着，令人安心。除了一些之前未被发现的轻微的脊柱侧凸（脊柱的侧面弯曲），没有什么其他问题。这倒是解释了我少年时期悬而未决的那个问题：为什么我骨盆的一侧比另一侧略高？

总之，一切都清楚了。没有脑瘤，没有脊髓肿瘤，没有多发性硬化的迹象，没有运动神经元病，甚至连一点神经受压的迹象都没有。结果非常清楚。在排除了所有明显的可能之后，神经科医生告诉我的全科医师，我似乎得了某种奇怪的病。于是，我被带入一个"寻宝"游戏，进行越来越深奥的检查。

我们从普通的胸部 X 线检查开始做起，但很快就升级到列满一大页纸的血液检查。查看表格上无关紧要的标签时，我注意到有三种检测针对的是艾滋病相关的感染。这完全合理，因为自身免疫病有时会表现为神经方面的问题。

　　当所有的结果都是阴性时，我们的游戏又升级了。这一次，当医院的抽血医生看到检查清单时，她忍不住说："哦，我真希望你没有感染这些东西，它们都太可怕了！"然而，当这些结果又都呈现阴性时，医生要求我做的血液检查仿佛从"深奥"升级为"超现实"。做完检查之后，还是什么问题都没有。很快，我去做了一些基因检测，结果还是阴性，我的神经科医生似乎对此有点不知所措。他又拿出一份清单，并向我保证这是最后一份。在我看来，这是一种掩饰不住的绝望。我新结识的挚友——抽血医生也对此感到茫然。

　　"其中大部分我听都没听过。"她在电脑上核查哪些检查目前能做，有两项不在其中。打了几通电话之后，她终于联系上某个不知名的实验室，拜托他们尽快给她所需的检验结果。

　　"呃，至少我们终于可以弄清楚你到底是怎么了。"

　　我真的希望如此。我一直在仔细观察自己的身体状况。一周又一周过去了，我身上的毛病正在慢慢地、无情地蔓延到我的腿上。在得到诊断之前，我们没有任何办法能够阻止这种蔓延。两周后，结果出来了。

美好的十六岁

改变宇宙是每个人与生俱来的权利。

虽然在十六岁生日时，我就已经得出了这个结论，并且坚信"打破规则可能是实现这一目标不可或缺的因素"，但我对其中的细节仍然不甚清楚。也就是说，如果我没有在一个月后，即五月那个阳光灿烂的周三下午，凭直觉做出反抗，我今天就不会活着。

因此，我首先应该对我的老校长表示由衷的感谢——这是一个具有讽刺意味的转折，因为我从来没有把他当成一个老师或一个男人。与此同时，他认为我是一个反上帝和反人类的可憎之物。不过，该表扬的还是表扬吧：那天如果没有他的干涉，我现在可能已经是这个"庞大机构"中"缴清会费"的一员了。我也不会活着。

那个关键下午的重大行动发生在 12 点 28 分左右，英语课即将下课。我站在那张古旧的讲台后面，一边给同学们读我那篇关于"未来"的文章，一边向他们表达我的想法。

那位相当年迈的老师微笑着，点点头以示鼓励。令人高兴的是，他给我的作业打了个"A+"，还给了一句热情洋溢的称赞："多么奇妙的幻想；谢天谢地，你的预言真是充满了奇思妙想！"这句称赞忽略了一点，那就是，我把自己的这篇文章当成非虚构作品来写，而不是虚构作品。平心而论，我母亲后来可能也犯了同样的错误，因为在她死后，我发现我带回家的所有文章中，她就保留了这一篇。

"……我的大脑将与一个电子大脑相连，这一连接体将远比各部分之和更聪明。总之，我的五种感官……"

午餐铃声响起了，没有人动弹——铃声提醒的是老师，而非学生。老师挥了挥手，示意我继续。

"总之，我的五种感官将会被无数的电子元件增强，直到我的整个身份得以进化，我的人性得以进化。我不再是开车，甚至也不再是驾驶大船，我会成为那辆车，成为那艘船。"我抬头看了看老师，表示我已经讲完了。

"多么美妙的奇怪想象，斯科特。你将传播科学幻想！非常好！"他望着全班同学期待的眼神，说了句"下课！"。

"你真是个马屁精！"辛普森从桌子后面起身，站到我的左边，他并不是我最忠实的粉丝。"这些都是你从《神秘博士》那里剽窃的。"

把东西都放到桌子上后，我觉得有必要反驳他的诽谤："实际上，自1963年10月23日周六下午5点15分以来，《神秘博士》中就没有一集的情节与你刚刚听到的推断有丝毫相似之处。"

"真的吗？"身形瘦削的小康纳说。奇怪的是，他既是辛普森的朋友，也是我的朋友，我们三个一起走到教室门口。我很喜欢康纳。

"有时候，你就是个十足的变态。"辛普森说。

"是的，"我没反驳，"一天好几次。"我对着康纳得意地笑了笑，以一种恰如其分的自信姿态避开我要说的话会造成的后果。"随时欢迎加入……"

午餐时间很紧张，所以我想离开了。我很快就穿过主走廊尽头那扇巨大的双开门，走出了大礼堂（在我看来，它总是有点像一座红砖砌的大教堂），踏进了灿烂的阳光里。在我前面，越过那几个网球场，便可以看到修剪整齐的球场，一直延伸到远处。我知道，在我的右边，也就是一长排科学实验室的另一边，运动场延伸得更远，一直到游泳区。在我身后，即大礼堂的另一边，是唯一一片宽阔的公共绿地。我理所当然地认为，作为伊顿联盟的一员，有着富丽堂皇红砖建筑的国王学院学校在温布尔登中上阶层郊区最昂贵的房地产市场中，悄然占据了重要的地位。

我从不知道有什么不一样的，这就是我的世界。我从三岁起，就在可以直升国王学院学校的小学上学。七岁的时候，我和班上的大多数同学径直穿到里奇韦的另一边，开始穿红色的运动夹克，而不是灰色的。直到现在我才发现，我很幸运（特别是当我父亲不得不缴纳95%的所得税给工党政府时）。因为很幸运地出生在体制内，我才能够得到这样卓越的教育——我的整个家族也都如此。

我总是想当然地认为，亲戚们都很有钱，且地位显赫，彼此之间也关系密切。这儿有一位高等法院法官，那儿有几位爵士和爵士夫人，一位局长，一位院长，许多总经理和董事长。他们都以一种相当含蓄的方式声称爱我；然而，他们每一个人都在几年内表现出了相反的行为。

当我继续往前走的时候，"臭臭"慢悠悠地从我身边走过，抽着烟斗。几十年前——具体时间不知道，初中生给他起了一个亲切的绰号。

"下午好，学生代表！"

"先生！"令我感动的是，他仍然称我为学生代表，尽管那已经是三年前的事了，当时我还在上初中。这让我更加确信，六个月后我将成为高中部的男生代表，因此他不必改变问候方式。两次任命同一个男生为男生代表并不少见。当然，我预计过不了几天，自己就会被宣布为级长，所以这肯定意味着，我有可能竞选上男生代表。

透过小礼堂的窗户，我可以看到一头的全宽舞台。十三岁时，作为初中部的男生代表，每次开学校大会我都和老师们一起站在上面。我被选上的时候，男生代表基本已经成为一个仪式性的角色。这个角色（以及级长）让人有权经常发放行为卡，其中很多卡片会导致校长鞭打学生，但很少有人会对七岁的孩子实行这样的管理方式。

一切早已时过境迁。正如一些资深的老师津津有味地告诉我的那样，我的一名前任曾经用藤条鞭打过他的每一个级长；到我扮演这个角色时，这样的机会显然已不再被视为工作的额外福利。

我绕过了那个相当宽敞的小礼堂，正准备去小修道院建筑群。这时维吉骑着他那辆破旧的自行车，从我看不到的拐角处全速冲到我在走的小路上，差点撞到我。我跳到一边，等着他撞向地面。

幸运的是，他转向了另一边；不幸的是，他差点撞到墙上。因为他只有一只手握住车把，另一只手则紧紧放在头上（他骑车的时候一向如此），以摁住他的假发。假发在气流的吹拂下胡乱飞舞。这次比几周前好多了，当时他的化学实验室不幸发生了爆炸，我目睹实验室被炸了个粉碎。

"小心！"他叫道，完全没有公道可言。

"老兄！"

我毫发无伤地来到音乐区，看到一辆黑色的老式劳斯莱斯停在拱门下，便走进去找车主。我走进一个非常熟悉的大房间，因为我是唱诗班（我所在的四个合唱班之一）的一员，每天祷告前会在那间房里练习半小时。

沃特斯先生对我温和地笑着。"下午好，彼得。你能来我感到喜出望外，什么风把你吹来了？"

对任何一名老师来说，直呼一个孩子的名字都是不寻常的。然而，在私下里沃特斯先生总是这么做。

"我想知道我能不能把双簧管放在这里，放到明天。"

"当然可以，我的小家伙。"

简单聊了几句之后我就离开了，径自沿着小修道院走了一圈，经过了工艺美术楼，绕到了艺术区。这是因为，除了穿西装而不必穿夹克，上六年级的主要好处之一就是不用再参加午宴。而楼上艺术教室里那张我留作私用的大桌子上放的是我过去八个月利用午餐时间一直在做的东西，上面还盖着被单加以保护。那已经是迄今为止，我最珍贵、最私人的财产了。

人生乐事

　　我从手提包里拿出三明治，还准备了一支羽毛笔，十分仔细地在一幅很小的图上添加一些文字，作为注释。这幅图大约有四分之一英寸高，在这张三英尺①长、四英尺宽的厚手工纸上几乎看不见。我把纸往远处拿了拿，检查整体效果。

　　"很漂亮！"我身后一个声音说道。

　　拉里·菲什——一名艺术老师，他身材瘦削，四十多岁，时尚，未婚，我觉得是同性恋。

　　"你写东西的时候，我不想冒险出声。那么，什么是'阿纳拉克斯之火'呢？"

　　不管菲什先生是不是同性恋，我都知道他是可靠的，所以我告诉了他真相。

　　"这是阿瓦隆勋爵第一次爱上拉海兰的地方。"

　　"如果我没记错的话，你就是拉海兰吧？"

　　"某种程度……"

----

① 1 英尺合 30.48 厘米。

　　这个很复杂。三年前，我开始创造另一个世界，一个主要故事发生在萨拉尼亚王国的幻想世界。我发明了一种地理环境、多种文化、一种语言、字母表，还有草书和神秘符号。十四岁的暑假里，我花了大部分时间制作并雕刻了一把萨拉尼亚竖琴，至今仍自豪地把它放在办公室里。最重要的是，我创造了神话、传奇和民谣。不像我喜欢的托尔金的作品，我的英雄故事和魔法故事里也有两个男人之间的爱情故事。如果我周围的现实世界里没有两个男人之间热烈、戏剧又浪漫的爱情榜样，我会自己创造出来，以填补这一空白。

　　这张彩绘地图带有一种奇幻的中世纪手稿风格，是我对每个我梦想过的地点和故事的记录。每个地名都有一个故事。每个角色都有一段历史。那几个月的时间里，我每做一次记录时，菲什先生都会随机问我任何吸引他眼球的有趣措辞。他知道我与那个金发的巫师学徒拉海兰产生共鸣。我给他讲了无数关于拉海兰和凯尔特人般的阿瓦隆的故事，但这是我第一次明确地说他们是情侣。我告诉他，在那个仪式上，这两个人向整个宫廷宣布他们的爱情，然后在所有人面前接吻，以及从那以后，他们是如何在全国范围内作为一对已婚爱人受到正式欢迎的。

　　他觉得这事再自然不过了。

　　"你永远不会随波逐流，"他温柔地说，"我记得在你九岁的时候我就这么告诉过你，那时你得了学校的艺术奖。我觉得很遗憾，你在高中时没有选择艺术课程。"

　　我们在一年前就讨论过这个问题。当时，我必须在三门课程中选择一门，然后在中学六年级学习。

"看在上帝的分上，还有英语，"他继续说，又重复很久以前说过的那些，"你在艺术界会很成功的，或者成为一个作家，或者……"他停顿了一下，好像这个想法是他刚刚想到的，"一个演员。罗杰斯先生还在对你演的约翰·德斯托古伯[①]赞不绝口。你是怎么做到每晚在观众面前崩溃的……"

"我所做的就只是在大庭广众之下哭泣，这连婴儿都能做到。"

"好吧，我想这个角色会让你成为明年的戏剧之星。"然后，他突然说道："或者你可以成为一名导演，从事电影、电视等领域！"他看起来既恼怒，又尴尬，同时满怀悲悯。"会很适合你的。"他的脸扭曲了，努力想传达其中的言外之意。

我想自己明白他的意思，但还是决定继续说下去，就好像我们只是在讨论我选择的学科一样。

"我明白。我喜欢戏剧学会，也喜欢艺术和英语，还有地理和历史。我之前跟你说过，我觉得自己生错了时代，像莱昂纳多·达·芬奇这样的人，从来不用选择科学而放弃艺术！我讨厌只能选数学、物理和化学。我甚至不能加上生物学，这就排除了行医的可能。"

"我只是认为，你可能会发现更多的人……"他放慢了语速，小心地选择自己的用词，"像你那样思考艺术。"

"但对我来说，我永远会选科学，永远。我七岁的时候就开始引用爱因斯坦的时间膨胀公式，因为我喜欢这个公式的发音。"

"什么？"

①爱尔兰剧作家萧伯纳的戏剧《圣女贞德》中的一名牧师。

"就是相对论公式，即你行进得越快，时间流逝得越慢。"他的困惑丝毫没有减轻，"看，如果我乘一枚火箭从地球出发，绕着巨大的环形运行一年，前六个月火箭保持加速状态——以自由落体的速度加速，然后再以同样的速度减速，返回地球。等回到家时，我所有的朋友都会死去，因为地球上已经过去一百年了。这听起来像魔法一样不可思议，却是真实的。所以我喜欢科学的原因在于：仅仅因为你可以对某事做出解释并不能阻止它充满魔力。"

"你瞧，这正是我的意思！彼得，你以后要进入科学领域，可你更熟悉浪漫、爱情和魔法，所有这一切都是与科学完全对立的！"

"但这才是问题所在——我不认为它们是对立的，它们只是相同事情的不同视角。"

一阵沉默。他似乎已经承认了失败，因此更直接地说出了他善意的警告："你得知道，你找不到很多人能像你这样看世界……"

我不确定该将这句警告看作评论、赞扬还是批评。

"好！总之，我想出了一个简单的方法。如果我遇到他们，就能知道他们是谁。我称这种方法为卡默洛特[①]测试。"

他扬起眉毛，无声地鼓励我继续说下去。

"所以，你可以成为卡默洛特里的任何人。你想成为谁，亚瑟王还是兰斯洛特？"

"我想大多数人最后都会选择亚瑟王吧？"

---

① 英国亚瑟王传奇中的亚瑟王宫。

"也许吧，但我的答案是梅林①……"

他慢慢地笑了。"好吧，我想我明白了。你知道的，我只是想再确认一下，"他看了看表，"顺便问一句，你是不是该参加宿舍楼际比赛了？"

我看了看自己的表。"糟了！"

"别担心，你走吧。"

我抓起手提包，热情地奔向近半个世纪后仍是我一生中最痛苦的一段经历。

学校的六栋宿舍楼每年举行一次击剑比赛。比赛马上就要开始了，我也是参赛选手。不幸的是，我还穿着西装。

我冲进几乎空无一人的击剑馆更衣室，从架子上抓起我的击剑袋后开始脱衣服。

"我明白了，姗姗来迟。"安东尼像往常一样尖刻，他走了过来，微笑着表示欢迎。

"只要能让尼科尔森输掉比赛，怎么样都行！"

安东尼身材魁梧，比我大一岁，不跟我住同一栋宿舍楼，父母是匈牙利人（他母亲曾在奥斯威辛集中营待过）。他对科学不感兴趣，计划从事法律工作，对击剑并非真正感兴趣，有两个女朋友，而不是一个，是我最好的朋友。不知怎的，我们相处得很好。他酷爱模仿人，恶意满满。

"斯科特！"他极度夸张地模仿我的舍监——我们俩都瞧不起他，"又迟到了！真是耻辱，是我们这栋楼的耻辱，是学校的耻辱，

---

① 亚瑟王传奇中的一位魔法师。

是世界的耻辱！”

我们俩笑得合不拢嘴。当时，我正在系白色击剑服的最后一颗肩扣。

“我都准备好了吗？”

安东尼快速检查了我全身的装备。

“白衣幻影！”他总结道，“祝你好运！”

“我永远也打败不了尼科尔森，但我会试着不让自己变成一个十足的傻瓜……”

我抓起面罩和花剑，跑进了击剑馆。

差不多两小时后，我发现自己进入了决赛，对手是比我大一岁的击剑队队长尼科尔森。他绝对是个比我优秀的击剑手，但在之前的加时赛中，击剑老师避开了我们俩之间的比赛——这是我能走到现在的主要原因。

结果，我今天表现很好，尼科尔森反倒状态不佳。我们不分上下，谁先得一分谁就赢。我在击剑场一头等着，摘下面罩喘着粗气，以便在两回合之间凉快下来。我在努力思考。我试过的每一招，他都聪明地化解了。他敏捷、机智、经验丰富，我确信他能拿到下一分。

我深吸了一口气，强迫自己冷静下来。思考起来！从本质上讲，击剑就是一种反应速度非常快的象棋比赛。为了得分，你只得将对手的剑移开足够长的时间以进行攻击。这叫作防守反击。实际上，只有两种防守方法：将对手的剑击向一边，或者快速转动对手的剑并把它弹开。问题是，你的对手也知道这两种方法，并试图对你所做的一切进行反击。尼科尔森的速度很快，那我怎么才能比他想得更周到呢?

随后,我发现了他防守的方式。我们开始比赛时,尼科尔森的表现似乎很随意。但当他感到压力,诉诸本能时,他似乎倾向于使用划圆防守。没有时间思考,直接出击。

"预备! 开始!"

我立即用一连串的防守和反击猛烈进攻,把所有的精力投入一阵突发的动作。我清楚,自己坚持不过三十秒。这是一场赌博。

我大胆向前进攻,把尼科尔森逼下了击剑场。然后,本能出现了,他连续做了两个划圆防守。我打赌他会做第三个,所以提前避开了,把他的剑击向一边,猛扑过去。

他跳了回来,刚好我的剑尖够不到。但我的腿长,冲得又快,惯性使我向前冲去。我转动右腿,剑尖又往前伸了几英寸。

"击中! "击剑老师听起来和我一样兴奋。我和尼科尔森同时摘下了面具,握了握手。他微笑着向我表达祝贺,我模模糊糊地意识到,馆里的每个人都在欢呼,向我们蜂拥而来。

"好样的,斯科特! 你会成为一个称职的接班人。"尼科尔森看上去很真诚。

我感到高兴,还非常自豪。在进入公立学校击剑锦标赛的四分之一决赛后,我被告知这学期我将接替尼科尔森,这样他就可以集中精力准备一个月后的高考。但那是他非正式地移交职责。

我的舍监——身材魁梧,满头白发,令人生畏——从人群中挤了过来,无疑是想祝贺我,尽管很勉强。然而,他避开了和我进行眼神交流,并向击剑老师打了个手势。他们走开了,挤在一个角落里,而所有观看决赛的人都挤在我和尼科尔森周围,我甚至都没注意到，我的舍监回来了。

"斯科特！跟我来。"

我跟着他走出击剑馆，进了更衣室。

"把它们放在这里。"他命令道，朝我左腋下的花剑和面罩挥了挥手，然后都没有回头看我跟没跟上，就冲了出去。

我们默默地走着，走到网球场时，他回答了我未曾问过的问题。

"你跟我去见校长！"

这是一种委婉的说法。各种级别的领导，尤其是舍监，都重视他们的自主权。他们保有相当大的体罚权力，其中一些人，主要是年纪较大的教师，继续依靠硬底拖鞋或旧运动鞋进行体罚。但最近，只有校长被允许用藤条。事实上，对我们大多数男孩来说，除了在晨会上出现，校长唯一的任务似乎就是鞭打。

我的步伐从未迟疑，但我突然感到不舒服。我的嘴张得有点大。

"先生，我可以问问为什么吗？"

"这是纪律问题。"他吼道。

残疾人

　　我所有深奥的血检结果都是正常的。好的一面是，我现在已经接受了几乎所有的血液检查，而且顺利通过了检查。不好的一面是，没有更多的血液检查了，但我的身体还是有点不对劲。到目前为止，这种不对劲远比剧烈摆动的脚趾更让人虚弱；爬上墨西哥玛雅金字塔的台阶于我而言已成为一个健康安全问题。

　　在我第一次出现症状六个月后，右脚的瘫痪症状已经蔓延到膝盖，而且现在两条腿都有问题了。也就是说，我右腿出现的所有症状都以同样的顺序逐渐显现在我的左腿上。有一天，当我和弗朗西斯在挪威的一处峡湾游历时，我意识到自己走路时明显是一瘸一拐的。

　　回到英国后，我不断壮大的医疗团队中没有一个人知道是什么导致了这种情况，尽管从积极的方面来看，我们有一份非常长的清单，上面列出了所有被排除掉的原因。他们的失败诊断越来越令人尴尬，也许是受了这一刺激，他们选择退而求其次：默认给我的症状起一个恰当又令人印象深刻的名字。从此以后，我正式患上了"痉挛性轻截瘫"，即腿部肌肉僵硬导致部分瘫痪。

　　这促使我重新评价老同学福斯特和他的小帮派。我清楚地记得，他和学校里为数不多但喜欢嚼舌根的人在提到我时用了一个描述性的绰号——"痉挛性同性恋"。当时，我认为这是个幼稚的玩笑。但说真的，这两层意思最终都变成现实……概率有多大？

　　在这一时期，当我和弗朗西斯出去时，他会在我需要帮助的时候伸出援手，且频率越来越高。我认为，这是任何一对共同度过成年生活的伴侣都会表现出的潜意识行为。果然，我经常看到小老太太紧紧抓着她们的丈夫蹒跚而行，就像我抓着我的丈夫一样，就像爸爸和妈妈那样。

　　话说回来，他们当时已经九十多岁了。我五十多岁，自认为身体健康、体格健全，病情却让我很不安。我慢慢地意识到（尤其是我注意到陌生人脸上夸张的关心或轻微的厌恶时），路人定义我们的方式，与他们定义托基步行大道上走向长椅的老夫妇的不同。他们甚至没有把我们归类为一对老年伴侣。事实上，他们根本没把我们当成一对恋人。弗朗西斯现在似乎完全成了我的个人护理助理。在仅仅几个月的时间里，我不知不觉就变成一个看似有学习困难的成年人。这是我第一次体验加入我的新族群：残疾人。

　　我至少有四个月的时间都在否认这一点，才不得不最终承认，这可能不仅仅是我人生的一个阶段。也许我不会只是体验一下残疾人如履薄冰的生活方式，然后就回到大多数人都更容易接受的生活状态；也许从现在起，我就是这样的人了。我鼓起勇气，告诉我最好的朋友（当然是弗朗西斯），我认为自己可能残疾了，或者，真的残疾了。他说他已经知道了。这让我松了一大口气，但也是件大事。我记得我们说了一句话，坚定了自己的决心，再次直面人们的任何无知和他们对我们的偏见："谢天谢地，只是腿，嗯？"

事实证明，以残疾人身份出门和我第一次以同性恋身份出门的最大的区别在于，在前一种情况里，人们往往非常友善。我想，这样的话，还有什么不喜欢的呢？在地中海的伊维萨岛，人类共有的这种极度无私得到了最好的体现。

我和弗朗西斯正慢慢地穿过一条繁忙的马路。我紧紧抓住他的胳膊，因为交通灯正在嘟嘟地响个不停，催促我们快点走，却徒劳无功。这绿灯时间是为那些精力充沛又年轻的社交达人准备的。当我们走到一半的时候，已经被和我们同时过马路的一大群人远远甩在了后面。唯一剩下的"旅伴"是一个穿着黑色丧服的干瘪老妇人，她显然只想一心一意地过马路，以免被拥挤的车辆撞倒。她居然都走在我们前面了。

然后灯光变了，我听到了引擎的加速声，还伴着几辆过载的小摩托车的加速声。交通灯还是黄灯，它们就你追我赶，争相飞奔而去，带着亮光，向我驶来。

现在，此时此刻，如果你以为我们的马路"旅伴"（毫无疑问她非常习惯来自当地交通的无情敌意）会以乌龟般的速度加速，那是可以原谅的。因为她只需要比自己后面的那对伴侣快，小摩托车就会先撞到我们，然后呼啸着停到适当的位置。

但随着车辆的隆隆声越来越大，她停了下来，转过身抓住了我的另一条胳膊，和弗朗西斯一起把我护送到安全的地方，就像两个慢动作的保安挟着一个不速之客离开大楼。她把我安全送到路边后，对弗朗西斯露出了微笑——牙齿都掉光了，急促不清地用西班牙语对他说了些什么，然后转过身蹒跚着走了。她从没跟我有过眼神接触。这对我来说是一个重要的转折点。我意识到，我刚刚不知不觉又不情不愿地完成了两个重大的成年仪式。首先，一直以来，因为我脑子不错，人们对我还算包容，但现在我被认为是一个白痴，甚至不值得被承认。其次，我已经到了一个需要小老太太帮我过马路的阶段。

　　有些东西必须改变，我凭直觉找到了一个技术解决方案——手杖。而且我很快就得出结论，这项技术的顶峰在维多利亚时代晚期就已经达到，那就是绅士手杖。在我看来，这种优雅复杂的设计从来没有被超越过，这一点在我回到英国后得到了充分的证明。当时我让我的理疗师为我准备一个助行器，他便借给我一根英国国家医疗服务体系（NHS）提供的手杖。

　　那根手杖基本上是一个宽直径的可调节铝管，顶部的灰色塑料把手坚硬平直，底部有一个巨大的橡胶套圈。它重得出奇，且平衡性很差，把任何重量压在上面，把手用起来都会不舒服，整个看起来就像是由一个兼职水管工设计的。

　　手杖还会发出咯咯声。当我用它走路的时候，它咔嗒作响，但主要是会发出尖锐凄凉的声音。我只能假设，设计这种手杖的人实际上从来没有在公共场合使用过它。相比之下，我刚买的福尔摩斯时代设计的银顶黑檀木手杖虽年代久远，却有着完美的平衡，发出的声音也尽显温文尔雅和精致巧妙。即使在一百二十年后，它仍能毫不费力地击败其现代的临床对手，后者（先不提外观）甚至不能正常使用。

　　当我第一次带着我的新（旧）助行器散步的时候——这对我来说是一个极具象征意义的时刻，我想我当时确实有点招摇。不过，也可能只是因为我的跛脚。不管怎样，我的身体残疾一目了然，没人会再误会什么。事实上，路人经过时往往会快速地看我一眼，然后对我微笑。出示正确的"成员徽章"所能实现的效果令人称奇。

痛苦

　　我甚至不记得，我们是怎么走到校长书房外的接待室的。我唯一的记忆是，舍监冲进旋转门，结果发现小房间里已经站了两个低着头的男孩，他的脸便沉了下来。

　　我和其中一个相当熟。靠着墙的长凳上坐着的那个是和我同年的罗林斯，他穿着红蓝相间的英式橄榄球装备和沾满泥块的靴子，刚从球场上下来。坐在他旁边的是我可爱的朋友康纳，穿着白色运动服，刚结束越野跑。他们都抬起头来，对我们的闯入感到惊讶。但在与我进行了几秒意味深长的眼神交流后，他们又低下了头，试图表现得坚强些。

　　罗林斯的身高和体格使他看上去比实际年龄大两岁，看上去很坚忍。小康纳比我矮，比我轻，看起来快要哭了。我很同情他。与此同时，我的舍监站在那里，就好像房间里没有别人一样。透过通向校长书房的软垫门，我可以听到一个人低沉的说话声。

　　突然，门开了，我看见了贝尔钱伯，他的体格和罗林斯差不多，也穿着橄榄球装备，但腿上长满了毛，眼里噙满了泪水。校长站在他身后，上了年纪，瘦高个，灰白的头发稀稀疏疏，眼睛细长，晒黑的皮肤像爬虫一样。

"下一个！"

罗林斯站了起来，两眼直直地盯着前方。校长推了推贝尔钱伯的肩膀，让他动起来。他犹豫不决，一瘸一拐地向前走，两腿紧紧地并在一起，好像膝盖无法弯曲。他对着罗林斯微微摇了摇头，几乎不可察觉。这不是一个好迹象。罗林斯深蓝色的橄榄球短裤材质很厚，显然被视为一种特殊待遇，不够公平，校长便要求他脱下来。

门在罗林斯面前关上了。单调的嗡嗡声。沉默。我的心怦怦直跳，脸上一片冰凉。

啪！

沉默。

啪！

沉默。我突然热了起来，觉得自己要吐了。

啪！同时传来一声痛苦的喊叫。

沉默。我左边传来呜咽声。我看了过去，亲爱的康纳看起来很害怕。我想拥抱他，我的本能就是去保护他，他看上去那么瘦小脆弱。从去年开始我就一直迷恋着他，但现在我感受到的只有他的悲惨遭遇，因为我也吓坏了。

我以前从未被鞭打过，但我们都清楚地知道，我们的朋友是怎么描述的。他们告诉你，趴在椅子上向窗外看，然后等待着。每个人都说等待是最糟糕的。接着第一鞭来了，立马就能感觉到疼，但两秒后就很难受。而后，第二鞭。就在那时，不管你有多坚强，你都会开始哭。第三鞭。通常在较长时间后，大多数男孩发出声音的时候。然后，你应该站起来，伸出你的手，和校长握手并说："谢谢您，先生。"

门开了。"下一个！"

康纳站了起来——他的腿苍白而纤细，但没动。他吓呆了。罗林斯行动僵硬地出现了，他满脸通红，鼻子周围却有奇怪的白斑，还流了血。他橄榄球靴上的鞋钉放大了他从接待室里走出时的断续声，脚步慢吞吞，像小鸟走路一样。康纳还是没有动。

"快点，孩子！"我的舍监比之前更生气了。校长皱起眉头看着康纳。

就是这个时候。

我仍是害怕的，但有生以来第一次，我感到更强烈的情感占据了上风。

对现实的愤怒，对不公的气恼，对残酷制度的憎恨。

一种陌生的平静麻木了我的恐慌。尽管我无能为力——我完全不能将小康纳或我自己从不可避免的命运中拯救出来，但一种决心、责任感和甘愿牺牲的意识，以及一种力量感在我体内变得越来越强烈。

这是一种我不熟悉的复杂情绪，我不知道该怎么去处理。我心怀感激，因为不再只是感到害怕。但是，当康纳拖着脚走进书房，门被关上时，我意识到，如果可以的话，我愿意替他受罚。我喜欢他，我比他强壮。我内心深处的一种觉醒意识在呐喊，力量越大，责任越大。

然而，我身体的其余部分却在叫嚣着：你无能为力。

伴随着低沉的鞭打声，我感到自己的牙齿咬得紧紧的。

在沉默中，我的脸僵住了。

啪！一声哭喊。

愤怒。

啪！一声更响的哭喊。我的舍监漫不经心地看了看他的手表。

愤怒。

愤怒。

愤怒。

啪！一声短暂的尖叫。

恨。

我的内心翻腾起来。愤怒，气恼，憎恨。至少现在叫声消——

啪！一声急促的尖叫。

哦，天哪！不！他怎么可以这样呢？

啪！大叫，紧接着是一阵哀号。

我恨你！！！

哀号。

我恨死你了！

啪！一声尖叫，接着是一个十六岁男孩同样让人觉得陌生的声音，他无法控制地哭喊起来，在男高音和最高音之间转换，声带自发恢复到他还是个孩子时最后一次崩溃的状态。

求你了，上帝，求你了，不要再打了！在我绝望的时候，我向一个我知道不存在的神祈求。

求你了，求你了！

里面传来模糊不清的低语声。

这意味着他的痛苦结束了吗？我再也听不到他哭了。

沉默。

低语声大了一些。

门开了，迷人的康纳出现了。他现在不那么迷人了，因为在我们面前，他没有停止哭泣，而是延续了先前的羞辱。他嘴角向下，拉成一个不可思议的半圆，绿眼睛充了血，苍白的脸颊上淌着眼泪。

我的本能反应是去紧紧地抱住他，吻掉他的眼泪，告诉他一切都结束了，我不会再让这种事发生，我会保护他。

事实上，有那么几秒钟，他的目光与我的相遇了，我试图用一丝同情的微笑和微微点头来传达我的本能。他近乎下意识地也向我点头致意，然后移开视线，想要走出去。

他向着自由，迈出了小小的步伐。当他走到旋转门——背对着我，停下来推开门时，我看到他的短裤一侧有淡红色的污迹。

我想我是不动声色的，因为我的大脑太忙了，没有时间来控制肌肉。我的校长一直是我与世隔绝的生活中毋庸置疑的领导者。我现在却看到他成为残酷恐怖政权的专制暴君。我这一生都被教导，被洗脑，以接受这个权力机构是好的、有价值的、合适的。突然间，它那不接受反对的欺凌和残忍让我完全反感。

我很清楚，我什么都做不了，绝对无法改变即将发生的事情。但是，就像拉海兰和阿瓦隆去打仗一样，我不会给他们投降带来的满足感，不会让他们感受到我的恐惧。我不会屈服。我会坚强。为了康纳。

我抬起下巴，转过身直视着校长的眼睛。

"下一个！"

进展惊人

诊断方面持续没有任何进展让人感到乏味，因此我们开始进行一系列科技含量明显更高的测试使我跟个孩子般高兴。这些测试使用的是由闪光灯、电极和电脑屏幕组成的电子设备，就像好莱坞拍摄电影时那样。

第一项测试几乎只使用了闪光灯。这是一个视觉诱发电位（VEP）测试，用来检查眼睛和大脑之间的神经信息。这样做是有意义的，因为这是多发性硬化的常见检查之一。正如我一直怀疑的那样，多发性硬化现在是我所患病症的有力"竞争者"。

一名技术人员将一些看起来令人印象深刻的电极连接到我的头骨上，盖住我的一只眼睛，让我一个人待在一个安静的房间里。我坐在那里看一些闪烁的图案，直到他回来，给我盖住另一只眼睛。这非常像我想象中苏联时代的洗脑实验。

接下来是一个听起来更令人印象深刻的躯体感觉诱发电位（SSEP）测试，用来检查我的身体和大脑之间的神经信息。我很快发现，这显然源自苏联时代改良过的审讯技术。记录变化的应该是连接在我身体各个重要部位的电极。

然后，电击开始了。大约一秒钟两次，剧烈，但可以承受。

"怎么样？"医生问道。她还很年轻，依然有着刚参加工作时的热情。

"很好，谢谢你。"尽管我听说了关于躯体感觉诱发电位测试的各类报道，但这会没什么事的。

"哦，好！我喜欢从大约一半的电压开始测试，只是看看情况。你比平均身高稍高，所以我们可能得给你施加高一点的电压。我把它调高一点，你能接受吗？"

她的热情很有感染力，所以我发现自己咬紧牙撒谎："是的，当然。"

在电击的过程中，杀死你的是电流，但让你肌肉收缩的是电压。当我热情的年轻同伴把电压调高时，我开始抽搐，越来越不舒服。她其实还没调到最大值。

"现在，我需要你放松下来。"她欢快地说。

我仔细端详着她，试图找出一点点诙谐的迹象，最后只能勉强承认，她是认真的。

"好吧，让我把这件事搞清楚。我被电极固定在轮床上，而你就要把电压调到最高（甚至更高，因为我个子高），却想让我放松？"

"是的，理解正确。事实上，如果你不介意的话，为了得到最好的结果，我想在你的肌肉还能保持放松的情况下，把电压尽可能调高。所以不要收紧肌肉，就让它们抽动吧。如果你做好了准备，那真是再好不过了。"

她说的是一个有魔力的短语——"最好的结果"，所以科学家彼得自然回答道："当然。你试试吧！"

就在电压带来的感觉从令人不舒服变成令人难忘时，我想多问一点关于这个测试的问题。

"这个测试需要多少个电脉冲？"出于某种原因，"电脉冲"听起来没有"电击"那么令人担心。

我试图让自己的声音听起来漫不经心，尽管我对答案很感兴趣。

"哦，我想我们需要六百个，"她似乎对这个回答很满意，"然后我们会更换点位。"

"啊，太好了。你打算覆盖多少个点位？"

"四个。"她说，就好像在澄清她的"酷刑室"有多少面墙。

随着"脉冲"引起的感觉从令人难忘提升到难以忘怀，我开始询问进度报告，来寻求安慰。毕竟，到现在为止，我肯定至少被电击了五分钟。

"那么，我们正从哪儿查看第一个点位的情况呢？"

她笑容满面，看向她的电脑屏幕、旋钮、按钮和其他的辅助工具。

"别担心。再等一分钟，然后我们就可以准备开始了……"

在做完躯体感觉诱发电位测试两周后，我得到了官方的答复。虽然医生做了最大的努力，却还是什么都没有查出来。我已经知道了。在整个过程中，我一直在和我的检查员交谈——尽管在比较令人难受的情况下，我的声音有时有点尖，并询问她结果。我了解到都很正常（就像视觉诱发电位的结果那样）。当她最终承认失败，说我可以走了的时候，她似乎真的很沮丧。

我早该猜到，相关机构不会就此罢休。仅仅一周后，我就又被叫了回去。这一次，我被告知，他们接受了我没有多发性硬化的事实，并在寻找其他的可能性。我问是什么，他们说不确定，希望"彻底排除运动神经元病的可能性"。我说，我以为磁共振成像早就排除了这种可能性。他们同意了这个想法。但不管怎样，他们还是打算给我做肌电图，看看是不是我的身体隐瞒了什么。

肌电图机是一种诊断神经肌肉疾病的工具，不过我认为它更适合被用在詹姆斯·邦德的电影里，而不是在 Q 的实验室里，我得赶紧补充一下——在反派的豪宅里。你明白这种隐喻：与绅士书房里高高天花板上的木质镶板装饰格格不入、极不协调的一组高科技设备和白色病床代表着一种强制性的酷刑场景。这组设备必然会由一个安静得令人不安的中年妇女来操作，她没有化妆，穿着有点过时的衣服。

非常巧合的是，这正是我发现自己当下所处的情境，反派的老巢被伪装成汤顿郊外的一所乡村医院，而负责折磨我的郊区居民身着白大褂，伪装成一名医生。她轻声对我说话，带着我认不出的东欧口音。

表面上，从"囚犯"的角度来看，躯体感觉诱发电位测试和肌电图之间有惊人的相似之处。但结果表明，二者之间存在不同之处，即电击的管理方式。肌电图是一种回归基本的诊断，它保留了按照策略进行放置的第一个电极（用胶布粘在你裸露皮肤的合适位置上），但完全丢弃了任何与大脑相连的软电极，取而代之的是一根电针——它会缓慢地穿过你的皮肤，依次进入不同的肌肉层，然后随着脉冲电击继续无情地起伏穿行。

正是负责躯体感觉诱发电位测试的那位技术人员的同事向我透露，在我折磨人的提问过程中，这个痛苦天使拒绝被卷入谈话。

她会专注地盯着屏幕，把针从我的肉里扎进拔出，然后让它继续不受干扰地电击我。最后，她显然是对什么感到满意了，便把针拔了出来，轻轻地抚摸另一块肌肉，再慢慢地把针推进去。当她厌倦了我的脚和腿时，就移到我的手上和胳膊上。我并没有提醒她我的胳膊没问题，以让她感到满足——我感觉她无论如何都会继续下去。

当测试结果出来时，我特别感兴趣。那是一封相当专业的信，有五页，寄给了我的神经科医生，我要求他复印一份给我。读到第三页时，我意识到，结论是我的测试结果还是正常的。简而言之，我的下运动神经元（从脊髓到肌肉的神经）周围的绝缘层没有破裂，所以运动神经元病被排除了，就像做磁共振成像时那样。

我开始对这封信失去兴趣，因为它继续确认各种各样的疾病，而那些疾病现在都由肌电图结果排除了。正如我想的那样，名单上有肌萎缩侧索硬化（ALS）——运动神经元病的专业术语。更确切地说，我模糊地记得，肌萎缩侧索硬化是一种运动神经元病——令人讨厌的那种，也是目前为止最常见的一种，在美国被称为葛雷克氏症。据我所知，迄今为止，我所遇到的所有医学人士都不太在意这种学究式的区别，而是倾向于交替使用"运动神经元病"和"肌萎缩侧索硬化"。

所以，我没有得肌萎缩侧索硬化或运动神经元病。这并不奇怪。我浏览了其余的内容，但后来有什么东西立刻吸引了我。这是什么？突然，这封信引起了我全部的注意。这是一个初步的诊断建议，一种之前从未有人向我提过的新疾病，一组神秘的词，我敢肯定我以前从未听过：原发性侧索硬化（PLS）。

到我了

我希望十几岁的王子上刑场时是昂首阔步的，所以我也迈着大步走进校长的书房。表面上英勇无畏，内心却在努力地用一腔怒火压制住自己本能的恐惧之情。这两股力量野性十足，可我靠着意志力保持了二者之间的平衡——刚刚好而已。当时我年纪尚轻，不谙世事，还不知如何保持平衡，但年少轻狂赋予了我需要的自信——我相信自己的意志力。

校长走向办公桌，我注意到他的双颊微微泛红，这时我的舍监不声不响地跟在我身后走了进来，关上了门。藤条就在那里，将近三英尺长，有我手指那么粗。这是专门惩戒高年级男学生的"武器"。

校长转身面向我，他的背后是一扇巨大的上下推拉窗，窗子俯瞰着这所田园式的公立学校——我的学生时代就在这里度过。他盯着我看。

"先生！"站在我身后的舍监说道，"您一定还记得，校长……"

"是的，没错，这件事真是让人遗憾，斯科特。令人反感，叫人失望透顶。"

"先生？"

校长似乎在思忖怎样继续才最好，他眼睛都不眨一下，仿佛一只伺机偷袭的蛇。他终于发话了，音量是平时的两倍。

"你想成为可憎之物吗，斯科特？"

妈的！

这完全在我的意料之外，我对此措手不及。人们不会把某人称作"可憎之物"，除非他们是在有意引用《利未记》。

"嗯？"我的大脑一片空白。出现在校长的书房里可能会有各种各样的原因，这一种是最糟糕的，甚至可以说极其致命。我机械地回答："当然不想，先生！"

他摇了摇头，也许是不信，也许是鄙夷。

"哟，我听到的版本可不是这样的，斯科特。你舍监听到的也不是这样的。"

我的舍监将这句话当作邀请，便走向办公桌，和校长站在一起——藤条象征性地摆在他们中间。

"他的名声变得很不好，校长。不只是他同年级的学生，低年级的寄宿生吃晚饭时也当众拿这事开玩笑。真是非常、非常令人反感。他给全校学生做出这样的示范完全让人不能接受，校长！"

我的大脑飞速运转，试图理解他说的话。最起码我现在猜出了他这些信息最可能的来源。国王学院学校基本是所走读学校，但也有一小部分寄宿生，康纳就是其中一个。他当然会开我的玩笑，就像我们互相说笑时那样。他当然会说长道短，我喜欢他八卦时的样子。其他男学生当然也会听到。

这样看来，似乎有一名教师也听到了。

这不是康纳的错。

"你确实意识到了吧，斯科特，一个基——佬——"他故意拉长了"基佬"这个词的发音，"会被上帝和人类憎恶，对吧？"

我瞥了一眼藤条，悄悄地深吸一口气，以让头脑冷静下来。这个问题很难回答。"和另一个男人躺在一起"在《圣经》里只出现了两次，都是在《圣经·旧约》里，都是由相当不容异端邪说的利未人提到的。他们把甲壳类动物和文身称作可憎之物，坚持认为非处女新娘和无礼青少年都该被石头砸死。

"我觉得只有在《利未记》里是这样，先生。"

"这与《圣经》哪一卷里提到过毫不相干，年轻人！这违背了所有的基本礼节，颠倒了上帝的自然规律，令人厌恶！"他停顿了一下，"我想，你确实是信仰上帝的吧，斯科特？"

这又是一个很难回答的问题。

"恐怕……我是个不可知论者，先生。"

这是个十足的谎言。不可知论者并不确定上帝存在与否。到了十五岁时，我确信上帝是人类创造的。

"啊！"他会意地转向我的舍监，"怪不得他丢失了自己的道德罗盘。"

他又转过身面向我，说："既然这样，我认为你最起码应该知道这是不合法的！"

不幸的是，事实确实如此。我痛苦地认识到，虽然同性恋在六年前被合法化了，但法案规定双方必须年满二十一岁，并且只能私下交往。我那时的年龄足以模糊地理解这项规定，可还是太小，根本没有意识到它跟我有什么关系。我的二十一岁生日遥不可及，就像一生那么漫长。

"是的，先生。"

"你如今也许已经听说了，在特殊情况下，这些性变态者不再被送进监狱。但是你一定知道，一件事不会仅仅因为合法就被世人所接受，对吗？"

他俨然是一位地方法官，明显以为自己是法律解读方面的专家。我觉得我们的这次对话是苏格拉底式的，便如实答道："我没意识到这个问题，没意识到，先生。"

这似乎平息了他的怒气。

"听着，斯科特，我知道你现在可能感到困惑。与其他男孩建立深厚的友谊，这是再正常不过的一个人生阶段。但是相信我，这一切终将过去。当你年满十八岁，离开学校之后，你会遇到一个姑娘，然后与她结婚生子。她会照管你们的房子，等你回家；她能满足你作为一个男人天生的性冲动。自然规律就是这样的。真正的男子汉都会这么做。"

我还从未听过他就男子气概这一话题如此长篇大论，其中每个字眼都让我感到厌恶，也让我更加坚定。我面无表情地看着他，这似乎使他愈加受到鼓舞。

"与此相反，同——性——恋则是一种病，是最严重的一种性病。它肯定会让你的生活陷入悲惨痛苦的境地。同——性——恋——者都是不幸的，你难道不知道吗，斯科特？"

他停了下来，好让我有时间琢磨这个"伟大的真理"。而我只是趁这个空当，思索了一下自己有多反感他、他的观点，以及把像他这样的人提拔到如今这一权力职位的整个机构。

"这个问题我也没意识到，先生，我没意识到，先生。"

"好吧，那就没什么办法了。"他的话听起来并没有就此打住的意思，不过是完成了第一步。"我很高兴我们仍保留自己原来的意见。要知道，一切都与人生的选择有关。在我对你进行管教之前，简单聊几句也是不错的。"

我的心突然怦怦直跳。保持镇定。你知道这一刻迟早会来的。你只是忘了。坚强点。憎恨他。想想康纳。

"斯科特，接下来的惩罚将会十分严厉。我希望这能让你终生难忘。我希望你在面临各种各样的人生选择时，都会想到这次惩罚。我希望今天会成为你痛苦的回忆，让你记住做出了错误的选择就要承担后果。从现在开始，我希望你在生活中做一个品行正直的人。尽管我知道这会很痛苦，但是你余生都会记得今天，因为这一天你鼓起勇气，开始了新生活。你明白吗？"

勇敢点。拉海兰会怎么做？

"是的，先生。我完全明白。"

他向着办公桌上的藤条走去。我的舍监站到一旁。

愤怒。气恼。憎恨。康纳。

但这太不公平了。

勇敢点。

"斯科特，这封信……"他再次面朝我，手里拿着一大张纸，"这封信来自击剑老师，他提议你担任击剑队长。很显然，现在没法实现了。要是让你担任代表学校之类的职务，就会传递完全错误的信号。"

就是这样。他用短短几句话就摧毁了我的世界，语气中还带着怜悯，程度和他揍学生时毫无二致。我热爱击剑。这是我擅长的运动。他清楚这一点。

勇敢点。

"另外，我希望你即刻离开戏剧学会，不然它的发展方向可不太妥当。"

第二击，正中要害。

虽然仍处于恐惧的情绪中，但我突然意识到了他在做什么。我能理解他的套路。他停了下来。他总是会在第三击之前暂停一下。第三击会让你痛彻心扉，失声哭喊。

勇敢点。

沉默。

勇敢点。

"最后，我和你的舍监一致认为，在这种情况下，不管怎样我们都不可能让你担任级长。这真是奇耻大辱。我一度以为，你明年是学校男生代表的有力人选。我对你失望至极。你的父母一定也是如此。"

我已经麻木了。短短几秒钟的时间，他就随意摧毁了他所知道的对我来说十分重要的一切，让我感到自己与众不同的一切，我引以为豪的一切。

他伸出胳膊。

"就这些。"

鞭笞结束了。

我和他握手。

"谢谢您，先生。"

自我发现

　　我回顾了自己的病情。八个月以来，我的双腿慢慢瘫痪，而几乎所有可能的病因都被一一排除。我脑部和脊椎的磁共振成像并无异常。我接受了不少越加全面深奥的血液检查，结果都显示正常。我还做了基因检测，做了视觉诱发电位和躯体感觉诱发电位，也没有发现问题。我肌电图的检查结果依然正常，事实上这是法律许可的一种用于强化审讯的有效手段。

　　排除其他疾病后，只剩下了一种可能性——原发性侧索硬化，这是一种罕见又发展缓慢的运动神经元病，大多为良性。听起来令人惊奇，也令人着迷。这个初步诊断我尚能接受——确实如此。此外，这种疾病极其罕见，不同寻常，医学界对其知之甚少。这一事实对我来说无疑是意外收获，我感觉就像是无限推迟的缓刑。我逃过了一劫。

　　一切再次变得得心应手。出于科学家的习性，我着手深入研究原发性侧索硬化，有点像我开始攻读博士时做文献调查那样。那时，挑战带来的创造潜能让我十分兴奋，我把调查结果写成了一本书——《机器人革命》（*The Robotics Revolution*），第一次提出关于人工智能发展前景的设想。但是现在我要做的这项研究相当紧迫，幸好要学的东西没那么多。

从本质上讲，原发性侧索硬化只是上运动神经元功能障碍，而肌萎缩侧索硬化（一种更为常见却致命的运动神经元病）则表现为上运动神经元和下运动神经元都受损。简单点说，神经元只是"神经细胞"的别称，运动神经元又细又长（正如它们所模仿的电线那样），从大脑延伸到每一处你仅凭意识就可以支配的肌肉（跟机器人学家一样，医务工作者也使用"运动"这个词）。每个下运动神经元从其特定的肌肉一直延伸到脊柱，在脊柱中与对应的第二根线——被称作上运动神经元——连接，有点像接线盒。随后上运动神经元沿脊髓上行，抵达控制随意运动的脑区。

所以，通俗点讲，来自我大脑的线路有一部分在慢慢瘫痪。这个过程引起的损伤我尚能应对，真正造成肌肉萎缩的是下运动神经元脱失，若不加干涉，肌肉萎缩足以致命，因为病人无法进食或呼吸。原发性侧索硬化则截然不同，病人甚至可以行走。这真是天大的好消息。我和弗朗西斯欢欣鼓舞，就像我俩无意中避开了一颗有毒的子弹一般。

研究了三个月以后，我感觉自己对于原发性侧索硬化的了解不亚于我见过的许多会诊医师，还感觉自己可以跟他们进行同行般的讨论，出现分歧时也能坚持自己的看法。但是有一个问题：我很困惑。不是因一无所知而感到懊恼的那种困惑，而是因充分了解后开始觉得，这一切根本不合情理而来的那种出奇迷人的困惑。

这些年来，我已经非常熟悉这种感觉。最初就是它引领我走进科学殿堂的。我喜欢这种感觉。这意味着，你也许即将发现什么新奇因而令人振奋的事物。如果你的发现准确无误，并且人们对此表示赞同，那么你就能改写未来。这种感觉令人惊叹。若非如此，你觉得那些极客干吗一辈子都待在实验室里？所以通常情况下，我凭直觉会被这种困惑所吸引，想弄个究竟。但目前这种情况则不然。

问题在于，不完全合乎情理的不是原发性侧索硬化，而是肌萎缩侧索硬化（运动神经元病的常见形式）。我对肌萎缩侧索硬化不感兴趣。事实上，我只是偶然了解过肌萎缩侧索硬化，因为原发性侧索硬化实在是太少见了，甚至没有专门研究这种疾病的科学论文。而在零星几篇提及原发性侧索硬化的文章里，这种疾病只是作为更加普遍的运动神经元病研究的一部分，并且通常处于肌萎缩侧索硬化这一背景之下。

总而言之，如果想要充分了解原发性侧索硬化，你一定会顺带获得大量关于肌萎缩侧索硬化的信息。我的情况正是如此。距离症状第一次发作已经过去了十一个月，我能找到的关于原发性侧索硬化的资料少之又少，但我已经是肌萎缩侧索硬化领域的一部活的百科全书了。就是在这期间，我意识到在某些至关重要的领域，人们对运动神经元病研究的认识和研究本身给出的数据通常并不相符。

例如，运动神经元病总是被描述为罕见病。但是，如果仔细研究流行病学的统计数据，你就会发现，我们每个人一生中罹患该病的概率实际上是 1/300。对我而言，这并不特别罕见。我不知道许多父母或老师是否意识到，在英国的一所普通中学就读的孩子里，每天大约有三个最终会死于运动神经元病。实际上，这样看来，运动神经元病一点也不罕见。

死亡率统计数字令我更加困惑：一年内的死亡率为 30%，两年内为 50%，五年内为 90%。怎么可能会这样？毕竟，尽管大家普遍认为运动神经元病"总会致命"，但这不完全正确。尽管运动神经元病"无法治愈"的说法同样普遍，但这也并非完全正确。

我认为，运动神经元病患者（严格说来是肌萎缩侧索硬化患者，因为肌萎缩侧索硬化是更为常见的运动神经元病，统计数据也大多来于此）死于饥饿（因为他们再也无法吞咽食物）或窒息（因为他们再也无法呼吸）。但是为什么会这样呢？

他们消化道的功能完全正常，因此将鼻饲管——一种很常见的技术——直接插入他们的胃内即可轻松维持其生命。他们的肺仍起作用，只是肺部膨胀所需的肌肉不再强劲有力，因此借助空气泵便能轻松促使肺部膨胀。死亡原因并不是真正的医学问题——它们更像是工程学问题。

在我看来，如果采用适当的技术予以治疗，运动神经元病更像是慢性疾病而非绝症。使用适当的技术，最终导致死亡的可能就不是运动神经元病，也许会是心脏病或癌症。

尽管如此，为什么这么多人那么快就病逝了呢？就好像大多数运动神经元病患者出于某种原因，并没有采取技术路线以求生存。也许他们并不知道这种技术？也许因为护理费用的问题，没人提供这种技术？也许他们不想继续生存？

我可以理解最后一个假设。从历史上看，运动神经元病是一种真正的恶疾。如果借助生命维持设备以继续生存，患者最终几乎完全受困于床，只能躺在床上动动眼睛，能看到的无非是医院里相当无趣的天花板。但由于高科技的兴起，一切都变了。最新的发展甚至使斯蒂芬·霍金这样的人都看起来不那么酷炫。每个人都知道事情正在彻底改变，不是吗？

　　我不再为此浪费时间。尽管这种探究方法妙趣横生，但它与我重点关注的原发性侧索硬化无关。可它确实很有趣。由于没有旁人可以分享这一令人着迷却显然并非客观存在的想法——至少对我而言是如此，有一天晚上，我边喝红酒，边向弗朗西斯做出详细解释：尽管关于预后的假新闻铺天盖地，但事实是，如果患者想要和运动神经元病共存，成功的概率极大。他也认为，这一事实调查得不够清楚实在是奇怪。而且，更重要的是，为什么没有更多有关原发性侧索硬化的信息呢？

　　正是出于这种心态，三周后，我和弗朗西斯前往二百英里①外的伦敦，进行了几天的复查。从我第一次出现症状以来，已经快一年了，我们辗转求医，检查可谓细致入微。然而，所有检查都没有任何发现，所以我让我的全科医师准许我利用英国国家医疗服务体系提供的特别服务，似乎很多人都不知道这项服务，即任何人都可以要求在全国任一地方接受治疗。

　　我选择了英国国立神经病学和神经外科医院（National Hospital for Neurology and Neurosurgery）。还能去哪儿呢？人们从国外一路赶到那里就诊，而我只需要从另一个郡动身。为了确认原发性侧索硬化的诊断，这非常值得一试。在那里我会把所有最重要的检查再做一次。哦，他们还会给我做腰椎穿刺（也叫脊椎抽液）。

　　我向左侧卧，弯起膝盖，就像胎儿一样。这是完全屈服的本

————————

① 1 英里约合 1.61 千米。

能姿势，我的主要器官受到了很好的保护，它们也是在反抗即将遭受的身体虐待，由站在我身旁俯视我的那位男士进行操作。

医生手里拿着一个非常大的注射器，针头又长又粗，令人不安。我之所以知道这一点，是因为他在一分钟前就自豪地向我展示了它——那会儿我刚在免责声明上签了字，声明的大致意思是，如果他接下来对我进行的诊疗操作造成我的永久性瘫痪，我不会起诉他。

据我所知，腰椎穿刺的名声并不好。仅仅是因为一个你根本不认识的人（老实说，你无法确定这个人是否只是大街上的一个精神病患者，偷了一件白大褂，走进了治疗室）站在你身后，在你的视线之外，将一根相当于编织针的东西推入你的后腰，然后让你的脑脊液缓慢滴入一个小玻璃瓶。这种操作似乎让人觉得极其糟糕，应设法避免。当然，好莱坞电影总是这样刻画它，让你以为这是恐惧症、噩梦和限制级恐怖片里才有的东西。

但是我的体验还不错。医生用了一点局部麻醉药，随后我就感觉到一个针头在我的椎骨之间推动、探查、插入（我清楚地记得，医生提醒我"绝对不能动"后我还在想，如果我身体的某个偶尔痉挛的部位碰巧发作了会怎样），然后有人问了我一句"感觉如何？"（我觉得这句话的意思是"你的腿部还有感觉吗？"），仅此而已。

检查很容易，基本是在寻找多发性硬化的可能迹象，但显而易见，结果显示正常。除了使我患有原发性侧索硬化这一假设显得更加合理，这项检查完全是在浪费时间。磁共振成像扫描也是如此——我又做了一遍，结果仍然正常。令人十分遗憾的是，我因此不得不自愿前去测试我的疼痛阈值，或者就像我的检查计划表列出的那样，委婉地称之为"复查肌电图"。

面对即将发生的事，这次我至少有所准备。这位年轻的医生把我领进她的实验室后，随即表现出她很爱说话的样子。我没有多想，开始像往常一样和她聊天，就像同行间进行交流那样。是什么让她进入神经病学领域的？她的职业规划是怎样的？肌电图设备的灵敏度如何？为了避免"我是患者"这种无法抗拒的感觉，我问的都是些专业的话题。

这位医生在接下来的四十分钟里负责安抚我的情绪，就这样我很快与她建立了融洽的关系。在她持续对我的检查结果发表评论时，我们讨论了其中涉及的知识，这比仅仅在冷酷的沉默中等待下一次电击要好得多。

"啊，这里有点失神经支配。"说这话时她盯着插进我小腿肚的针。这基本上意味着，从我脊柱的接线盒出发，一直延伸到我小腿肌肉的这条神经的绝缘层存在问题。出了点故障。

"真有意思！"我答道。好吧，这确实很有意思，因为绝缘层应该是好的。很显然，在我第一次做肌电图之前，这种情况就已经持续好几个月了。我们继续讨论了衰减和髓鞘。

"嗯，好像还有一处。"

"真的吗？好吧，那样的话真是有趣极了。这表明最近几个月肯定发生了什么变化。"我表面很平静，并不是装的，而是我确实很感兴趣，几乎不掺杂个人感情。话虽如此，另一部分的我又暗想："哦！没想到吧，对吗？根据定义，原发性侧索硬化现在已被排除，还剩下超级让人讨厌的肌萎缩侧索硬化。可能是这样，虽然这会儿还不确定……"

我继续说话，她继续电击。大约有十分钟没什么进展，没有再发现失神经支配。等开始电击右手大拇指和食指之间的那块肉时，她听到某个地方的扬声器发出了静电声，便用钢针戳了戳我的虎口处，还微微扭了扭。我知道，发出的响亮噪声越快越好，因为那样的话，她就会停止扭动那根可恶的钢针。

她重新放置了电极。我对解剖学了解不多，但我运用自己有限的知识说道，哪怕只是为了转移注意力："啊，第一骨间背侧肌！通常会从这里开始……"因为确实如此。你能看到拇指和食指之间的间隙因第一骨间背侧肌萎缩而变大，这是更为少见的肌萎缩侧索硬化的典型迹象。

她说："没错，而且可以肯定……是的，绝对是失神经支配。"看来已成定局。

结论显而易见，我无暇顾及其他，立即回答："啊，所以根据埃尔埃斯科里亚尔（El Escorial），是早期肌萎缩侧索硬化。"埃尔埃斯科里亚尔是国际公认的肌萎缩侧索硬化诊断标准。例如，如果除了上运动神经元退化，你的身体还在三个或更多不同的部位表现出下运动神经元退化（诸如做肌电图时发现失神经支配），则表明你患有肌萎缩侧索硬化。

她毫不犹豫，简单地说："是的，完全正确。"就像我是一名正在核实诊断的医学生似的，而这正是我想要的。

一秒钟。两秒钟。

"哦，天哪！我不该这么说！非常抱歉！你还好吗？"

我的医生深感内疚。接下来的一分钟里，我一再向她保证，我一切都好。我还对她说了谎，说我已经预料到了这个结果，只是在求证罢了。毕竟，她所做的正是我所希望的，为此我衷心地感谢她。

诊断结果为肌萎缩侧索硬化而非原发性侧索硬化确实出人意料。但是，我已经在脑海中构想出我认为存活下来所需要的东西（鼻饲管和呼吸机），以及带病过一种丰富多产的生活所需要的东西（大量超酷的高科技设备）。

犯了无心之失的诊断师做完肌电图，我躺回诊疗台上时，记得自己当时在想两件事。第一，对于我需要的高科技设备，我最好开始填充细节。第二，为了避免弗朗西斯为这事烦忧，并且不过分推迟我们事先安排的行程——参观离医院只有几个街区远的皮特里埃及考古博物馆，我该怎样向他解释诊断结果才最好呢？

幸运的是，由于我们已经聊了多次，他自己也在网上查了资料，他和我一样客观冷静，就事论事——公平地讲，主要是因为他很了不起。当我们走进皮特里博物馆时，我们一致同意我的诊断结果确实是件大事，但也没有旁人想得那么大。

解决好这件事后，接下来的两小时我们尽情欣赏了数万件展品，它们都被收藏在楼上的几个展馆中，位于伦敦大学学院校园内一个几近隐秘的地方。我们陶醉其中，甚至还买了价格异常昂贵的展馆目录。总而言之，这是充满教育意义的一天。但奇怪的是，这也是幸运的一天，黑暗中总有一线光明。我记得当我们回到附近的酒店时，我还在想：面对肌萎缩侧索硬化这样的诊断结果，我一定是历史上最坦然达观的人之一。

这种自负感整整持续了九个半小时……

人生选择

　　我像僵尸一样拖着步子走回击剑馆，步伐僵硬又缓慢，这一定让我看起来更像康纳了。我的白裤子上没有血迹，但是我非常痛苦——我受到了深深的伤害。即使在走路，我发现自己也还在琢磨，我是不是宁愿像康纳一样，被校长用藤条狠狠地打一顿。他受的羞辱至少现在已经结束了，而我受的羞辱似乎永无止境。我越是分析自己受到的惩罚，就越是觉得支撑我优越生活的框架将要倒塌。一切都不再成立。构成我未来的关键要素已不复存在。

　　更衣室空无一人，只有我之前扔在一旁，现在觉得恍如隔世的衣服，似乎在嘲笑我以前无忧无虑的生活。我心不在焉地开始更衣。我的舍监紧随我悄悄离开了校长的书房，正朝着学生禁止进入的公共休息室的方向走去。他转过身劝告我："斯科特，不要那么浮夸！"然后消失在我的视线中。

　　"啊，我就知道你可能会回来。"说话的是击剑老师。我读不懂他的表情。恼火？难堪？还是两者兼有？"关于击剑队长这件事，我感到非常遗憾。我知道这一定让你很失望。但是你得从学校的角度考虑一下，这会向其他男学生发出错误的信号，学校的声誉也会受损。这的确有点迂腐，我知道。在我看来，男人在汉普斯特德荒野干什么是他们的自由。"

我十分惊喜，立刻做出有力的回应："是的，老师！对极了！当然！"

"但是，正如你所了解的那样，恐怕并不是每个人都像我这样想。"

他站了一会儿，在想是不是还有什么话要对我说，发现没有什么要说的后，便把手伸进口袋里，拿出一把钥匙。

"走的时候请把门锁上。"

我把这当作离别的礼物，锁门的任务通常只会托付给击剑队长。

"谢谢您，老师。"

我换好衣服，把击剑袋背在肩上，锁好更衣室，绕着运动场走到外场员防守区的入口处。那是一条狭窄的公共道路，贯穿校园，两边立着又高又长的栅栏，也是我回家的捷径。我看了一眼手表，大约下午 5 点一刻。

三分钟后，我到家了。我打开镶有玻璃的双扇门，走进建于 20 世纪 30 年代的公寓大楼的门厅——这是我一直居住的地方。我乘老旧的电梯来到顶层，走进父母的公寓。

我在母亲的脸上匆匆吻了一下，然后找了个借口，说自己要做三小时的作业，逃进了自己的卧室。我脑子里依然乱成一团。我强迫自己集中精神写物理课作业，设法专心致志，结果很快就被打断，回到破碎的现实中。父亲去主卧换衣服时对我挥手，示意晚上好。他在一家小型风险投资公司工作，开一辆戴姆勒上下班。他到家则表明晚餐即将开始。不久之后，我听到父亲再次经过我的房门，于是我跟着他来到餐厅，母亲正要出锅盛盘。

她曾是医学生，但是和父亲结婚后就放弃了。自我记事起，母亲在婚后的日子里一直扮演着家庭主妇的角色。她从温布尔登买蔬菜，肉类则让人从哈罗兹百货公司的食品区送到家里。根据这些原材料，她制订了非常严格的食谱。那一天是周三，意味着我们今晚吃新西兰羊排、土豆泥、胡萝卜和豌豆。

吃完甜点，在他们打开罗伯茨收音机听晚间节目之前，我有事要问问他们。也许我是希望告诉他们什么事。可能是最近发生的令人震惊的事让我有胆量，或者说迫使我去试探什么，这种事我之前从来不敢，也不觉得有必要推动。但是现在不一样了。我的世界已然颠覆，我需要知道它的新轴线在哪里。

"我们今天在学校里进行了一场有趣的辩论，正方和反方。正方认为'同性恋是一种完全可以接受的生活方式'。反方则认为'同性恋会被上帝和人类憎恶'。我想知道你们的想法。正反双方各执己见，争执不下。"

母亲立即表现出一副担忧的样子。当她觉得我需要她时，她总是一位满怀爱意又全力支持我的母亲。父亲也是如此。他俩经常拥抱我、亲吻我。我的父母就是这样。现在，他俩都立即进入了保护模式。

"亲爱的，真有这回事吗？正反两方？我感到非常失望，不是吗，孩子他爸？"她带着期待的神情看向父亲。

"嗯，是的，我看是这样。"母亲仍期待地看着父亲，直到他补充说："我的意思是，没错，肯定的。"

"亲爱的，我希望老师没有就任何一方发表意见！"

"好吧，实际上，他们评论了几句。"

"我感到震惊。令人震惊！真的，这对一些男孩来说太不公平了。这会让他们产生完全错误的观念。也许我明天应该打电话给校长，向他投诉这件事。"

"哦，不要！真不值得那么做。只是一场辩论而已。"

"好啦，如果你这么确定的话就算了。但我认为，让男孩接触到这种言论绝对是不像话的。这会伤害他们。"

"好吧，我想如果你像我一样，在家中得不到支持，会感到有些沮丧。"

"为什么这么说，亲爱的？发生什么了？"

母亲一贯如此，绝顶聪明，领悟得很快。有时，她领悟得实在是太快了。突然间，我们游走在冲突的边缘，气氛十分紧张。

"不，不，什么都没有！我只是想说，有些男孩可能会觉得很困惑。"

"好吧，你有我们呢！"

她松了一口气，我也松了一口气，而我的父亲看起来几乎一直都比较放松。她伸出一只手，搭在我的手上。

"永远，永远不要担心，"母亲用她最令人感到宽慰的语气说，"完全没什么好困惑的。正如你父亲会证实的那样，这种事毋庸置疑。同性恋当然是可憎之物。亲爱的，不是吗？"

"当然是这样！"

母亲拍了拍我的手，说道："尽管放心，我们整个大家庭中，没有人会与同性恋有任何瓜葛。"她把手移开，双臂放于胸前，夸张地颤抖了一下。"哦，真是耻辱！我的意思是对父母而言。周围的人都会同情他们，这一定会让他们羞愧不已，尤其是当母亲的。最新研究表明，造成人们成为同性恋者的原因是他们有专横的母亲和软弱的父亲。真丢脸！亲爱的，你不这么觉得吗？"

我说我还有课外作业必须完成，然后微笑着起身，走进房间，锁上房门，哭了。我为不公和残酷而哭泣。我为我所熟知的学校世界轰然倒塌而哭泣，在那里我曾意气风发，我曾昂首挺胸。我还为确认了这一点而哭泣：我的父母不仅不完全了解我，还把像我这样的人视为可憎之人。

那天晚上，我几乎一夜无眠。我的大脑飞速运转。重新评估。打消念头。感到痛苦。我至今仍记忆犹新，那天我一直醒着，快到凌晨 5 点时眼见着天光破晓。在那个漫长的夜晚结束时，我下定了决心。

我会听校长的劝告。

三十六小时后，我和安东尼一起完成了课后的合唱团练习。

"新面貌！"他模仿美国电视广告里的腔调。我摆了个姿势。"新发型，还有新衣服。"

我故意留了个中分头，穿着时髦的海军蓝套装，衣服上有尖角大翻领和非常宽的喇叭口。

"我打算把头发留长。我的鞋跟怎么样？"

我提起裤腿，露出两英寸的后跟。穿上这双鞋，我的身高远远超过了六英尺。安东尼夸张起来，模仿舍监的语气说："真丢脸！真丢脸！你在做什么，小子？"

"我正按照校长的要求行事呢，安东尼。我正在开始新的生活。"

"嗯，看起来很棒。"他听起来完全真心实意。

"哦，这仅仅是一个开始。我还计划了不少。"

"哦！等不及了！我想知道每一个细节。你可以在明天的击剑活动中说出全部。"他停顿了一下，然后用自己的自然声音说道："关于击剑队长这件事，我真感到惋惜。"

这似乎是一个好机会，可以让安东尼知道我的最新情况。学校的主车道很长，我们才走到一半——在我们沿着里奇韦分道而行之前，我有足够的时间把最精彩的部分一一说给他听。

"实际上，我不会参加明天的击剑活动。我再也不会去了。"

"你说什么？"他突然停了下来。

"在过去的几个月中，有好几个晚上我去了一家令人惊叹的'道场'——在日语里就是'学校'的意思。这家道场由一个黑带男子经营，他是日本以外段位最高的人。那里有最难的空手道：极真空手道。全接触式。不能手下留情，或用脚踢。"

"然后呢？"

"然后我说服这位大师让我每周在那里练习十小时的空手道，而不是去击剑。我解释说自己没有时间同时做两件事。为了让他信服，我还说我唯一的遗憾就是无法代表学校参加击剑比赛！也许他需要有人再提醒他一下，但这事就这么成了。等我说完，他便开始积极地鼓励我。"

"那是学校应该承受的。这所拳击圣殿在哪儿呢？"

"雷恩斯公园。骑自行车只需要二十分钟。那里的人都很真实。我是唯一一个公立学校的男学生，这一点我很确定。反正大多数人的年纪都比我大。我很喜欢那里。"

"非常李小龙了……"武打片风靡一时，而由魅力十足的李小龙主演的《龙争虎斗》是绝对的黄金标准。安东尼又开始往前走。"那戏剧学会呢？你受挫的演艺生涯接下来怎么办？"

"世界是个大舞台，亲爱的孩子！"

"男男女女，演员而已，亲爱的孩子！没错，我理解。但是如果不是戏剧学会，还能是什么呢？"

"计算机技术！未来属于计算机。"

"计算机？"他再一次停下了脚步。

"我打算加入计算机学会。"

"你可别告诉我：实际上我们没有计算机学会，但是你打算加入纽约的一个？"

"我们过去没有。但是现在比林斯先生有机会使用 IBM 计算机，我们中的一些人每周可以上机学习一次。"

"那台计算机究竟在哪儿？"

"默顿理工学院。"

"理工学院！"他又开始模仿舍监说话，"真丢脸！真丢脸！他们不学拉丁语。他们使用分裂不定式。他们甚至连 Oxbridge 都不会拼……"

"的确是，这不是很好吗？我甚至可能爱上一个粗暴之人！"

"更有可能的是他们那伙人把你打一顿，彼得！"

"所以有必要学空手道……"

随着我的性取向、我最近萌生的叛逆和运动项目的变化这三者之间的逻辑联系越加清晰，安东尼的脸上逐渐绽开一个大大的笑容。

"学校对这些一无所知!"

"说实在的,我感到解放了,自由了。我将彻底改变自己。"

说这句话时,我知道这是真的。安东尼的热情回应给了我急需的信念与自信,弥足珍贵。

"变形!"

"是的! 变形。就是这个词。学校不喜欢我过去的样子,那就等着瞧,让他们见识一下我以后的样子! 他们之前肯定没见过有谁像我这样。他们不可能知道等待自己的会是什么!"

"你不会是要对抗整个学校吧?"

"不,当然不是,"为了产生戏剧效果,我稍做停顿,"我要对抗整个世界! 你知道,老师曾经对我说过:'彼得,要一直以星辰为目标,这样你至少可以抵达月球。'我越揣摩这句话,就越意识到我对探索灰色岩石没有丝毫兴趣。我正在启动曲速引擎!"

这次,安东尼一言不发。他只是停下来,诧异地盯着我。

"从现在开始,我拒绝接受现状中的不公;我会改变它。我拒绝被剥夺选择,被动屈服,被迫顺从;我会将负债转变成资产并创造新的选择。并且,我绝不会屈服于霸凌者——不论他们代表的官方权力有多大。从现在开始,只要当权者试图霸凌我,我就会进行回击。以眼还眼,以牙还牙! 直到他们终于做出让步。"

"你取得了和谈的胜利!"

"不! 我要他们无条件投降!"

安东尼哈哈大笑。显而易见,他喜欢这个主意。当他再次开始往前走时,他对自己愉快的心情做了总结:"这将是一次激烈的较量！"

我停下脚步。他也停下脚步。

"较量？"我故作怀疑地大声说道，"这是斗争！"

翌日清晨

我猛地惊醒，凭直觉眯起眼，看向陌生的床头钟：凌晨3点5分。我瞬间清醒，立刻清楚地意识到，自己只有在做噩梦时才会惊醒。

这是一种无能为力的恐惧感，总会让我想起十六岁那年，我在校长的书房外等待着，脸色惨白，嘴巴微张，胃里恶心，心脏怦怦直跳，听着从软垫门里传来的沉闷声——低语声，沉默，第一鞭，第二鞭，第三鞭，低语声，门开了。"下一个！"

没有任何先兆，好似夜惊来袭。一次接着一次。直到将我淹没。

你快要死了！

不，我不会。我会使用鼻饲管和呼吸机。

无力的回答——这些还不够。如果够的话，每个运动神经元病患者都会那么做。但是他们却死了，就像你也会死那样。与你不同的是，他们有勇气接受不可避免的事。

这不是不可避免的。只是运动神经元病患者在卧床不起之前，往往不会选择采取进一步的措施。

别傻了，你这个自欺欺人、自命不凡的幻想家！你是科学的耻辱。请相信统计数据——你很可能会在两年内死亡，就像其他患者一样。

如果斯蒂芬·霍金可以活下来，我也可以。

啊，瞧瞧。了不起的斯科特－摩根博士把自己与地球上最著名的宇宙学家相提并论。多么狂妄，又多么绝望！

他于 1985 年开始使用呼吸机。

他得运动神经元病的时候比你年轻不少。他的病情恶化得远比你慢。他比你富有得多，负担得起最好的全天候护理。在任何一个方面，你都没法和他比，现在是这样，以后也是这样。你会死得普普通通，平淡无奇，而且没有人会注意到。

即使我的确命不久矣，我应该至少还可以再活五年。有 10% 的患者坚持了五年。

是的，但你不知道那是不是因为他们的病情较轻。你很可能会恶化得更快。即使你坚持了五年，除了眼睛，你将彻底瘫痪。只要你还活在自己那件如活死人般的"紧身衣"里，你就无能为力，被困其中。

别人都应付得来。

你不行。你所有的感官都不会受到影响。你能感觉到每一次痒，但永远没法挠痒。

别人都应付得来。

你不行。你会患上幽闭恐惧症。还记得吗？当年你是个大胆的本科生，被困在那条狭窄的山洞地道里后成功爬了出来。对于如何让自己平静下来，以及如何想办法找到出路，你总是引以为荣。但是这一次你无法摆脱困境，你那聪明的大脑和你所接受的昂贵教育也无济于事，对吗？

是的。

你甚至无法忍受不能说话。你以前说起话来总是滔滔不绝，没完没了，每个曾经被迫忍受的人都会为你终于闭嘴而感到高兴。但是你会受不了。

我不确定……

你会毁掉身边所有人的生活。你知道的，无法忍受这一切的人不止你一个。你一年前才开始出现症状，现在就已经是个残疾人了。当你拖着脚走向人们的时候，他们会将视线从你身上移开。你令人尴尬。令弗朗西斯感到尴尬。

我知道。

这可不是他自愿承受的。

我知道。

然而，尽管如此，你的自我意识还是过于膨胀，以至于你一意孤行，不惜代价地追求你以自我为中心的存活大业，却忽略了你对身边的人和最爱你的人造成的附带伤害。

是的。

他值得更好的。

是的。

你但凡有一点像声称的那么爱他，就不会增加他的痛苦。不然他得眼睁睁地看着你渐渐沦为废人，而且由于你们可以共同参与的活动越来越少，他还得痛苦地一一割舍，直到你与世长辞，他却无法随你而去——你应该让他免于遭受这一切。如果你真的爱他，就会保护他。

是的。

因为不然的话，他就会学着怨恨你。然后他会离开你，把你丢在满是老年人且闻起来有股尿臊味的疗养院，让你孤单地死去。

什么？！这太荒唐了。现在是半夜，这是我的潜意识第一次有机会对诊断结果可能产生的深远影响进行全面评估。深吸一口气。冷静。想想怎么办。

慢慢地，我察觉到一阵令人安心的鼻音，是弗朗西斯在轻微地打鼾，就在我身旁。一直在我身旁。不管是什么斗争，弗朗西斯和彼得都会一起对抗整个世界。我的心脏不再狂跳，呼吸恢复正常，阴影中暗藏的恐惧也消失不见。

取而代之的是远比之前更让人心生怜悯的什么东西。

我的潜意识与意识在心里较量了一段时间之后，两个完全不同的角色紧随其后，无缝衔接。现在，我的搭档看起来不过是一个男孩，距他被迫在校长的书房外等待还有几年。他正躲在一个角落里，赤身裸体地坐在地板上，抱着膝盖，浑身发抖，正如我此刻仍在出冷汗一般。

我好害怕。

我知道你害怕。感到害怕很正常，完全合乎情理。但是到了早上，太阳会照常升起，弗朗西斯也会醒来，我们就能享用到美味的早餐，那必定会宽慰许多。然后我和弗朗西斯将同世界做斗争，并赢得胜利。目前来说，我们必须变得强大。

但是运动神经元病更强大。

不，不是的！运动神经元病只是另一个霸凌者，和当权者一样的终极霸凌者。斯科特 - 摩根绝不屈服于霸凌。你知道的。

但是没有治疗办法。

可能的疗法各种各样，数不胜数。只是那些疗法并不是医学疗法，而是高科技疗法，因此它们的潜力被忽视了。运动神经元病长期以来一直恐吓着逆来顺受之人，以至于这种恐怖统治已成惯例，不容置疑。每个人只是等着会有神奇的治愈方法来拯救他们。但是我相信可能会出现其他什么东西，令人耳目一新、连连称奇的东西，使用的是之前从未有人见过的技术。科幻小说成为现实。我知道这不是没有可能的。

会很有趣吗？

什么？

思维突然偏离航线，来了一次大转变，我对此毫无准备。在十秒甚至二十秒的时间里，我同时经历着截然相反的强烈情绪，并沉醉其中：一方面，依旧恐惧、愤怒、绝望；另一方面，又同样强烈地感受到兴奋、喜悦、希望。

随后，新出现的积极情绪开始占据主导地位。我感到一阵温暖，一股力量油然而生。恐惧在心中的最后一丝回声逐渐变弱，显得无关紧要。我大获全胜。

眼泪渐干，脸颊虽有些刺痛，我却发现自己在微笑。我感觉自己充满活力。

这个时代有点像狄更斯说的"是一个最好的时代，也是一个最坏的时代"，但会很棒的！我们必须在这个银河系的一隅找到最炫酷的高科技。

这是一次冒险！我们喜欢冒险！

从统计学上来说，我应该还能再活两年。这意味着我们有两年的时间重写未来，改变世界。

一路上将是艰难险阻，然后是终极的生死对决。要么我们胜利，一切都会改变。要么我们惨败——这种情况不会发生。没有中间地带。

运动神经元病要我死。

我偏不。

我也不会只是如活死人般存活于世。

思绪逐渐集中，不再混乱，我突然就豁然开朗——我更不会将其他任何患者抛之脑后，因自己仅存的两年寿命而倍感痛苦，唯恐一命呜呼，又活得担惊受怕。我们会组成一支军队，发起一场运动。这是一种反抗！

这不仅关乎我，关乎我们，还关乎使用尖端技术解决由疾病、意外或年迈引起的其他类型的极度残疾，关乎每一个认为自己拥有自由思想却被禁锢在残缺躯体里的人，关乎每一个想要做得更多、变得更好、表现得与众不同的青少年以及成年人……

这更是为了改写人之所以为人的意义。

我不会再浪费时间研究如何活命。我现在对如何维持生命毫无兴趣。今晚，我和弗朗西斯将打开我们最好的一瓶香槟，庆祝我要解决的问题不再是如何活下来。

而是，我们所有人如何才能真正茁壮成长。

美国独立二百周年纪念

灰狗巴士急速驶过 1 号公路上的坑洼，我的头随即撞到了自己座位旁的窗户上，便再次醒了过来。之前在数千英里外买的廉价气枕又漏气了。我发现自己面带微笑，我梦到了布拉德。

天刚破晓，水波隐约可见，所以我决定索性不睡了，等着看日出。我小心地伸了个懒腰，试图不吵醒安东尼，他的头正靠在我的肩膀上。我们俩每天晚上轮流坐靠窗的位子。

我们已经像这样旅行了快两个月。那是 1976 年的夏天，正值美国独立二百周年，美国所有的消防栓都被涂成红色、白色和蓝色。我们从纽约出发，7 月 4 日在费城和福特总统一起参加了盛大的二百周年庆典，然后乘巴士沿着一个巨大的圆形穿越整个美国大陆，来到了西海岸，不久又南下折返。近日我们游遍了佛罗里达州的每个主题公园，不过卡纳维拉尔角对我来说更有意义（在我心中它仍是肯尼迪角，总会让我想起阿波罗登月计划）。我们现在正前往美国本土最南端的城市：位于热带的基韦斯特。

年轻的布拉德身材瘦削，戴着一顶正宗的牛仔帽，穿着紧身的鸡翼袖 T 恤和紧身牛仔裤，脚踩一双牛仔靴，在圣路易斯站慢悠悠地上了这辆巴士。他举起自己的大旅行袋放在行李架上，在安东尼和我的旁边坐了下来，只隔了一个过道。幸运的是，这次轮到安东尼坐靠窗的位子。

大约行驶了一百英里之后，夕阳西下，景色朦胧，布拉德开始和我聊天。安东尼说他想睡一会儿，为了不打扰他，我赶紧挪到过道对面，和布拉德坐在一起。布拉德当时十九岁，比我大一岁。与我不同，他参加过牛仔竞技比赛，可以驾驭一匹真正难以驯服的野马。他魅力十足，是一个地地道道的美国男孩，也是一个真正的牛仔。

他半夜在堪萨斯城下了车，如雕像一般站在我座位旁边的那扇窗户外面，直到巴士再次驶离。然后他微微一笑，轻轻点了点头，摸了摸牛仔帽的边缘，沉默地和我告别。他一直站在原地目送着我，直到巴士转弯，他消失在我的视线里。

闻起来像是我们正在经过一家污水处理厂，但是放眼望去，公路两边都是海，这有点说不通。我用手肘推了推安东尼。"你放屁了！"

他迷迷糊糊地伸手去拿眼镜。"我们到哪儿了？"

"我觉得我们快到七英里大桥了。这是世界上最长的桥之一，值得一看。对了，天快亮了，你看！"

就在刚刚过去的几分钟里，天空变成了珊瑚橙色，而窗外原先看起来是灰色的海转眼成了深青色。我从未见过这样的景象。

"我从未见过这样的景象，"安东尼重复道，"另外，对于任何有关排放恶臭污水的诽谤性指控，我都予以严正否认。"毕竟，他那时正在攻读法律学位。我们把保温瓶里剩下的咖啡分着喝了，那还是在迈阿密买的，现在都已经凉了。这似乎让他想到了什么："自从离校以后，你有没有回过国王学院学校，看看老朋友还有校长什么的？"

"没有，我再也没有踏进那些神圣的大厅。"我看着窗外珊瑚色的海飞速往后退，继续回想："有两位老师好心邀请我参加过活动，很明显是课外教育，我都拒绝了——你肯定一位都猜不着！我甚至还和其他三位老师共进晚餐，开怀畅饮，亲密无比。我逐渐擅长说这种话：'甜点很可口，但我不爱喝白兰地，谢了。'"

安东尼打听完了八卦，沉思良久，然后说道："我还是不明白你说的机器智能问题！"

我不禁想，如果这是故事情节错综复杂的瓦格纳歌剧，那他肯定很快就能领会。不过我还是继续说了下去。

"嘿，是这样的。正如我之前多次解释过的那样，"我说这话时，彬彬有礼的安东尼表现出一种恰如其分的难为情，"计算机会变得越来越聪明，直到最终你无法确定问题的答案是人还是机器键入的。"

"图灵测试①！"安东尼热情洋溢地大声说道，哪怕只是为了证明在途经前几个州时，他确实在认真听我解释。

———————

① 英国数学家、密码专家和数字计算机的奠基人图灵提出的一种检验某个对象是否有智能的测试方法。向对象提出各种各样的问题，如果提问的人从对象的答复中无法区别对象究竟是一个人还是一台机器时，就认为对象是有智能的。

"完全正确——图灵测试。现在大家都认为用不了多久，一台或者几台智能机器就能组成一台更加智能的机器之类的。"

"是的，没错，我明白了。传统的发展路线就是机器拥有超级智慧，最终掌管一切。但是拥有无限智慧的你，希望它们只是成为——"

"智能放大器！"我插话说。

"没错。你认为人类进化到下一阶段时，最好把自己的大脑与机器的大脑进行融合，这样我们就能像科幻小说里那样，无限地提高智商、延长寿命、去星际旅行、移民太空等。很好，我明白了。所以还有什么问题呢？当然，除了一个事实——目前最好的计算机只能做到和蛞蝓一般聪明。"

这番言论有力地证明，相比我的歌剧知识，安东尼的计算机知识更为丰富，尽管他在歌剧方面也教了我不少，所以在指出他观点中的不当之处时我的言辞十分委婉。

"我不确定目前最好的计算机能不能做到像蛞蝓一样聪明，我们暂且不谈这个……我觉得问题在于，少数几个支持走'智能放大器'这一路线的科学家全都错了。他们坚持认为有一天我们将能扫描碳基的人脑，并把数据传输到硅基的计算机大脑中，从此突破人类寿命的限制。"

"这怎么啦？"

"这行不通！"

"确实行不通，只是现在都行不通。想必只是时间问题？"

"我是说，这不可能行得通。理论上讲这根本不可能。"

"你怎么知道的？"

　　"因为那是副本。他们随口谈论的'永生'硅脑只是原来大脑的副本。它会保留原来大脑的所有记忆，说不定能永远活下去。但是如果你没那么走运，拥有的只是原来的大脑，你还是会正常死去。更糟糕的是，如果扫描的时候破坏了人脑的神经元，那么传输过程本身就是致命的！这正是我所说的上传问题。"

　　"啊！怪不得你昨天一直在念叨，每次他们发射乘坐着企业号星舰的柯克舰长，他都会被杀死一次！"

　　"是的！正是如此。星舰会先扫描人体使之消失，通过空间传输数据，然后在下面的星球重构人体。"

　　"我看过《星际迷航》……"

　　"但即使我那时还是个孩子，我一看便知他们每次重构的只是柯克舰长的副本。如果他们没有使原来的柯克舰长消失，就会有两个柯克舰长——一个在企业号星舰上，另一个在星球表面。果然，有一集就出现了这种情况。所以连编剧也清楚，每一集他们都在杀死柯克和他的舰员。"

　　"拍这个系列一定花了不少钱，才能让所有这些演员——"

　　"哦，快看！有只鹈鹕！"

　　我们俩沉醉于基韦斯特的景致中，甚至连这里的汽车站也比我们之前见到的要好得多。我们很久以前就发现，乘坐灰狗巴士游历美国的众多潜在优势之一就是，每个城市的终点站往往都位于该市物价最低（例如最贫穷）的地段。相反，名胜古迹和其他旅游景点往往位于市里消费水平最高（例如最繁华）的地段。从终点站走到景点，也就将一个城市不尽相同的经济发展水平尽收眼底。

"这儿的流浪汉呢？"安东尼困惑地问道。他是在说华盛顿，在那儿我们花了大半天时间参观白宫和林肯纪念堂，最后下车的地方却跟贫民窟没两样，至少对我们两个温布尔登男孩来说是如此。

"我那会儿刚开始吃汉堡！"我提醒他。

"你可以不吐出来的。"

"他正往咖啡馆的窗玻璃上撒尿，而我的脸离玻璃只有几英寸！"

我们在基韦斯特下了车，几小时后到了奥尔德敦，我爱上了那里。"你知道，我真想住在这样的地方。"几个当地人借给我们一辆色彩鲜艳的双人自行车，并强烈建议我们好好探索他们这个美丽的小岛。我们刚到达基韦斯特港，脑子里就闪过去邋遢乔酒吧喝一杯的念头，海明威以前常常光顾那里。

"我很想住在美国，真的。"

"你要是在这里工作，不是得学美国法律吗？"

"哦，我学法律只是为了让我妈放心，其实我做了两手准备。我感兴趣的一直都是歌剧。那才是我的热情所在。"

"没错，是这样，你说得对。你爱歌剧。我敢肯定，你会成为一名不错的出庭律师，但要是当一名剧院经理的话会很出色，选择歌剧而不是另一种'更明智'的职业对你而言是必然的。我最近总结的'逻辑与爱定律'①预见了这一点。"

---

① 英文原文是"Law of Logic and Love"，其中"Law""Logic""Love"这三个词的第一个辅音发音相同，为押头韵。

"这头韵押得很好，我相信了。这条定律是怎么说的？"

"这是我观察到的天地万物的运行规律。我认为我们每一个人在做出改变人生的重大决定时，有一条不可违背的不成文规则：虽然逻辑能帮你走到现在，但到了紧要关头，逻辑永远敌不过真爱……"

英国的夏天炎热又漫长。从美国回来七周后，爸妈开着那辆戴姆勒载我去帝国理工学院，车上还有许多手提包和箱子。学校很近，就在伦敦繁华的南肯辛顿。

我非常叛逆（或者用我前舍监的话说——"愚蠢至极"），回绝了牛津大学和剑桥大学，选择了帝国理工。在我看来，这个选择完全合乎逻辑，因为帝国理工是英国唯一一所开设计算机科学全日制本科课程的大学。我那时就坚信未来是属于计算机的。而我的舍监以及他所说的"只要有一点点理智的人"同样坚信，我选择牛津或剑桥以外的其他学校是在公然蔑视当权者的不成文规则，是"背叛了学校，背叛了你的父母，最重要的是，背叛了你自己"。

"亲爱的，这位置确实不错，"妈妈这样评价道，"就在伦敦西区！穿过公园，你可以走到牛津街。走过蛇形湖，你就到了肯辛顿花园。另一头是剧院区。当然，骑士桥离你也只有几步之遥，所以如果你没有吃的了，可以随时去哈罗兹百货公司的食品区买。"

我们在其中一片学生住宿区里找到我的单人房后便开始搬行李，房间相当大。搬完以后，我们用新的电热水壶和旧茶壶沏了一杯茶，在床边的小水槽里洗了杯子，然后爸妈认为他们是时候动身回温布尔登了。我送他们到车上，和他们吻别，车子开走时还挥了挥手。我向帮我收拾床铺的人（这两名慈爱的女清洁工是伦敦东区人，她们会每天为我整理床铺，打扫房间）做了自我介绍，然后回到了自己的房间。

我站在桌子旁边，透过大大的窗户放眼望去，楼下的花园尽收眼底。我喜不自胜，粲然一笑。我逃离了……我再也不会被令人腻烦的传统习俗、顽固盲从和住在郊区的中上阶层所奉行的"保持体面"这一心态所束缚。我逃离了自己一度热爱的校园特权和野蛮，以及我逐渐厌恶的权威体制。我逃离了父母和家族，他们声称厌恶我这样的人，却也因为不知道一件关于我的最重要的事情而说爱我。我在童年和成长过程中有过诸多我只能深表感激的机遇，这一点我绝不否认。但代价是什么呢？如果抓住机遇意味着不能做真实的自己，不能成为命中注定的自己，机遇又有何用呢？

我太兴奋了，猛地大叫了一声。这份喜悦来之不易，我涨红了脸，转身离开窗户，向校园里走去。

我自由了。

一派胡言！

"如果说我在这件事中学到了什么，那就是如果你会被诊断出患有什么绝症，运动神经元病是一种选择……"

海伦是我的一位老朋友，我们有将近三十年的交情了，当时我在伯克利广场工作，而她担任我当时所在公司的总经理的秘书。我话音刚落，海伦便大笑起来，随后思忖自己是不是会选择运动神经元病。紧接着她再次发笑，抿了一口拿铁，扬了扬眉毛，示意我进一步阐明。

我充满热情地说："我是认真的！没有慢性疼痛，没有恶心，而且不像有些遭遇突发事件或者患有脑瘤之类的人那样，我们有充足的时间把自己的事情安排妥当，并且……"为了戏剧效果，我稍做停顿，"重要的是，其实运动神经元病致不致命……"我仍在努力思考接下来该用哪个词，才能引起最好的反应，"是有商量的余地的。每个人都有争取生存的机会。"

我们此时在伦敦一家英国国家医疗服务体系教学医院所谓的餐厅里，等着与运动神经元病诊所的负责人会面。这将是我的自我诊断第一次被当面正式确认——尽管我之前联系过他，提醒他注意我发给他的检查结果以及由此得出的明显推断时，他就已经通过发邮件这种非正式的方式证实了我的自我诊断。

"但人们通常不是把运动神经元病称作'世界上最残忍的疾病'吗？"其他人出于"天使"般的同情心避而不谈的事，海伦却敢于发问，这是她的闪光点之一。

"没错，可目前我也不知道这是为什么。我宁愿患的是运动神经元病，也不愿是致命的脑瘤，或者慢性疼痛，或者一直感到恶心，或者神经错乱，或者其他各种各样可怕的结局。"

"我同意，但是既然如此，人们为什么那么说？"

"我不知道！是的，这病糟糕透了，它会给患者及其身边的人带来巨大的痛苦，对此我毫不怀疑。不过我就是觉得这远远不是最糟的。希望我要见到的这个人能发挥关键作用，帮助我在身体罢工之前，尽可能早地采取措施，抢占先机。"

"当然，每个人都想这样。我猜他会给你小册子之类的。英国国家医疗服务体系确实非常擅长这类事情。"现在想来，我猜当时海伦还以为我拒不接受事实。

"我拒绝参与其中！"

尽管在就诊的前五分钟里，我们的交谈十分友好，令人高兴，但现在，即使空调冷气很足，仍抑制不住我的医生的怒火。

"真的吗？我只是想在整个临床护理阶段争取主动地位。就像我刚才说的那样，我打算抢占先机，事先采取应对之策……"

"我拒绝牵涉其中，"他打断了我，语气中的愤怒令我惊讶，"运动神经元病的病情发展没有规则可言。你不可能事先争取主动地位，你能做的只有事后做出反应！"

　　我想骂他是个十足的笨蛋，可我没有，而是礼貌地回答，我觉得他提出的观点很有意思，但是难道没有办法可以让我借助他的丰富经验，最起码预测一下我目前的病情最可能的发展趋势，以使我做好最充分的准备？

　　"绝对没有！"他紧接着阐明了这一点，听起来极具洞察力："毕竟，如果我们为你做了这件事，我们就得为每个运动神经元病患者做这件事。"

　　好吧，那将是一次有趣的尝试——个性化临床护理。我咬紧牙关，笑得十分不自然，仍坚持与他周旋。这完全是在浪费时间和生命。二十五分钟后，我不情愿地得出结论，作为本国在运动神经元病方面经验最为丰富的临床医师之一，他可能确实是顶尖的诊断专家，但他毫无科学素养。规则就在那儿，但不可以被打破，就连试一试都毫无意义。

　　他不仅坚决反对我主动出击的整个设想，而且对于阵挛加剧（现在我的双腿时不时就无法控制地抖动），他给出的意见是："你用药严重不足！"他迅速给我开了一种叫巴氯芬的肌肉松弛药，药量是医院用药管理范围以外所允许的最大剂量。他真是太好了。但是一个肌肉已经难以正常发挥作用的人却要服用大量肌肉松弛药，我对其中的逻辑表示怀疑。

　　我拄着自己牢靠的手杖，一瘸一拐地走出会诊室，走向主出口。没错，事情就是这样。我应该静观其变。我应该屈服于不可避免的事情，遵从既定的医疗方案。我应该接受医学界的教条，即运动神经元病是致命疾病，没有有效的治疗方案。当我走到玻璃门处，门嘶嘶着打开，冷风拍打在我脸上时，我发现自己大声喊出了对此事的精辟见解："一派胡言！"

改变运动神经元病的世界——更不用说改写人之所以为人的意义了——并不是一件容易的事。

"必定会痛苦万分。"我向弗朗西斯转述了之前和医生谈话的重点后评论道。

"当然是这样！医学界和其他任何行业一样，深受不成文规则的影响。"

"实际上，与大多数团体相比，医学界受到的影响更大。我记得我们分析过英国国家医疗服务体系和美国的多家医院，并且——"

"我就是这个意思！关于不成文规则以及如何打破这些规则，你是世界级专家。你了解这些地方是如何运作的。就算你不知道，你也清楚怎样找到答案。因此，既然你如此足智多谋，何不利用你的专业知识，想个办法改变一切——这就是你一直以来告诉客户你可以为他们效劳的事。所以去证明这一点，做你该做的。但是这次，为的是你自己，以及其他所有将从中受益的人。"

弗朗西斯说得对。我在职业生涯中想出了解读并有望改变不成文规则的方法，从组织机构到全球体系，无一不受到不成文规则的推动。我还写了几本相关的书。既然弗朗西斯如此直接地唤起我的职业自豪感，我在道义上有必要接受挑战。我礼貌地解雇了伦敦的那位会诊医师，转到了德文郡的英国国家医疗服务体系，那里的医疗服务更有温度。我这才意识到，不去不断扩张的大都市里的教学医院就医具有潜在优势。那里的医学专家总会十分担心自己的声誉受损，所以常常满足于既得成就，最后成为落伍之徒。相反，我预感西南部的英国国家医疗服务体系可能更愿意试上一试。

怀着这一想法，我和弗朗西斯把一位美丽的女士领进了我们的客厅。她有一个响亮的头衔——"西南半岛运动神经元病首席临床护士／护理网络协调员"，见面后我们花了五分钟才读懂她的名片。既已如此，我想我应该开门见山。

"特蕾西，很高兴见到你。为了节省时间，我会先提供一些背景信息。"

她坐在沙发上，身子前倾，又拿起一块饼干后再次仰靠在沙发上，满怀期待地笑了笑。

"如你所知，鉴于我的诊断日期，从统计学上来说，我最多还能再活二十二个月。"我说这话时特蕾西正咬了一口巧克力消化饼干，即便脸上沾了一小撮饼干屑，她也努力让自己看起来一脸阴沉，表情得体。"我知道你并不了解我，但现在，请你慎重地考虑一个问题。根据你的直觉得出的专业意见，我看起来像是那种如统计数据显示的那样，身体慢慢垮掉，然后如期离世的人吗？"

特蕾西坚定地摇了摇头，嘴里说着"嗯……嗯"，予以强烈否认。

"我们都知道，目前来说，等待所谓的治疗方法有点痴心妄想。"

她扬起眉毛，没有表态，所以我继续解释。

"世界各地的每一个运动神经元病慈善机构、每一次冰桶挑战都在鼓励公众被动捐款，资助医学研究，寻找治疗方法。经过五十年的研究，也许只有二十年前问世的这种药物——利鲁唑能让我们多活几个月。更糟糕的是，无论慈善机构和研究人员如何描述，对于我们这种已经确诊的患者，研究领域中可能根本没有任何现成的东西能够及时派上用场。”

“你知道正在进行的各种试验吗？”

“我知道，当然，但其中几个充其量就是减缓恶化的速度——有可能。什么时候才有有效药物呢？五年吗？在那之前，90% 和我同期确诊的患者已经不在了。此外，患者可能还需要好几十年才能得到治愈，彻底扭转运动神经元病带来的破坏，并重建肌肉、运动神经元和大脑的运动皮层。”

特蕾西噘起嘴唇，缓慢地点了点头。

“所以很显然，我必须采取不同的方法。如此一来，到了一定的时候，我会需要你的帮助，把鼻饲管插到我的胃中，将呼吸机与我的气道连接，以使我无限期存活。我的父母都很健康，活到了九十多岁。在整个职业生涯中，我从来没有请过一天病假。因此，我认为我们应该假定我可能会被困上几十年，并就此规划我的临床护理。”

不知为何，特蕾西停止了吃饼干，接下来几秒，她都在吮吸饼干上的巧克力，之后才再次开始咀嚼。

“请注意，我的博士学位是机器人学，因此，可能正如你想到的那样，现在正是基于这一背景认真做研究的绝佳机会！”

我的余光注意到特蕾西整个人都呆住了，希望不是无聊所致。以防万一，我表现得更加热忱。

"我打算使用大量的尖端技术，看看如何才能真正把被疾病困住这件事变得令人振奋。对我来说，这实际上是在拿生命做实验！"

我笑了笑。没有得到一丝回应。

"总而言之，我非常期待与你长期合作，取得丰硕成果。"

我以为约见特蕾西的每个人都会如此，第一次见面时先说明自己的情况。然而有意思的是，她并不是十分乐意给出自己的回答。其实，根据我在做介绍的最后半分钟里对特蕾西面部表情的观察，我认为她非常擅长不露声色。

然后她想到了一句不朽的话："好吧……那会很有用。"

我记得谈话顺利进行了大约一小时，直到我们不可避免地开始讨论身体机能这一话题，特蕾西第一次使用下面的措辞："好消息是，在生病期间，你或许一直都能自理大小便。"

我后来了解到，临床护理专业人员与新近确诊的运动神经元病患者进行初次面谈时，几乎必须提到这一点。

她把这说得像是一件好事。实际上，这无异于一个好消息-坏消息的段子，还是最糟的那种："斯科特-摩根博士，好消息是，你一直都能自己上厕所。坏消息是，过不了多久你就再也无法自己走到厕所了。"

其实，我已经在几周前意识到了这个问题，所以对话开始前我就有自己的想法。然而，当话题明显转移到了特蕾西的专业领域时，她看起来十分自如，于是我想我应该继续讨论这个话题。总之，想到运动神经元病患者肯定都已经解决了这个同样的问题，我非常好奇标准的解决方案。

"不错！如果患者瘫痪了，没法自己走到厕所，临床护理会怎么解决呢？"

"护理员。"她解释道。

"好吧，那他们接下来怎么办？"

"啊，他们会帮你上厕所。"她不假思索地答道，似乎这是世界上最自然不过的事情。

我不知道你是否考虑过需要别人帮助如厕到底意味着什么。由于某种不成熟且不合理的原因，乍一听我并不是很喜欢这种场景。但是我并没有就此打住，追问了一个在我看来显而易见的补充问题："好吧，那么当我不可避免地患上肺炎，服用大量抗生素进行治疗，从而导致了腹泻时，护理员会怎么办？"

特蕾西这会儿可以说是笑容满面，她显然知道答案。

"那时候失禁垫就该派上用场了！"

说到这里，我觉得是时候提出自己先前酝酿的想法了。

"我能提议或许我们可以做些稍有不同的事情吗？"

永生不灭

"我怕得要死！说实在的，这是我一生中经历过的最幽闭恐怖的地方。我被困在那条超窄的山洞地道里，勉强可以匍匐前进，我缩着胳膊，头盔蹭得洞顶嘎吱作响，而这个笨蛋——"我把啤酒杯向小尼克那边歪了一下，他咧着嘴笑时像极了康纳，"喊道：'我们必须往回走！这里太窄了！'我觉得自己负有责任，想帮他一把，那时候我才发现我根本没法往回走，只能向前爬！"

在学生活动大楼的酒吧里，我正被不少人围着。从极大的危险中幸免于难，还能和别人分享这一段真实的经历，我难免喜形于色，兴致勃勃。并且我那时才十九岁，生活得无忧无虑。我及肩长的头发已经变成了浅色，皮肤也晒黑了，因为去年夏天和初秋，我大部分时间都待在户外。我上半身穿着白色的鸡翼袖T恤，至于下半身，如果我的四个朋友中有人留意的话，就会发现我穿的是紧身的李维斯牛仔裤，脚踩一双牛仔靴。我称其为詹姆斯·迪恩①风格，但只有我知道，这身装扮是献给我的灰狗牛仔布

①20世纪美国男演员，影片《伊甸园之东》的男主。

拉德的。

"尼克怎么没被卡住？"约翰问道，他此时已经比我们其他人多喝了一品脱^①啤酒。为了考取滑翔伞飞行执照，我们俩这个夏天在拉瑟姆机场共同度过了一段时光。

"因为尼克只有该死的鼹鼠那么大，你这个呆子。"巴斯特比我大一岁，每句话都爆了粗口，似乎以此庆祝他那即将到来的电气工程期末考。有一次我们俩在斯拉克斯顿训练了一天，随后爬上一架轻型飞机的机翼纵身一跃，大声地数了六下，看我们是否需要打开挂在腰下的紧急降落伞。巴斯特大声叫道："该死的一，该死的二……"数到第五下时，他终于打开了降落伞，这无疑让地面上聚集的看客松了口气。

"滚蛋！"尼克反驳道，露出可爱的笑容。

"你得知道，我那会儿冻僵了，因为我游过了整个污水池。"我继续说道。

"这他妈什么意思？"毫无疑问，发问的是巴斯特。

尼克在探索洞穴方面很有经验，他解释说："那是一条充满积水的地道，你必须深呼吸，游过有水的那段，然后从另一头出来。那水一年到头都冷得彻骨。"

"所以你怎么出去的？"约翰似乎真的想知道答案，不过也可能是因为喝了酒。

我继续说："啊，幸运的是，就在那时，年轻的尼克释放出大量的甲烷气体。"每个人都像小学生一般，忍不住大笑起来。

———————

① 1英制品脱约合568.26毫升。

笑完之后，尼克试图为自己辩解："我担心你被卡住了。"

"我还担心你成了一颗易燃的爆炸装置呢！只要有一丁点火花，整个地道都会塌陷。"

"所以你到底是怎么出去的？"约翰坚持问道。

"好吧，面对迫在眉睫的危机，我只能屏住呼吸，赶紧离开那个鬼地方！"

我们都笑了，又抿了一口啤酒，不过我说的最后一句话是彻头彻尾的谎言。我虚张声势，隐藏了自己当时的真实感受。实际上，我吓呆了，因为我意识到自己不能动弹，眼前几乎一片漆黑，头上有数百英尺的岩石，身后却没人能拖着我的双腿将我往回拉，而且我还挡住了尼克逃生的路。那是我一生中头一回真正感受到恐惧，极度的恐惧，幽闭的空间让我快要窒息。那也是我有生以来第一次感到惊慌失措。我的脑袋里像是被灌满了开水。我失控了。

理智试图重占上风。这绝非儿戏。如果我惊慌失措，处境就会十分危险。几年前，我差点触电身亡，勉强逃过一劫。当时我独自待在学校，双手被几根出了故障的伦敦输电干线电了几小时，动弹不得。我只是受到了惊吓，对即将到来的死亡倒没有那么害怕。我用尽最后一丝力气让灯轻微摇晃，每次摇晃的幅度都大一点，试图使其失去平衡，直到昏了过去，灯也开始倾倒。

我当时想办法找到了出路，不是吗？现在也一样。片刻之后，我渐渐平静下来。我告诉自己，把它当成其他任何问题来考虑。淡定。别想其他的。克服恐慌。想想怎么摆脱困境。我记得我开始集中精神。不幸的是，也许是因为尼克正试图向后扭动身体，也许是因为他觉得自己确实身处困境，就在我注意力最集中的时候，尼克放飞自我，放了一个很响亮的屁。当时的情况果真如此。说这个屁在洞穴群内回荡未免太过夸张，但是洞内就如石棺一般，万籁俱寂，所以这声音确实格外响亮。

"抱歉！"

我重新定下心来，试图扭动身体。行不通。用手肘往后推。也行不通。我有些恼火，最终试了试复杂的三步运动：用手肘往后推，用靴尖向后蹬，同时拱起身体。我向后动了一点。行得通！我松了口气，变得乐观起来。从那时开始，把这个动作重复几百次，幽闭感就消失不见了，取而代之的是如释重负，欣喜若狂。

"好吧，这比我想的要简单。"尼克紧跟着我爬了出来，如此说道。

我的思绪迅速回到了现实。

"但是说真的，真他妈的危险！该死，你们俩那小命差点就没了！"巴斯特这回听起来一本正经。

"不！绝不会的。"这是英俊的塔夫说的第一句话，声音婉转悠扬，带着威尔士口音。他比我大两岁，正在攻读地质学硕士。当我得知在他的整个威尔士大家庭中，他是第一个上大学的人时，我对他越加钦佩。我们相处得十分融洽。

"我已经见过彼得在鬼门关前走了一遭。并不是说他表现得相当出色，他只是绝不向死神屈服，坚持一次又一次地站起来。"塔夫抑扬顿挫地说道。

我之前听他说过这个故事，但不确定在场的各位还有谁知道这事。

"是在法国吗？"约翰问道。

"是的，"塔夫证实了约翰的猜测，"我们在假期去了法国的比利牛斯山脉滑雪（其实那里几乎没有雪，不过这是后话了），其中有几个人决定徒步爬上山口。我们来到山谷高处，停下来看风景。彼得决定秀一下滑降。"塔夫说"山谷"这个词的时候，带有十分迷人的威尔士口音。

"滑降又他妈是什么意思？"巴斯特问道，依旧带着那股熟悉的好奇心。

"滑降是快速滑下雪坡的一种方式；我蹲着身子，一条腿站着保持平衡，并将它用作滑雪板。"我热心地插了一句。

"这样下山听起来真的很愚蠢，你还是继续讲吧。"巴斯特回头望向塔夫，塔夫继续说了下去。

"所以，彼得开始滑降了，动作相当标准。我心想：山有点陡，但应该不要紧。彼得随即加快速度，我又在想：滑得有点快了，但应该也不要紧。然后他纵身一跃，滑到了比之前反光更厉害的一片区域，他突然旋转起来，我们这才意识到他在冰上滑行。我心想：该死！"

大家发出一阵赞赏的轻笑声。每个人，甚至包括知道故事走向的约翰和我，都在期待塔夫继续往下说。

"他还在沿着山坡加速下降，头朝前，完全处于失控状态，而且我这时候才发现他正急速靠近一处悬崖。我这里说的悬崖丝毫没有夸张，那峭壁边缘离山谷底部得有数百英尺。我心想：该死的！完蛋了！完蛋了！就在那时，我意识到我根本没必要担心悬崖，因为在彼得从悬崖边飞出去几秒前，他的脑袋就会撞上一块石头，足以让他毙命。”

"该死！好险！真他妈的险！"巴斯特嘟囔道。

塔夫接着说："一秒钟以后，我发誓，我看到他的头顶径直撞上了这块石头。我这里说的石头可不是什么鹅卵石，而是一块名副其实的巨石。他的脑袋突然飞了起来，身体被抛向空中，随后反弹，旋转了九十度，快撞到悬崖边缘时侧着滑了几秒。就像该死的电影桥段一样，彼得猛然停了下来。我发誓，那里离崖边只有六英尺。我想：唉，真是有点讽刺，没摔下去又怎样呢，他已经死了。然后，真是见鬼了，彼得站起来挥了挥手！"

约翰和我会心一笑，而尼克和巴斯特则一脸怀疑，塔夫进一步解释我是如何幸免于难的。那一天，我没有注意到自己的脑壳本会被撞碎，只是庆幸没被甩下悬崖。随后我便沿着长长的斜坡往上爬，去找我的朋友们。而他们也开始下坡——我觉得这种行为有点奇怪，但的确给了我不少支持。

我们会合的时候我才往上爬了大概四分之一。我们咒骂彼此，相互抱了抱，又握了握手。朋友们让我折返，好去实地看看我"大难不死"的事发地。

我大难不死的原因很简单，物理现象而已，还有一点运气。只有从侧面才能看到巨石的一边形成了一个小小的雪堆，刚好是滑雪坡的形状。当我的脑袋撞上石头时，它飞上雪坡，抛向空中，我整个身体的其他部分也紧随其后。我所感受到的就是脑袋震荡了好一阵子。

"你非常幸运，他们不必为你重新铺设管道，你比以前更厉害了，更好、更快、更强……"尼克试着模仿了《无敌金刚》里的美国口音。

"我们拥有该死的技术！"巴斯特补充道。

"说到这儿，只有我一个人想知道达斯·维达是怎么解决吃喝拉撒的吗？"自从我们一年前去看了《星球大战》，我就一直想问这个问题。

"是的。"大家一致这样认为。

"我只是觉得，当你仔细考虑，会发现这实际上是一个相当有趣的技术挑战。他肯定被彻底改造过。"

巴斯特对我表示感谢："好吧，这可真是太实用了。如果有一天我他妈的变成达斯·维达，我一定牢记这一点。"

别具一格的运动神经元病

"重点是，我会面对和达斯·维达一样的问题。"

我的暗示似乎没达到目的，于是我说得更清楚："吃饭喝水上厕所——这些都不是医学问题，而是工程问题，所以它们有工程解法。事实上，这些解法非常简单，但能让人解脱。"

最后一句话吸引了她的注意。

"我的建议是，重装体内管道。"

这句话真正吸引了她的注意。

"一共有三步：直接往我胃里插一根管子，用来送饭输水，这叫'输入'；一根管子从膀胱里伸出来排尿，这是'一号输出'；另一根管子从结肠里伸出来排便，这是'二号输出'。听起来真的很简单。"但为了防止这些步骤听起来太过简单，我补充说："需要做的手术分别是胃造口术、膀胱造瘘术和结肠造口术。"

"啊……"

"当然，"我说"当然"是因为我知道特蕾西是受过正规训练的护士，所以能够理解我，"我想要的不仅仅是一次普通的结肠造口术，因为那样的话，我的结肠就会多出三十厘米，这意味着我的肛门仍会排出黏液，每隔几天就要人带我去厕所。所以我想切除最后三十厘米的结肠，基本就是把地下室里没用的管道取走。"

我看了看特蕾西，脸上的表情就像刚打出了一个同花顺。但我没有得到任何回应，她又摆出一张扑克脸。终于，她开口道："好吧，你说的相当有帮助，"这是个好开头，"但是……"天哪！她接着用非常、非常温柔的语气告诉我，除非国家医疗服务体系的资金专员重新进入一个独特的新领域，否则世界上没有哪一个外科医生会真的按我的要求做手术。毕竟，我的膀胱和结肠一直很健康，为什么外科医生要对完全健康的器官动手术呢？

然而，她又补了一句："但让我们试试吧。"为此我要永远赞美她。

这就带来了一个烦人的问题：几年后，我肺部的肌肉肯定无法正常舒张，那我要怎么继续呼吸？我想确保我所在地区的英国国家医疗服务体系的呼吸专家和我意见一致，所以我抓住机会，和他尽早碰面。我知道那位专家叫乔恩，医术高明，因此我很期待认识他。

我和弗朗西斯被带入一间宽敞的诊疗室，我们注意到那个介绍自己为乔恩的人身边围着不少同事。医院的呼吸科里竟然有这么多人在关注着我的病情，有一瞬间，我感到受宠若惊。但我很快意识到，肯定是特蕾西已经把我的病情告诉了乔恩，而他决定带上自己的"援军"。我有个糟糕的猜想，特蕾西恐怕也告诉了这些人我是一个别具一格的运动神经元病患者，这也是可以理解的。

简单的寒暄后，为了节约时间，我决定直接告诉乔恩——我新交的好朋友——我对于呼吸的看法。我觉得这能让人安心。我说："显然，根据特蕾西告诉你的，你会明白为什么我想尽早做气管造口术（呼吸管穿过小孔直接插入气管）。但你可能不知道，同样显然的是，几乎完全被困在床上对我来说已经无法避免，我将这看作一个前所未有的好机会，以进行前沿研究来促进控制论的发展。"

说话的时候，我密切关注着乔恩和他的同事，觉得他们可能和特蕾西一样，都有着扑克脸。最后，乔恩代表所有人开口了："好吧，谢谢你。当然，关于气管造口术，你还有很长时间考虑，可以改变主意。"

"啊，"我回答道，"你还真不了解我。"

半小时后，乔恩和他的同事逐渐开始了解我。

"所以，让我搞清楚，"弗朗西斯开口道，声音很郑重，"你是说除非不幸发生意外，不然只要我们沿着气管造口术这条路走，他就能一直活下去，对吗？"

"是的，你说得对。有些人突然死去，不过死因我们并不明白，肺炎可能是其中之一。但总体上来说，是的，我们应该能让彼得一直活着。"

"什么情况下他会死呢？"

乔恩耸了耸肩。"心脏病？癌症？谁知道呢。但是如果我们很幸运，一切都按照你们计划的进行，他至少不会死于运动神经元病。"

早上 11 点，我陶醉于享乐中。我坐在吧台上，伸手去拿装有冰镇啤酒的高脚杯，抬头望向海滩。在加勒比海的阳光下，白色的海滩闪闪发光，一只狗独自沿着碧绿的水边散步。我看了一会儿，发现身边的弗朗西斯正在开开心心地观察行人。

前一天，我目标过高，想要越过陡坡，然后穿过马路，但轮椅向后倾倒而去，至今我的背还隐隐作痛。不知怎的，摔在人行道上时我的脑袋并没有撞得太厉害，脊椎却摔得不轻。

看来，无论是无障碍通道的概念，还是健康和安全，都没有在加勒比海得到普及，要么就是当地可能根本没有残疾人。不管怎么样，我现在被"限制"在轮椅上。这意味着，我完全有可能滑下路边的斜坡，穿过一条繁忙的马路，结果却发现另一边没有同样的坡道可以去往安全的地方。

前一天的事故中，我还算幸运，只是擦伤，但这给我敲响了警钟。就在我们最近开始旅行之前，我意识到我需要把最新的诊断结果告诉我的旅行保险公司。过去十年里，劳埃德银行为我们提供的全年保险可以覆盖我们全部的旅程。我在劳埃德银行开户已经三十多年了。我和一位经纪人认认真真地谈了整整一小时，向他解释至少当下我唯一的问题是不能走路。是的，我的医生很高兴我去旅行。不，我的医疗小组认为，我的病短期内不会出现问题。是的，严格说来它被看作绝症，但事实并非如此。

几天后，就在我们准备出发时，我收到了保险公司寄来的一封标准格式的信件，说是拒绝为我提供旅行保险。准确地说，这封信非常友好，保险公司主动表明自己还是愿意像以前一样为我提供旅行保险，但是不包括任何和运动神经元病有关的意外情况，哪怕有一点点模糊或细微的联系，都不在保险范围内。我本以为保险公司最多无端涨一点保险费。不难想象，这对一个刚被诊断出患有运动神经元病，还在努力求生的人而言，会是多大的打击。这看起来很残忍，完全不科学。我目瞪口呆。保险也没了。

我们冒了这个险。当时没来得及找一家保险公司给我投保，我们不知道怎么去找，甚至不知道是否有这样一家公司。毕竟除了腿不好，我什么毛病都没有，而一般人都不需要告诉保险公司，他们没办法好好走路。目前，我的运动神经元病都不应该提高我的保险风险，更不用说会导致保险公司拒绝为我投保了。我和弗朗西斯以前从来没有就旅行保险进行过理赔，所以我们安慰自己，这次也极不可能需要。要是我这次真的需要保险，那也和运动神经元病无关。

然后，我的轮椅就向后倾倒了。如果我的头骨裂了怎么办？我本来可以合理地辩称，我的事故完全是坐轮椅导致的，这可能发生在任何健全人身上，但我怎么能成功地辩称，我坐轮椅不是因为运动神经元病？如果我需要飞去一家专科医院（必然是在美国本土）治疗，欠下巨额医疗费用，需要搭乘医疗航班被遣返回国，那这笔费用就无法由保险覆盖，我们就会破产。

我喝下冰啤酒，赶跑了大脑中的这些想法。尽管酒吧里弥漫着的昏暗受人欢迎，我却在努力看清笔记本电脑的屏幕。我开始给世界各地的朋友发电子邮件，告诉他们最新的诊断结果，同时表明我其他方面都很好，以让他们放心。邮件最终写成了一则宣言。

在外人看来，我最近被诊断出患有运动神经元病这一事实相当令人沮丧：在接下来的几年里，一直到我无法呼吸，或者到我使用机械呼吸机，被困床上无法动弹之前，我的身体，而非我的大脑，将慢慢停止工作。

但我认为，这个观点完全是错误的。让我们换个角度，从大脑这一方来看。想象一下，我的大脑逐渐变成了一个脱离实体的智慧存在，正踏上一段非凡的旅程，而我（大脑的自我意识部分）将与它一起前行。

除非我运气不好，不然在这段时间内，我的大脑应该正常工作，只是要踏上一次非常奇特且日益孤独的单程旅行，然后进入一片黑暗的虚空。我们知道，那里对生命充满敌意，几乎不能把任何信息传回现实世界。要是我像大部分人一样，那么唯一传进（通过我的眼睛和耳朵，它们应该能够继续工作）那片空间的信息就会相当无聊，像一个固定的网络摄像头，对准疗养院卧室的天花板。

谢天谢地，现在是 21 世纪！尽管我们认为那片黑暗的虚空从史前便开始吞噬人类，但如果我和我的大脑一直被困在那里，那么至少现在，让我们准备开启一次真正的发现之旅，以完全科学的眼光看待这个问题。

我想把所有我能想到的高科技都和我一起带进那片虚空；我不仅要在那里活下去，还要在那里茁壮成长！

是的，这听起来有点桀骜不驯，但我的信条一如既往：打破规则！

这就是我的反抗。在我走得太远之前，我想建立一个真正可靠的生命支持系统——维持呼吸和其他身体机能主要是机械问题，而不是医学问题。我想要强大的沟通系统，能够与虚空内外进行交流。我想要新的高科技感官和机器人能力，来取代那些被切断的感官，这样我的大脑还能使用所有自己固有的处理能力。对我们中的任何人来说，这些能力总体上仍然远远超过最强大的计算机。

我还想让光照进黑暗的虚空中，拨开虚无的迷雾，用网络空间、虚拟现实、增强现实和人工智能来填充它。有了现代技术，我就不必只能陷入孤独和低落。

比如，我这一生都热爱写作，热爱音乐，热爱艺术，我想帮助推动它们进入新的领域。在我的终极紧身衣中，我不仅想创作文章、发表演讲、谱写音乐和进行绘画，来表达被困在陌生的平行世界中的复杂感受，以刺激"饥肠辘辘"大脑的各个部分，我还想写一本书，讲述我如何在虚空中旅行，想谱写一首《黑暗的虚空交响曲》，并创造出一幅名为《变形》的艺术品。

然后，把它们发回给你们。

我的这趟前往独自监禁的单程旅行很怪诞，可要是我们足够聪明，最终的"牢房"可能会非常像家。好吧，一个虚拟的家，但也许比我被迫离开的那个家更舒适，甚至更容易导航，也更安全、更让人满意。

不过最重要的是，如同每一次规划好的科学旅行，我也希望推动知识的发展。如果我们方法正确，将有望帮助数百万甚至数十亿人。

这项研究可能会带来一些非常明显的成果，比如获取有效的方法以彻底改变因事故或疾病瘫痪的人。普通老年人往往也有严重的残疾和浓浓的孤独感，这项研究也会为他们带来广泛的好处。

还有其他一些并不那么明显的成果。人工智能继续迅猛发展，我们人类需要进行试验，学会完美利用它的方法，把它的用处发挥到最大，来增强我们自己的智慧，或者更好地帮助痴呆患者。否则，我们这一物种就面临着落后的风险。

我要试验的高科技生命支持系统都是基于计算机的，这对所有可能的衍生结果都十分有利。按照目前的发展速度，一套现在价值十万英镑的昂贵设备，十年后只需三千英镑左右。

这样，大多数人都买得起，以获得其中的衍生价值。而且至少在我看来，正是这个闪闪发光的奖励让我不仅可以忍受前往虚空的旅行，还觉得这是值得的。

就其影响来看，我不会再孤独。

就其价值来看，我肯定负有一种使命感。

更重要的是，当我准备进入属于我的生命试验——那片虚空时，一个有趣的想法不断在我的脑海中闪过：与从未被诊断为运动神经元病的生命体验相比，患病后的我借助于全天候的高科技监控系统和支持系统会活得更久，获得了更多能力，这不是很有趣吗？

彼得的宇宙第二规则

人类因打破规则而至关重要

主动出击

  我的反抗宣言得到的回应可谓复杂而极端,这感觉就跟我们在加勒比海环岛游的时候一样。有些回应令人惊叹,有些则骇人听闻。大多数人一开始就对我表达了极大的同情,有些人觉得弗朗西斯也值得同情,但这就是那些回应全部的相似之处了。

  有些朋友相隔很远,也不怎么熟,他们费心为我提供支持和建议。有些好友(我发誓我们的关系真的很好)反而回邮件说,我的诊断结果让他们非常不舒服。他们的口气暗示我应该更有礼貌,而不是告诉他们这件事。几个以前的同事回复的邮件很长,但基本上就是把我写给他们的每句话都换了个说法,几乎没有其他内容。

  有些人简单告知已经收到我精心准备的邮件,然后就开始说其他的话题,再也不谈我的病情,至少我回到托基后就收到过这样的回应。在我确诊之前,文尼一直是我和弗朗西斯几十年来最亲密的朋友之一。我们告诉他我得了病,讲了病情可能的发展,还让他放心,他也一直在认真倾听。然后他拉长了脸,开口说了第一句话:"我有时候感觉刺痛。"

"啊？"

"有时候我的手会有点麻。"我和弗朗西斯看起来一定很困惑，但他认为我们是在鼓励他继续说下去。"而且有时候我刚要睡着，就又突然醒了过来。"

弗朗西斯觉得这时候有必要开口了："你真的听到我们刚才说的话了吗？"

"听到了，但我担心我可能生病了！"

对于文尼的回应，我其实并不觉得意外。他的性格中有很多好的方面，但大家都知道，他偶尔也有点以自我为中心。弗朗西斯把母亲刚刚去世的消息告诉文尼时，得到的答复是："最近我有点头疼……"

有极少数朋友与文尼形成了鲜明的对比，他们没有口头安慰我，而是提供了实际的支持。当时仍在芝加哥管理歌剧院的安东尼让我联系上了音乐治疗方面的人。斯文是我的老朋友，他做管理顾问的时候就是了，现在他是赛诺菲（Sanofi）公司（很巧，我正在服用这家制药公司生产的利鲁唑）的董事。对于我想做的事，他分析了世界上一切与此相关的现有研究。米歇尔也是我的老朋友，我做管理顾问的时候认识了她。她决定帮我，便开了一百英里，来找我详细讨论相关的事情。

"我们需要把你的消息传出去！如果你想鼓励人们进行你需要的研究，改变重度残疾的定义，人们得先听到你的声音。"

"问题是，我所有可以联系的熟人都帮不上忙了，而我的老同事们似乎也都不知道我现在需要去联系谁才行！"

"好吧，如果你不知道应该联系谁，我们就需要设法让这些人联系你。"

很久以前，甚至早在十五年前我第一次见到她（当时英国广播公司的总负责人邀请我去分析他们制作的一档节目，名叫《不成文规则》）之前，她就已经在负责每天的新闻节目了。所以我想当然地认为她知道该联系谁。

"这种事情该联系谁，我完全没有头绪，让我想一想再来找你。"

她说话算话，几天后，她发邮件给我，建议我和《泰晤士报》杂志的一位每周专栏作家联系。这位作家叫梅拉妮·里德，几年前因为一次骑马事故四肢瘫痪。她写了一篇名为《脊柱》的作品并获了奖。米歇尔告诉我，她没有梅拉妮的直接联系方式，但《泰晤士报》可能会公布她的电子邮箱地址，值得一试。她还补充道，她打算联系帕特·扬格，这人曾在英国广播公司做过她的下属，现在经营着一家成功的电视制作公司，叫作"糖电影"。也许他会出一些主意，甚至可能有兴趣参与进来。米歇尔提出的最后一个方法是：利用社交媒体。

我花了很长时间写了一封邮件，希望它短小精悍但又不失说服力。这封邮件概括了我与运动神经元病共同苦壮成长的想法。我终于打通了《泰晤士报》编辑的电话，他们对我进行了大量合理的询问后，给了我里德女士的电子邮箱地址。我试着给她发邮件，邮件却退了回来。两天后，米歇尔找到了另一个邮箱地址。我又试着联系，但没有任何回音。

两周后，我收到了一封邮件。梅拉妮回复了，并表示非常支持我。我们的对话是典型的 21 世纪风格：热情友好、信息丰富、见解深刻、令人振奋，而且完全是文字形式。就在我生日前一天，也就是 2018 年 4 月 14 日，我们的对话开始一个多月后，《泰晤士报》杂志发表了她写的关于我的专栏。在简单介绍了背景之后，她写道：

> 彼得·斯科特－摩根的态度吸引了我，因为他不仅是机器人科学家和作家，还是探究组织制度的专家，研究那些推动社会发展的不成文规则。他是一个自由思想家，试图挑战旧有观念（2005 年，他和他的伴侣是英国第一对登记为同性恋伴侣并举行完整结婚仪式的人），他打算拥抱他的渐进性疾病，将自己作为试验对象，来证明我们在面对糟糕的事情时可以做到多好。

> 我称这为勇敢，而他则称之为理性。

她写了一整页，以这句话作为结尾：

> 在各个领域的变革中，我们迫切需要开拓者。

消息传了出去。几天之内，就有三家电视制作公司联系我，其中包括米歇尔朋友的公司——糖电影。似乎只有这家公司愿意讲述我认为需要讲述的故事，而不是大肆渲染那种煽情的故事，比如患上运动神经元病有多可怕，我和弗朗西斯有多勇敢，所以我选择和糖电影签约。不久之后，他们得到了英国电视四台（一家大型广播公司）的委托，会拍摄一部关于我的纪录片，并在黄金时段播出，讲述我和我的想法。也许一两年后该片播出时，我的故事才会真正传出去。

这很好，但我可能等不了那么久。我需要利用即将上映的纪录片吸引一些公司，和我一起进行初步研究。我还需要一些其他的平台，让我的故事尽早传出去。

"你为什么不像那位女士说的那样，去参加运动神经元病协会的理事选举呢？"

这个建议实在出人意料，我一度以为弗朗西斯在开玩笑。他指的是刚刚与我通过电话的协会的一位地方代表，这位代表鼓励我参加即将举行的选举。我的回应充其量就是不置可否。

"好吧，第一，协会里有资格投票的成员有五千名，而他们中没有一个知道我是谁，所以我不会当选。第二，从她说的情况来看，理事会几乎所有的空缺席位都会由现有成员重新选举产生，这意味着，我实际上只有五分之一的机会参举，所以不会当选。第三，协会似乎只是担心最终人们会找到一种难以捉摸的治疗方法，他们的网站上也完全没有提到任何与科技治疗有关的内容。他们与我想要达到的目的无关，所以我不想当选。第四——"

"等一下，等一下，等一下！他们现在还不懂，并不意味着他们不需要懂。在告诉他们科技疗法的潜力方面，谁能比你做得更好？利用前沿的科技研究与运动神经元病一起茁壮成长，这就是你竞选的优势。进了理事会，也许你就能帮助协会，也许协会还能帮到你。如果之后他们还是不懂，你可以辞职。"

经过进一步的讨论，我向弗朗西斯的逻辑投降，为之前的宣言写了摘要，将其作为我的候选材料，参与竞选。然后，我终于抽出时间打造自己的社交媒体形象。

大约就在这时，我收到消息，当地英国国家医疗服务体系医院的结直肠会诊医师想要和我讨论我提出的"重装体内管道"的想法。这是突破性的进展，我们安排了见面。几周后，在一个明媚的春日，我独自坐着轮椅进了他的诊疗室。

"你肯定就是彼得吧！"他伸出手和我握手，"我听说了很多关于你的事情，还有你的想法。"

我也调查过他。事实证明，他在世界上的任何一家教学医院都能独当一面，完全有资格讨论我的计划。

"尼克，很高兴见到你。"

我不仅想和他友好相处，还需要他和我一样重视我的计划，倾听和理解我的想法。我知道在他很多同事眼里，我的这些想法令人费解。本能地，我想把这场对话提升为科学家之间的对话。

我不再谈论自己，而是开始谈论运动神经元病和生活质量，谈论临床护理的整体性观点。我希望我收尾的句子具有一定的说服力："因此，我认为我们有一个绝好的机会，可以率先通过三重造口术对运动神经元病进行选择性手术，以前没有选择，也没有希望。"

前一天我就想好了"三重造口术"这个名字，因为我觉得重组自己的理念需要一个听起来很学术的描述语，至少比"重装体内管道"这种说法的可信度要高一些。

他问了几个问题来弄清楚我的想法，然后开始摇头，又突然咧嘴笑了笑。

"完全没问题！英国国家医疗服务体系当然应该提供这个服务。我会组建一个团队，尽快开始手术。"

虽然我认为我提出的治疗运动神经元病的所有想法完全合理，但听到一位健康专家同意将其付诸实施，我还是感到又惊又喜。他言出必行，组建了一个团队，包括一名顶级麻醉师、一名上消化道外科医生和一名泌尿外科会诊医师。这本身就是一项重大的成就，毕竟来自不同部门的外科医生在医院都很少见面，更不用说实际交谈了。他们设计了一台整体手术，比起将三台较小的手术结合在一起更聪明，并降低了手术过程中的一些风险（尽管仍然存在重大风险）。这一切也可以通过微创手术来完成。到目前为止，一切都如此令人印象深刻。但很快我就发现，真正原创的是麻醉。

我们发现，几乎没有任何研究数据是关于如何才能最好地麻醉运动神经元病患者的，尤其是在我要做的这种大手术中。原因很简单，医生们几乎不做这种手术，他们反而会说："哦，好吧，传统上我们会给他做心脏搭桥手术，但他反正也快死了，何必呢。"于是就没有安排搭桥手术。

我还发现了一件令人吃惊的事，关于如何最好地组织三重造口术，我的麻醉师默里不得不回到基本原则上来，重新考虑她平时的操作方式，而不是只在书上查找操作标准。毕竟，一些标准的麻醉方案似乎有加速运动神经元病恶化的风险，所以我们不能用。肌肉松弛药也不能用，因为运动神经元病可能不会让我像预期的那样反应。然而，最大的担忧是，手术结束后我可能无法脱离呼吸机：也许我再也不能靠自己呼吸了。

默里让我和弗朗西斯坐下，开始了一场严肃的谈话："这种手术比起其他治疗方式，有可能会让你更早地完全依赖呼吸机。"

很早之前我就充分考虑过这一点，我毫不犹豫。弗朗西斯也是。

"比起改造身体需要的时间，我被困住的时间要久得多。我们应该关注的是我长期的生活质量，而不应该太在意完成身体改造需要多长时间。最糟糕的情况可能就是做完三重造口术之后，我不能靠自己呼吸，然后你就会迅速将我送回手术室，给我做气管造口术。我会被载入《吉尼斯世界纪录大全》，因为我在一天内做过的造口术最多。这是双赢。"

我爱的人

　　回过头看，我在同一年做出了人生中最重要的三个决定。每一个决定都完全出人意料，最终也都分别产生了同样出人意料的巨大影响。但如果没有做出这三个决定，我将永远不会成为赛博格。如果我不是一个彻头彻尾的科学家，我会说这是决定命运的一年。而现在，我只能把它称为完全出人意料的一年。那一年是 1979 年。

　　让我从最后一个决定开始讲起。我人生中做出的第三个最重要的决定太让人意想不到，几乎是机缘巧合：我发现了一个电话号码。在二月最寒冷的那几天里，未经人事的我下定决心，要参与爱情游戏，找到我的理想型——阿瓦隆。但我要去哪里找他呢？我觉得我压根没兴趣遵守同性恋界的不成文规则，也不想去伦敦仅有的两家同性恋酒吧寻找。我认为，那里就是肉体交易市场，而我想要的是维持一生的浪漫爱情。要找到这样的爱情，我肯定需要和某人相处一段时间，还得保持清醒。

　　走投无路之时，我拿出了我卧室抽屉里的东西，发现了放在最底下的一个平平无奇的信封，里面装着几张看似无关紧要的旧剪报。剪报上其实是《同性恋新闻》里的文章，我只有一份，好不容易才弄到（多亏了一次晚宴上与我畅饮的那位前音乐大师），十分珍贵。它每月出一期，是英国同性恋群体唯一的救命稻草。可这些文章都是很多年前的，对于我可能在哪里找到爱情，它们也帮不上忙，给不出任何建议，一丁点都没有。除了在一篇短小文章的背面，半幅广告从中间竖直切开，写道"Th, Cliff H, Hote"，还有更小一些的字写着"托基"，后面跟着五个数字。这肯定是一个电话号码，也是我与同性恋世界唯一且微弱的联系。我做的第三个最重要的决定就是：拨打这个电话。

"不好意思，你打错了，我们是一家餐厅。"

我道了歉，正准备挂掉电话，突然就意识到电话那头的人根本不知道我是从哪里打过去的，也不知道我是谁，所以我说什么都没关系。我便向他解释我在哪里找到了这个号码。

"亲爱的，那一定是好几年前了。你要找的是艾伦的崖屋酒店，那里现在只接待同性恋。我把号码给你吧。"

一家只接待同性恋的酒店！我从没听说过。它在德文郡海岸，很好，离我很远。我翻了一下日程表，发现三月底我会拥有一个漫长的周末，于是我拨了那个号码，与酒店的那名友好的副经理交谈。对的，酒店接待的全是同性恋，全国就这么一家。好的，那个周末他可以安排我住三个晚上。当然，他确信我会喜欢那里；事实上，到时候他会亲自带我到处看看。不错，那是一个承诺。

崖屋是一座不规则的维多利亚式别墅，外表雪白，在托尔湾蓝色大海的衬托下熠熠生辉。我沿着车道走向进入大堂的双开门，觉得这里的环境看起来很完美。我微笑着，迈着轻快的脚步走了进去。

里面一个人也没有。我等着，天花板高高地悬在头顶。我注意到酒店的装修基本是绿色。我大叫了一声，一个五十多岁的老人出现了，穿着与装修色系相近的衣服。原来他就是酒店的老板艾伦。他说，可惜，副经理现在不在，但他答应了的话，之后就一定会带我四处转转。是的，副经理回来后，他会指给我看是哪位。不，其他大部分客人还没到。是的，我在这里的几天，酒店会住满。不，他不认为会有我这个年纪的人。

这时，四个男人咯咯笑着从我右手边的大型休息室里走出来。他们上了年纪，女子气十足。艾伦立即和他们一起笑起来，这让我印象深刻，因为他不可能知道他们在笑什么。就在这四个男人仍然像一群女学生一样傻笑着，出门游览海港时，艾伦祝他们一路顺风。我到底在想什么？突然间，我觉得自己犯了一个严重的错误。

我的房间在楼上，以前肯定是一个长长的马厩，有一扇大窗户可以看到院子。二十分钟后，我就站在这扇窗前，哀叹自己的命运。我住进了老人之家！今天才周五，我得一直住到周一。更糟糕的是，答应带我参观的副经理可能也跟这儿的其他人一样老，我还得跟他待在一起。然后，我看到了我的阿瓦隆。

他大步流星，顺着一条长长的石阶走下来。这条石阶一直从街边高墙上一扇近乎隐蔽的门那儿延伸到街下面的院子里，像是城堡的秘密出口，而他则像年轻的君主。的确，他那一头飘逸的金红色齐肩长发，看起来就像我年轻的君主。正是阿瓦隆的父亲被杀，他成为王子之前的样子，身材瘦削，体格健壮。从这个距离看，我判断他的年纪跟我差不多。然后，他不见了，被主屋的一角挡住了。

天空中下起了小雨，雨滴渐渐汇聚到窗玻璃上向下滴落。我仍然站在窗边往外看，感到无措。不，事实上，我燃起希望。也许阿瓦隆是个客人。也许我可以认识他。也许……

然而我大脑中理性的一面开始分析：酒店的客人肯定不可能知道这个秘密入口，而他目不斜视，大步走了进去，就像是有什么任务。他可能是在送东西或者收东西，他可能和这个酒店没有直接关系，他可能是个十足的直男。

透过面前的几扇大窗户，我可以看到院子正对面那栋楼的一楼，似乎是酒店的厨房。从我第一次往窗外看，我就没发现那里有什么动静。然后他又出现了——即使他背对着我，看那金红色的头发和苗条健壮的身材，我也能肯定他是我的阿瓦隆。

莫名地，那一瞬间我的心跳加速。我感到兴奋，我感到快乐，并不在意这情绪来得毫无道理。他转过身，拿着水壶向我走来，走到其中一扇窗户前的水槽那儿，打开水龙头接水，然后抬起头来。

有那么一秒，我以为他在看我，但我还没来得及对他笑，就意识到他只是微微看向一边，并没有看到我。我愣住了，像个偷窥狂一样看着他。他太美了，这是我第一次真正看到他的脸。他只花了几秒钟就把水壶灌满了，但就在这短短的几秒里，我爱上了他。然后他低头关了水龙头，转过身，离开了我的视线。

我该怎么办？我继续等待，想再次看到他的身影。五分钟后，他还是没有再次出现。不过他肯定还在酒店里吧？我必须试着找到他，但不是现在这个样子，因为我还穿着旅行的衣服。于是我走到小衣柜前——我刚刚已经把行李箱里的衣服挂了上去，一番深思熟虑过后，选了一套恰到好处又引人注目的衣服：特别紧身的红色长裤，修身的亮白色 T 恤，配银色的收腰短外套——看起来像是宇航员会在 22 世纪穿的衣服。考虑到当时还是 20 世纪 70 年代末，我看起来很不错。

我顺着长长的走廊，慢慢从院子走到休息室。一进门，酒店的音响就开始播放阿特·加芬克尔的歌曲《明亮的眼睛》，开场的和弦饱含深情。这是我当时最喜欢的歌。是个好兆头吗？我去了餐厅、电视室、前台和大堂，但他不在这些地方。那就只剩下那间大型休息室了。我从门口看过去，没有看到任何人。我走了进去，他就在那里。

他和艾伦面对面坐在远处角落里的小桌子边，旁边是几扇法式落地玻璃门。他背对着我，金红色的头发披散在肩上，面前放着茶壶和杯子，一只金色的拉布拉多犬在他脚边睡觉。休息室里的音乐声更响亮一些。

艾伦看到我，站起来走到"阿瓦隆勋爵"身边，（意味深长地）指着他说："这是我们的副经理——弗朗西斯。"接着他很是期待地往后退去，好像在等待一场表演开始。我站在那里，向他微笑以表示感谢，全身上下都在竭尽全力，想要献上我这一生最好的表演。我走向我的阿瓦隆，走向我少年时代一切浪漫希望与梦想的化身。大幕拉开了。

不要走得太近——你不想吓到他。说话不要太大声。要表现得冷静、友好、温暖、深情。

"你好！我来是希望你兑现承诺。"

也许我为了配合音乐，下意识地放慢了说话的速度。又也许是巧合，他转身面对我的时候，正好放到《明亮的眼睛》最后一段有力的歌唱。果然，就像歌曲的名字一样，他的眼睛是最先击中我的。那双蓝色的眼睛好像能看进人的心里，一旦看向我，就再也没有移开过。然后他笑了，我模糊地意识到，在看见他的笑容之前，我想象中的阿瓦隆对拉海兰微笑的样子从来就不完整。

艾伦向弗朗西斯解释我是谁，他也想起来了。这一天剩下的时间里，他兑现了承诺，带我四处参观。这是我生命中为数不多的几次经历，让我觉得自己像在一出命中注定的戏剧中表演——一切都很顺利。与我不同的是，弗朗西斯十六岁（当时他的母亲说他"够高了"）就离开了学校，但和我一样，他也有远大的梦想。与我不同的是，弗朗西斯世故而老练（他脱离了贫穷工人阶级的成长环境），但和我一样，他也为自己是同性恋而骄傲。与我不同的是，弗朗西斯已经人事（尽管他只比我大两岁），但和我一样，他也在寻找真爱。对我来说，还有什么其他需要关心的吗？

我们第一次见面后过了不到一小时，他就问我："你相信一见钟情吗？"

我的答案显而易见："当然！"

几秒后，他轻轻地伸手揽住我的腰，把我拉向他，吻我，一直吻我……

接下来的三天里，我迅速开始弥补年少时的孤独，历经人事。同时，我也如饥似渴地去了解我爱上的这个人，不想错过关于他的任何一条信息。

我们的内心看似非常相似：我们都是同性恋，都充满野心，都是詹姆斯·邦德的粉丝，都是无神论者，都在寻找爱情。然而除了这些，我们没有任何共同之处。首先，我很惊讶的是，弗朗西斯在学校里从来没有学过拉丁文，甚至一学期都没学过，一点都没学过。更让我惊讶的是，他的朋友们也没有学过拉丁文。显然，在他的世界里，这是正常的。

这让我大开眼界。弗朗西斯显然非常聪明，每次我们讨论一个双方都知道的话题，他都像是一位有才智的同辈。但是，当我们情意绵绵地分享一切关于自己的事情，我就会意识到他是我这一生认识的第一个既聪慧过人，又几乎没有受过任何学术训练的人。比如我说我很喜欢击剑，他会以为我说的是建栅栏①。

我认为理所当然的很多话题，对他而言却是巨大的空白，他很乐意，也很期待我来填补。但这个过程以我从未想过的方式，让我直面自己有多无知。令人惊奇的是（不知为什么，我从来没有因此而感到尴尬），弗朗西斯对种种非学术性的话题，尤其是现实世界的生活了解很多，而我对此几乎一无所知。我一直以某种自己都没有意识到的方式隐居。也许正因为如此，我才发现这些新的研究领域美妙又奇特，并让我感到自由。

我很快就发现，在这个长周末，酒店里的大多数客人也同样自由。他们也许很老（大部分人的年龄够当我的父亲，剩下的能当我的祖父），但对我有很多看法。

"嗯，他是个公立学校的学生，真色情！"他们似乎总是在谈论我，而不是和我说话。"公立学校唯一的问题是提供了良好的教育，却教出一群令人难以置信的小浑蛋。"

---

① "击剑"的英文为"fence"，这个词还意为"栅栏"。

我不得不承认，他们说的这一点很可能是对的。

"哦！"一个有些做作的变装皇后用真假嗓音互换着说道。要不是我足够了解，肯定以为他涂了睫毛膏。"'她'有容貌也有头脑，亲爱的！"他正对着弗朗西斯，但手指着我。"要是我就不放手了，亲爱的。"他狡黠地建议道。

"我确实不准备放手。"

这三天我享受了天堂般的快乐，对弗朗西斯爱得越来越深，是时候回到我原来的生活了。我向弗朗西斯许下承诺，我一定会回来，和他一起生活，绝不会失约，这让我能够忍受离开我的灵魂伴侣所带来的巨大痛苦。准确地说，我会在二十一岁生日的时候回来，也就是三周后。现在只剩下两个小小的障碍：向父母坦白，并且找到方法说服帝国理工学院让我无限推迟本科毕业的时间。

我乘火车回到帕丁顿，然后乘区域线地铁到温布尔登，高举着行李箱走上斜坡，来到里奇韦。从车站走了一英里，我才到达父母的公寓（我准备在那里度过一周）。我和弗朗西斯说好了，我一进家门就给他打电话。为了不被打扰，我用的是父母卧室里的电话。我们聊了一小时，但不久之后妈妈从门边探出头来，对我做口型说爸爸刚刚下班回来，我似乎必须要挂断电话了。

这实在非常艰难。我们最后都说了"再见……"，但没有人挂断电话。

弗朗西斯打破了沉默："你还在吗？"

我回答道："我一直都在！我永远属于你。"这是我对他一生的承诺。

三岔路口

"普通人会怎么做?"在托基港边,正当弗朗西斯把路虎揽胜停到一个位置极佳的残疾人停车位上时,他突然这么问我。尽管几十年来,我们几乎是心有灵犀,但这个问题的答案实在是太开放了,我不太知道怎么回答。

"啊?"

"直接拿个蓝色徽章[①]!"他晃了晃我的残疾人停车许可证,然后把它放在仪表板上看得到的地方,"大多数人不可能像你一样说服他们。他们发放许可证真的很严格,现在几乎不可能拿到。我光是看那些表格都觉得害怕,更别说填表了。表格有多少页?"

"我记得是六页。"

"确实是六页。你给他们寄了多少页全是字的打印纸?"

"二十几页吧。"这是我填过的众多表格中的第一份,因为一位遗传学会诊医师随口说我"已经重度残疾"。

---

① 蓝色徽章计划面向严重行动不便、难以使用公共交通的残疾人,持有者可以在目的地附近停车。——译者注

"这就是我要说的！你习惯于把事情记在脑子里，构思好之后写下来，让人难以反驳。我做不到这一点，而且我确定，大多数真的有资格获得蓝色徽章的人，都很难提供拿到它所需要的证明。如果没有你，我也会成为他们中的一员。"

他下了车，绕到后面，把我们花了大价钱买来的活动轮椅（英国国家医疗服务体系只是象征性地捐了点钱）拿到副驾驶的车门旁边，帮我坐了上去。时间还早，游客们无疑正在酒店、宾馆或者提供早餐的旅馆里充分享受他们的英伦之旅，没来得及涌入这里。明媚的阳光照在海湾上，海风轻柔而温暖，吹得棕榈树沙沙作响。

"我们为什么不先去码头呢？"我提议道。我们常常要么先去码头再去港口，要么反过来。几年前的夏天，有时候不用二十分钟我们就能完成一趟环岛游，但这阵子我的速度很慢，通常要花一小时。"我们可能还会看到一些桶水母。"那些水母有垃圾桶大小，这几年习惯于在托基附近懒洋洋地度过自己的假期。

"那个人独立支付津贴呢？"弗朗西斯又问，他指的是新型的残疾津贴，"那份表格有多少页？"

"对，那个太可怕了，有二十页左右！"

"你提交了多少材料？"

"嗯，四十多页。"

我们穿过公主花园，顺着海边的散步道右转。

"就是这样。大多数人都没办法像你一样轻轻松松提交那么多材料，像本小小的书。"

"我不得不说，这确实是我写过的最难的文件之一。我觉得这个系统的设计是为了让资格认定过程越难越好，所以我在回答表格上的问题时，写出了所有我能说服医学人士加以证实的证据。但这个过程实在是太痛苦了。"

"而很多和你有相同遭遇的人缺乏时间、精力或者写作能力来完成这份文件，很可怕。"他停了一分钟没有说话，因为我们要绕过一个孤单的老人，他正拄着两根拐杖沿着海边的散步道慢慢走着。"我们非常幸运。"

"是很幸运。"没有任何准备和计划，一个不成熟的想法渐渐在我脑海中浮现出来。"你知道，我一直在想，长久以来都是我们与世界对抗，总感觉我们像一座孤岛。我们不需要他们，他们也不需要我们。但现在我想他们也许需要我们……"

我们走到了维多利亚码头的起点，对面就是公主剧院。我们左转走上木板路，透过木板的缝隙可以看到大海。

"你在说什么？"

"我知道这听起来愚蠢无比又自命不凡，但我的意思是，我觉得我们其实可以在接下来的几年里做很多好事，比我们这一生做过的还要多。"

"看！在那里！那条蓝色的船旁边。"

两只几乎透明的巨型水母就在水下漂浮着。我没有继续解释，看了五分钟的水母。

"所以，你突然想当慈善工作者了？"

"不是！我一点也不想。"

"啊，所以我们还可以从中赚钱——这听起来更好。"

"呃，也不是，但这真的很重要。我认为你和我可以带来改变。改变一些事，改变世界。"

"或者我们可以享受最后几个夏天，趁着你的身体状况还比较好。这样的时光一去就不复返了，我不希望你为所谓的伟大浪费你的全部精力和我们一起相处的时间，你会为了它忘乎所以，最终任由它支配我们的生活，没有人会为此感谢你的！"

虽然我对自己到底想要什么并不完全知道，但还是因为无法得到它而忍不住感到失望。

"我知道，这可能很愚蠢。感觉就像我们的婚礼，我们本来打算低调进行，却意识到很多人都依赖着我们。那些陌生人没有我们幸运，也没有我们坚强。我们能够对现状说'去你的'，所以我们举办了婚礼，并且真的为此感到自豪。这件事和那时候感觉一样，就是这样。"

我们走到了通往码头第二段的台阶处，那里像往常一样，有几个男人（总是只有男人）拿着钓竿站在那里，茫然地盯着抛到堤坝外面的细细鱼线。我和弗朗西斯在一起的日子里，我们总是一起散步，最后走到港口尽头的灯塔处。那些日子已经过去了。弗朗西斯俯下身，碰了碰我的手。

"听着，我并不是说我们不应该做这件事，我只是希望我们彻底想清楚之后再去做。如果我们要做，就得做好。"突然间，我知道他打算同意了，尽管我和他都还不知道我们要去做什么。他又站直了身子说："那么，你拯救世界的宏伟计划是什么？"

我特别喜欢这种状态的他：勇敢而谨慎，无畏又不逞强。

"你还记得吗？我在1984年写了一本书，叫《机器人革命》。我在最后一章说道，我认为我们会在有生之年到达一个三岔路口，而人类选择的路将改变一切。"

"是的，他们还想逼迫你把那一章删掉。"

"谢天谢地，他们没删掉。在未来，那个最有可能出现的、人们默认的未来，机器人智能会独立发展，纯粹的人工智能也越来越聪明，而人类最终沦为宠物或害虫。"

"也就是好莱坞电影常常描绘的那种垃圾未来。"

"就是这样！我主张的另一种未来是我们与人工智能融合，以增强自己的能力，这样我们就可以做到人类和人工智能都无法单独完成的事，这是人类与人工智能合作的一种形式。"

"也就是你现在说的这种方法，它可以帮助运动神经元病患者、重度残疾者和老人。"

"对！因为我们已经来到了三岔路口。就是现在！公众没有意识到这一点，政界人士没有意识到这一点，但信息技术行业意识到了，它只是保持沉默，不想让人们注意到正在发生的事情。"

"那么，正在发生的事情是什么呢？"

"我们正在冲往一条独立人工智能的路！我们还没有完全讨论过这条路，更不用说接受它，我们只是在走这条路！实际上，根本没有人注意到我们正在迅速经过另一条路、另一个未来，很快。就像错过一个高速公路出口一样，我们将永远不能回头再走这条路，也永远不会再次面临这个选择。"

"哦！"

"另一种未来的可能性已经在降低了，但我觉得我看到了推动未来沿着某一方向前进的方法，这一方向至少可以为我们所有人提供选择的机会。如果我们愿意，可以选择协作型人工智能而不是独立型人工智能。"

"这一切听起来很像好莱坞大片！"

"确实是，你编不出来。关键在于，我去年一直在思考的想法可以成为一个完美的焦点，研究和展示为每个人服务的协作型人工智能。想想看，一个帮助数百万重度残疾者和数十亿老人好好活着的目标，谁能反对呢？"

"没有人。好吧，除了那帮整天叫嚣着'别扮演上帝'的人，没有人会反对。"

"这有点像肯尼迪那个在十年内登陆月球的大胆设想。运动神经元病是一个绝妙的研究挑战，不是因为容易，而是因为极其艰难。我的专业和病情让我处在一个独特的位置上，就是人类小白鼠。我想一些真正顶级的人才和一流的公司，可能会有兴趣参与其中。这将改变一切。"

"我明白你的意思，但为什么非得去牺牲我们在一起的短暂又珍贵的时光呢？为什么不能让那些拿着工资的人去操心这些事情呢？"

"因为我十分怀疑世界上还会有其他人去做我们能做的事情，尤其是因为没有其他人——当然也没有一个运动神经元病患者——正在尝试去做我所提议的事情。恰恰相反，现状已经固化。我们要努力改变的那个人们默认的未来，已经注定会有一个错误的结局。但我们有机会创造另一种选择，一个展示不同未来的机会，以一种没有威胁的、更安全的方式。"

一艘豪华的风帆游艇缓缓驶离泊位，向外港航行，巨大的白帆逐渐张开，升上高耸的桅杆。我们看着忙碌的船员慢慢离去后，弗朗西斯转过身来。

"我们该走了，"他笑了笑，"另一个未来不会凭空出现的！"
我突然感到欣喜若狂。我们沿着码头往回走，跟上游艇的步伐，
直到它右转离开码头，而我们左转走向海滩。"我希望你解释一
下，对我们来说，另一个未来到底会是什么样子的。暂时忘掉这
个世界吧，尽管我知道以后会有越来越多的人加入这一行列。但
我想知道它对我们来说会是什么样子的。我想了解我们的另一个
未来。"

我们沿着海边的散步道继续前行，右边是高大的加那利海枣
树，左边是像早晨的天空一样蓝的大海。

"嗯，你也知道，我实际上要变成一个赛博格。"

"真的吗？我知道从我们第一次见面起你就一直在说这个。但
如果你告诉人们你想做的是这个，那大多数人都会大失所望。你
喜欢这个想法，可它对大部分人来说却很可怕，甚至令人感到毛
骨悚然，是科幻作品里才有的。"

"是的，但这是真的！如果我们能做到哪怕一点点我认为可能
的事情，我就会成为人类历史上第一个真正的赛博格。"

"可你不是告诉我，很久以前体内拥有移植物（implants）的
人就自称为赛博格了吗？"

"是的，我知道，这要看我们怎么定义赛博格这个概念，哪
怕一个戴着心脏起搏器的人也可以是'控制论机体'（cybernetic
organism①）。但我要做的是完全改造。几乎我的一切都将发生不
可逆转的改变，身体是，大脑也是。"

---

① 简称赛博格（cyborg）。

"啊，休息室刚刚开门了，想喝杯咖啡吗？"

我们穿过马路，绕过外面的桌子，穿过一扇双开门。房间很长，像纽约的阁楼，墙壁破损，空调外露，屋里收藏着不拘一格的图片、镜子和家具。只有两张与环境不相配的桌子已经坐了人，所以我们选了自己最喜欢的位置——房间中间的一张桌子，旁边是可以俯瞰海湾的观景窗。一个嬉皮士打扮的服务员——年轻、苗条、留着伐木工人式的胡子——帮我们点单，我们要了两杯双份浓缩拿铁，然后我继续说："毫无疑问，我与这个世界的身体互动都将通过机器来实现，而我现有的五种感官自然也会得到增强。"

"自然！"

"但更重要的是，我的一部分大脑和全部的外在很快会电子化，完全是人造的。"

"我没有听懂。"

"我的意思是，我不再只是'以前的我'了，不再是彼得 1.0，如果你愿意这么叫的话。而新的我——彼得 2.0，会是我原本大脑的大部分（尽管其中所有与运动相关的几部分最终会停止运转）加上大量的机械神经。但除了眼睛，我的身体将只用来维持大脑运转。"

"所以，基本上你会成为实验室工作台上的大脑，就像你一直说的那样！"

"嗯，当然啦，很多时候，我会像那样和世界互动，远程互动的话需要借助网络、遥控机器人或者其他什么东西。"

"可是我想和你这个人互动！我不在乎你怎么和这个世界互动，我只想和与我结婚的这个人互动，而不是机器人。"

"让我换个说法。我想我说的是，未来我的一部分将成为机器人。那将是真正的我，一部分是硬件，一部分是湿件[1]；一部分是数字，一部分是模拟。这是我唯一能想到的保持自我的方法。如果我想继续聊天、开玩笑、微笑、做鬼脸、保持个性、做我自己，那我就必须改变，亲爱的。你只能与外在的机器人身体和大脑互动，但你要知道，原来的我还在那里。"

幸运的是，在这个从哲学上讲意义深远、令人感到不安而情绪激动的时刻，我们的拿铁正好送来了。咖啡装在带有小把手的高玻璃杯里。毫无疑问，如果我们问一下，就会知道关于咖啡豆从哪里来的故事。向服务员道谢后，我们用他提供的长勺搅拌咖啡，小口喝着顶部的泡沫。我忽然意识到我们正需要这段时间来消化我刚刚说的一切所带来的巨大影响。事实上我自己也刚在心中明白了这一切。

"好吧，"弗朗西斯终于重新开始说话，"你得告诉我你到底有什么想法。"

---

[1] 此处指人脑。

未知的未来

"你还记得吗？英国广播公司的那位导演告诉我，撒切尔夫人曾经在电视采访中戴着耳机和一个团队连线，那边给她提供统计数据、聪明的回答和可以引用的金句。"

"对，她戴在右耳，镜头拍不到。"

"嗯，我希望我的人生就像那样！在我的设想中，人工智能系统会倾听正在发生的事情，然后像卫星导航一样提示我，比如，根据不同的标准提出三个备选建议。当然，合成器的声音也会像我的一样，是我的声音。"

"哦！我还以为你的声音会像斯蒂芬·霍金呢。"

"你知道，很久以前，斯蒂芬·霍金的声音本来可以好得多，但大家都习惯他一开始的声音，所以他不想改善。尽管我现在还能很好地发声，我却想做一个尽可能高质量的声音库。换句话说，我要在录音室里录下每一种可能的声音组合，这样就能保证，在未来的几十年里，我的声音能充分利用所有的科技进步。"

"但我还是不明白，你怎么能让你的人工智能说出什么新的内容？这些内容明明得由生物意义上的你说出。"

"我的想法是，我的语音合成器有一个初始反应，要启动这个初始反应，我就得用眼睛打字——"

"等等！什么叫'用眼睛打字'？"

"就是我跟你说过的那种眼球追踪技术。我的眼睛永远不会瘫痪，所以我可以看键盘，电脑会相应地推算出我在看哪个键。它使用的智能设备可以追踪我眼球的运动轨迹。"

"好，我懂了。"

"所以，要是我借助人工智能启动能说出短语的语音合成器，我就会使用眼球追踪技术拼出个性化的短语，在预测能力很强的文本引擎的帮助下，把短语插在空缺的地方。"

"就像手机那样？"

"是的，但比手机好得多，系统会根据我的位置、正在发生的事情，还有我的风格进行个性化定制。而且，我想人工智能系统会很聪明，对于不同的词语，它可以判断出我的合成声音所需要的不同情感——熟络的、热情的、亲密的，诸如此类。"

"等等！你是说，未来的你对我说的话，'彼得 2.0'对我说的话，往往是人工智能在说，而不是你本人？"

"只能这样，也只有这样，我才有希望具有自主性。要不然，你大概得等上一分钟，我才能用眼睛打出几个字。即使我用现在最先进的高科技，那也实在是太慢了。"

"所以我永远不知道跟我说话的是否真的是你。"

"一直都会是我。好吧，有时候人工智能像个即兴表演的演员，而我是帮助它的电影导演，但这仍然是我的电影。"我想补充一句："当你听到'我爱你'，你会知道我一直在那里。"可我突然开始流泪。

我意识到，最近这种情况越来越频繁，就像父母在三个月内相继去世时一样。不管是当时还是现在，我都知道很大一部分原因是压力，但我也在警惕一种叫作情绪不稳的东西，也就是无法控制又不恰当的情绪，比如面对悲伤的事情大笑。有时，运动神经元病可能会带来某种形式的痴呆，情绪不稳就是其中一种。

幸运的是，到目前为止，我的高级心理功能似乎没有受到影响。尽管我现在会因为电影中的悲情时刻而哭泣，但以前我也总会为此落泪，至少没有为此笑出来。眼泪刺痛了我的眼睛，我低头看着桌上的拿铁以掩饰泪水。又喝了一口咖啡之后，我觉得差不多可以重新抬头，看着弗朗西斯继续往下说了。

"当然，人工智能说的话可能和我在没有外力帮助的情况下做出的回应不一样，不仅是表达能力，连内容都可能有偏差。我明白这一点，但没关系，尤其是人工智能会让我看起来比以前更聪明、更有趣，或者仅仅是不那么健忘的话。有一点令人开心，那就是我不会对任何事装模作样。就像我一直说的，这是真正的彼得 2.0。"

我说得就像在开玩笑，听着很随意，但我知道，我现在做出的解释对弗朗西斯而言其实十分重要，他的态度非常严肃。这不仅仅和我有关，也和我们的关系、我们的未来有关。彼得认为升级成彼得 2.0 是他的权利，而弗朗西斯呢？他只能越来越老。我们的这种不对称的年龄变化是不公平的。从成年开始，我们就一直是一对相爱的伴侣，统一阵线，融为一体。我不切实际的言行是在冒险破坏我们爱情的基石。弗朗西斯爱上的是有血有肉的我，而不是人和机器的结合体。他可能更想维持现状。

"更聪明听起来不错，更有趣也真不错……"

"不要去想语言自主性，想想智能放大器。"

"我喜欢幽默放大器这个想法。"

我们似乎轻轻松松地越过了第一道关卡。这是件好事，因为据我估计，我们至少还有六道关卡要过。如果还有时间，我会向他解释我"改变世界"的想法，总共是七道。

"那么你一定会喜欢第二个想法。我能大笑，能微笑，能表达肢体语言，保留我的个性和人性。我想给自己打造一个化身。"

"就像电影《阿凡达》里的那样？"

"没错！但是这个化身的外表会像我。好吧，像三年前那个还有肌肉的我，至少是头部。我想的并不是看起来像卡通形象那种，而是你看到我的时候，本能告诉你这是一个真实的人，也就是我。我想的是让人能实时感受到我是真实人类的硬件和软件。如果一开始我们不能完全保持实时形象的逼真，那么至少可以在提前准备好的程序中实现这一点。"

"你是说就像你在做演讲什么的吗？"

"没错！未来，我的化身没有那么逼真，但能够及时响应。"

"我喜欢这样！我喜欢这个主意，你仍然自己在微笑，说话时脸还在动。你可以在胸前放置一个屏幕，上面是化身的脸，和你的脸一样大，就像一件印着人脸的 T 恤，不同的是你那件 T 恤上的脸会动！"

"太棒了！"的确，我之前一直在构想一个屏幕，只露出我的一部分脸。弗朗西斯的想法要人性化得多。

"最终，合成语音和化身自然的面部表情运动可以配合得很好，但我还希望人工智能可以倾听正在进行的对话和其他声音，比如突如其来的声音，观察正在发生的事情，探测他人的动作并判断其含义，识别他人身份等，然后以此为基础做出面部表情，表达情感。"

"如果人们知道你的人工智能一直在听、一直在看，他们不会不高兴吗？"

"这和人们使用 Alexa、Google Home 或者 Siri 有什么区别？它们一直在听。人工智能的发展方向就是这样，越来越多的设备也会这样。至少我的系统倾听一切、观察一切，是因为我根本不能自己去听、去看。"

"如果你让人工智能引用我几天前说过的话，我就把你的机器关掉！"

"我保证不会！试想一下，我拥有一个化身是多么神奇。我可以做一场主题演讲，礼堂屏幕上显示的是我的化身（而不是一个几乎瘫痪、不能说话的我）；可以打 Skype 电话或做一个播客，人们看到的是彼得 2.0 的化身；甚至可以和人面对面地谈话，和他们互动的是彼得 2.0 的化身软件，而不是我原有的湿件。"

"事实上，这让我感到十分宽慰。我们知道以后你将不能说话，也知道最后除了眼睛，你没有其他办法表达情感。但实际上并非如此！"

"以前从来没有人这样做过。再过几年，我会跨越一条无形的界线，到时候你只能通过一个完全人造的窗口来了解真正的我。"

弗朗西斯大笑起来，然后向我解释说："我看着你才意识到，原来我面前的是一个原型！"

"是的，但和我本人不一样，化身永远不会变老。"

"那就更好了……对了，你想过没有，如果你死了呢？化身会怎么样？"

我确实想过这个问题，而且想了很多。我必须应对一些可能产生的重要影响。事实上，完全出人意料的是，我觉得自己快要找到解决上传问题的方法，四十多年前我就在灰狗巴士上向安东尼解释过这个问题。但现在，我对它不屑一顾。

"我预测，最后我们将把人工智能发展得很好，甚至有一天我突然死掉，也没有人会注意到。几天后，你可能会问我：'你能闻到什么味道吗？'我的化身会回答：'什么都闻不到。'严格来说，这将是完全真实的……"

我们付了钱，走到外面。

"你要知道，如果你死了……"弗朗西斯又开始说话，"我是说，万一有一天你死了，而我恰好还活着——"

"那真是太可怕了！"我一直打算比弗朗西斯多活几天，多痛苦些日子，这样他就不必遭受那种可怕的万一。

"是啊，但我想说的是，我开始明白至少还有你的化身可以陪我说话，提醒我一些事情，给电视调台，这些行为其实是巨大的安慰。"

"真的吗？"我很高兴，大大地松了一口气。最近，我一直在仔细考虑如果我活了很久会发生什么，久到我那由人工智能驱动的化身都能如我想的那样运转良好，久到我的身体都停止工作。好吧，让我们诚实一点，可能会发生什么，要是我真的运气好到让人觉得不可思议。如果那种令人兴奋的情况真的发生了，弗朗西斯的想法才是最重要的。"我这个人死了之后，你真的还会想要我的化身陪在你身边吗？"

"失去你还是很可怕，或者说，失去了一部分的你。可比起完完全全地失去你，你没有真正死去，还有一部分活着总要没那么可怕。我只是想告诉你这些。"

我的第一个想法是，弗朗西斯刚刚毫发无损地穿过了道德雷区，不过幸好他自己没有发觉。但紧接着我意识到，他完全知道自己说的话多么重要，所以才会在谈话中随口表达他的认可，通过模糊死亡的定义，允许我打破一系列传统的禁忌。我意识到我们应该达成下面这个重大的约定。

"这样的话，我会竭尽全力当一个不死之人。"

"请你去做吧。"

此时我们面前的景象稍显繁忙，几个早起的人穿着人字拖，吧嗒吧嗒地走到海滩上。我们穿过海边的散步道，左转，从码头开始沿原路返回。换个方向，海湾看起来总是完全不一样。

"现在，把这一切与先进的虚拟现实技术结合起来。"

"哦，我们必须这样做吗？我还以为之前那样就行了！"

"还有很多事要做。真让人兴奋！"气温逐渐升高，我的情绪也在不断高涨，"你想想看，只是把这前三件事结合起来——控制我的声音、我的化身和现在的虚拟现实技术，就会给我通过眼球运动控制一切的能力造成巨大的负担。"

"眼球追踪真的是你唯一控制事物的方法吗？"弗朗西斯打断了我。

"有一天，大脑能直接与机器相连，运算速度会非常快，但实现这一技术可能还要十几年。就目前来说，眼球追踪已经是最快的了。霍金其实用的是颊肌，那样更慢。可我不仅想试着控制语言，还想试着控制更多以前没有试过的东西。这就是问题所在。即使已经练过控制语言、情感和肢体语言，以及现在新加的动作（在虚拟现实中），我却想设法同时控制它们。"

"这实现不了吗？"

"理论上可以，但实际上不一定。我准备像对待我的生物大脑那样对待我的人工智能：授权。人工智能将会非常聪明，我只需要在意识层面下达高级指令（比如'往那边走'），这个指令就会运行，不需要我进一步干预，就像你现在走路一样自然。"

"或者就像你不假思索地开口说话……"

"嗯，你想一想，我们说话的时候，压根不会去想要动哪块肌肉。可我变成彼得 2.0 之后，尽可能多地放权给人工智能可以让它把我传送到地球上的任何地方，参加那里的虚拟会议。"

"这样就可以省下住酒店的费用了。"

"更酷的是，在虚拟宇宙中，我可以在任何地方参加会议！"

"我懂了，但我不明白你要怎么授权人工智能来做动作呢？你不告诉它具体步骤，它怎么能做出复杂的动作？"

"我打算运用和之前一样的技巧。人工智能在我说话时会像卫星导航一样给我提供三个选择，同样，它也会给我提供身体方面的选择——根据正在发生的事情，预测我在虚拟现实中可能想做的动作。"

现在我们走过了码头，来到一个很像班卓琴的地方。那是一个很大的圆形区域，有几级台阶可以下到靠近大海的美丽的步道上，这条步道让你觉得自己站在远洋轮船的船头上。甚至在"班卓琴"被修复之前，我和弗朗西斯就总是绕到右边，沿着台阶往下走。这是第一次我们没有商量，选择向左转。又是一扇悄然关闭的门。

幸运的是，城里的法国市场上，摊主们正在摆摊。这暂时吸引了我的注意力，让我从我爱的海面上移开视线。我责备自己：把注意力放在你还能做，而不是以后再也做不了的事情上，后者只会越来越多。

我们绕过摆着奶酪、可爱玩具、化石和工艺品的摊位，走了长长的半圈后，发现我们又回到了海边，旁边有几艘远洋快艇，停泊在码头一带。我们向左转，沉默而热切地看着那些线条流畅的船。从第一次见面开始，我们就打算买一艘这样的船，但直到一年前我们才真的准备买——终于。不过在我们疯狂研究了很多不着边际的计划，以让我们的梦想存活下来后，我们最终放弃了，就是最近才决定的。我对自己说，专注于你能做的事情。我要表现出我真正感受到的希望和积极，无论是对弗朗西斯，还是对自己。我知道，要度过未来的困境，这是唯一的方法。

我们路过港务长的办公室，闻到了一股咸腥味。这是当地渔民当天存放的龙虾笼和渔网散发出来的味道。我一直很喜欢忙碌港口的这种令人回味无穷的味道。一旦戴上有创呼吸机，我就再也闻不到任何味道了……集中注意力，听听海鸥的叫声。我还能听到海鸥的叫声。

我努力同强烈的低落情绪做斗争，让自己振作起来。

"你还记得迪士尼乐园的那些游乐设施吗？之后我应该每天都能体会到那种感觉。我设想的虚拟现实更像身在飞行模拟器里，或者是主题乐园的游乐设施上，而不只是像玩国内开发的电脑游戏，甚至不只是像戴维玩的那些。"

"谁的？"

"我们的侄子戴维。他带来的那些游戏……"

"啊！那些游戏太棒了！那条鲨鱼简直不可思议。"

"而飞过巴黎上空……毕竟，我将被绑在非常高科技的轮椅上。如果我们想模拟重力，可以让我倾斜。我在虚拟现实里只有下半张脸会露出来，所以创造温暖或者微风吹拂之类的感官效果就会很容易。这一过程可以推动虚拟现实技术的发展，所以可能部分游戏制作人也会有兴趣参与进来。有一天，我想创造一个虚拟的多元宇宙，在那里，任何人——无论是否重度残疾——都可以平等地生活，"我顿了顿，想起了少年时的梦想，"那时，你和我可以一起探索萨拉尼亚……"

"从我们第一次见面起，你就答应要带我一起去那儿了！当时你跟我说我就是阿瓦隆。"

快走到旧港的时候，有一小群人挡住了我们的视线。他们挤在栏杆旁，边指着正下方的水面，边举着手机拍照。我抬头看着弗朗西斯。

"我的梦想很简单：有一天，我们走过萨拉尼亚的一座高原，凤凰在头顶鸣叫，面前的景色美得惊人，像是马克斯菲尔德·帕里什的画作。我们走到高耸的悬崖边缘，手牵着手眺望遥远的银河系中那美丽到几乎令人窒息的异域景观。接着，我们轻轻松松地飞到下一个山顶，欣赏两个太阳从碧绿的海平面上升起的美景，感受完美到不可思议的日出。那时候，我们会感到无比自由……"

他什么也没说，只是疲惫地笑了笑，然后吻了吻我。

"他们在看什么？"我还是问了这个问题。他从我身边离开了一会儿，慢慢穿过人群走向栏杆，探出头看了几秒，然后站直身子，回到我身边。

"只是几只桶水母。它们靠在港口的堤坝上，所以你看不到，反正我们以前看过！"

我知道弗朗西斯可以花一整天来看桶水母，我也是。我们没有再说话，只是绕过围观的人群，路过晾晒的渔网，穿过千禧桥来到港口的另一边。千禧桥建得并不对称，但很美，不锈钢的桥塔在晨曦中熠熠生辉。映入眼帘的是布里克瑟姆号渡轮，它驶进外港时开始缓缓减速。

"大多数人把虚拟现实当成逃离他们生活的机会。"我迅速回头看了一眼。那群人仍被自己看到的水母所吸引，他们是多么幸运。我眯起眼睛，想看一看水母，但水面反光，我看不到。我快速转过头来看向弗朗西斯，他仍然在往前看，没有注意到我的动作。

"我想用虚拟现实来改造我们的生活。"

更多的人生选择

我设置好老卧室里的高保真音响，让它连续播放同一张唱片——《阿特·加芬克尔 45》。播放了三分五十七秒后，指针就抬起来，回到起点，上下振动，撞击碟片的边缘，然后《明亮的眼睛》的前奏会重新响起来，是双簧管演奏的和弦。

我回到家的第一天早晨就收到了这张唱片，还附带弗朗西斯的一张帅气的照片。那天，他在车站向我挥手告别后就去买了这张唱片，直接寄给了我。当时，托基站的列车员疯狂地吹哨，急着尽快把我和弗朗西斯这两个"缺德"的人分开，因为火车头摇摇晃晃地开始行驶时，我从火车窗户探出头来，公然蔑视社会公德，和弗朗西斯吻了起来。

我把弗朗西斯的照片明目张胆地放在唱片转盘上。我向母亲解释说，这张唱片就是照片上那个有金色胸毛的性感男人送给我的礼物。我把音量开得很大，重复播放这张唱片。每一天，我都要花一两个小时和照片上的那个年轻人说话——每次都说得很清楚。我已经表现得足够明显了……

我本以为，我每天这么做会让亲爱的妈妈察觉到什么反常，然后过来询问我。但恰恰相反，她说了很多无关的话，刻意避开了这件事。

幸运的是，她强大的毅力也没有坚持太久。加芬克尔先生的歌曲在家里放了三天，几乎成了一种听觉攻击后，她终于选择了她唯一知道的方法，来满足自己强烈的好奇心。我和弗朗西斯每天都打电话，有一天，她偷听了我们的通话内容。

家里有两部电话，一部在休息室，一部在我父母的卧室。和往常一样，我用的是父母卧室里的那部相对私密的电话。妈妈肯定坐在休息室的长沙发上，十分想拿起另一个分机。很显然她也这么做了，动作非常轻，但我还是马上就发现了，因为电话里突然有小小的回声。我继续情意绵绵地和弗朗西斯说话，这似乎是个不错的策略。大概有十分钟，电话都有回声，听起来有点像浴室里的那种。然后，跟拿起听筒时一样，妈妈又轻手轻脚地把听筒放回原位，通话声音恢复了原来的质量，是安装电话的邮政总局都会感到自豪的高质量。半小时后，我终于挂掉电话，走到大厅里勇敢地面对妈妈。

她什么也没说。

差不多有二十四小时。然后，站在厨房里的她突然开口和我说道："那么，这是不是意味着你会接受别人叫你'同性恋'？"

对很多要向关心自己的父母坦承性取向的人来说，父母说出"同性恋"这个词是幸运的，却也很难——他们嘴唇和上腭的位置都不对，但我的母亲还是很勇敢，她努力说出了这个词。话虽如此，她显然为此筋疲力尽。我平静地向她解释了整整五分钟，她只是无力地静静站着，嘴唇微微张开，向内收缩。这一刻我等待已久，准备已久。她的真心理解很重要，所以我想竭尽全力说服她。

"我明白了！"她最终妥协道。

我不确定她是不是真的明白，就又花了十分钟告诉她，之前我的青少年时期到底是什么样的，以及我所希望的成年生活会是什么样的。

"我明白了！"这句话听起来真实多了。一般她真的明白了什么事情，就会用这种语气。"好吧，你现在显然很不清醒。"

比起沮丧，我感觉更加挫败。

"不是！我真的没有不清醒。"

"你明明就有！"她脸上挂着傲慢的假笑，"你这个年纪不可能知道自己想要什么。"

"真的吗？你在我这个年纪的时候不就知道自己喜欢男生吗？"

听到这个问题，她似乎有些慌乱。但只持续了一两秒。"不！我那时候根本就没想过这种事。"

这似乎不太可能，因为据我估算，她在我这个年纪时已经打算嫁给爸爸了，但我没有纠结这一点。

"好吧，反正我十三岁就确定自己喜欢男性。"

"胡扯！一定是这个恶心的男人让你走上了歪路，我真讨厌他。他年纪肯定比你大吧？"

她可能已经用放大镜研究过弗朗西斯的照片，所以她的这种不确定显得很虚伪。

"只比我大两年六个月零十四天！"

听到这一回答，她把头一扭，哼了一声，好像突然间年龄又和她的观点没有关系了。

"那不是重点。你还说他的工作是在酒店？"除了"同性恋"，她发现自己也很难说出"酒店"。这个词以"h"①开头，她又一次使出浑身解数。

"那份工作他干得很好。那家酒店也很可爱。"

"你说了，它只接待同性恋，还住满了同性恋！"

"这就是它的作用！"我越来越恼火，"这是一家同性恋酒店。它是一个避难所，让我这样的人逃离可恨又无知的固执态度，就是你现在表现的这种！"

她缩了一下，好像我打了她一巴掌。然后她深吸一口气，鼻孔动了动，缓缓又克制地说："你的行为让我感到厌恶。"

一周前，这个打击会让我崩溃。而现在，爱情是我的盔甲，它保护了我，我几乎感觉不到疼痛。我在心里耸了耸肩，至少目前，得到认可的努力注定失败。我的反击听起来比她更平静："今天，你的行为也让我感到非常厌恶。"

说完，我转身走回自己的房间。

接下来三天，我们像一对同性磁极，自然地互相排斥。我们没有说一句话，看到对方就转向走开。爸爸确实偶尔会和我说说话——当然，只是说一些无关紧要的事情。

"彼得！"我在餐厅里看到了她，却继续走过那扇门，朝卧室走去。虽然平时她从来不叫我的名字，但现在她至少承认我的存

---

① 此处酒店的英文为"hotel"，同性恋的英文为"homosexual"，也以"h"开头。

在。不回应她似乎太没有礼貌了，于是我沿原路返回，站在门口。

"彼得，我决定试着理解你，这样总比我变成一个愤愤不平的老太婆要好。"这显然是一场事先准备好的谈话，但至少是谈话。"你要感谢你父亲。他说：'他还是我们的彼得。'当然，你确实是，所以我们才会感到这一切如此震惊。你爸爸和我都不希望你像青少年时期那样，觉得孤立无援。我们想帮你。"

我突然长舒一口气，从来没有意识到自己这么渴望她的认可。她的语气变得温柔起来，是来自母亲的安抚。"可要让我们帮你，你得先帮我们，你得停止这一切愚蠢的行为。不管你的……取向……是什么，我们都会试着帮你渡过这一难关，但你不能冒险去四处炫耀。如果有人看出你有一丁点不正常，那么不仅整个家族会反对你，整个世界也会反对你，而且你爸爸和我保护不了你。所以，你必须做出妥协。你要放弃这个'弗朗西斯'，回归正常。这是唯一可能的办法。"

"你说什么？"

"你别无选择。"

"我永远不会放弃他！"

"你对他只是幼稚的迷恋之情！你才认识他几天，就要为了他断送自己的一生，断送你努力奋斗得来的一切，断送你认为自己理所当然拥有的一切。外面的世界太残酷了，要是整个世界都反对你，你会受不了的，你会被毁掉的，而你爸爸和我只能眼睁睁地看着。"

我记得当时的震惊——我感到震惊也理所当然。不知怎的，我一直以为，要是妈妈最终得知我的真实情况，她会一如既往地爱我、支持我，而爸爸才会是那个难以接受的人。实际上，他们两个现在都做出了最后的选择，而且想当然地认为我会屈服。

我记得当时，有一瞬间我在想，如果外公还活着会有什么反应。他是我最喜欢的长辈，是个无神论者。他生在维多利亚时代，成长环境十分严酷，因为他父亲是个煤矿工人，经常打他。但他聪明又坚定，最终摆脱了这一切，获得了地质学学位，和外婆结为连理。外婆那时可是个美人，性格坚毅，愿意为了爱情嫁给"地位比她低得多的人"。现在，他的自由思想所带来的影响早已不复存在，我只能慎重地组织语言。

"我直接一点，"这种情况下说这句话真是不太合适，但我还是说了下去，"按照你们的说法，要么我放弃弗朗西斯，要么我放弃家庭，放弃我熟悉的一切，放弃我的前途？"

"难道你不明白吗，亲爱的？我知道这可能有点残酷，但你别无选择，你必须放弃他。这是唯一的明智之举。"

她当然是对的，这是明摆着的事情。

"是和弗朗西斯在一起的未来，还是我过去的一切？"我假装自己在权衡得失，"我选择未来！"

她没有试图改变我的决定，甚至没有表示惊讶。一瞬间，她的脸上只剩下轻蔑和失望，一副听之任之的样子。

"你和你外公一样固执！"我们的这场意志之战开打以来，这是她第一次中断了我们之间的目光接触。然后她重新看向我，发起了最后一次猛攻："你是在放弃一切！"

她的攻击没有取得预期的效果，我还能微笑。

"弗朗西斯值得我放弃一切！"

　　与努力说服父母支持我相比，说服帝国理工学院让我延迟毕业很简单。我说服他们——在最后一年选择专业之前，我需要一段无限期的休假时间，以探索我最喜欢的职业道路，并确定那条道路是我真正想要的。对我来说，唯一的挑战就是要想出一条合适的职业道路，既可信又具有吸引力，同时也足够晦涩，所以我只能自学。自学地点可以是全国任何地方，弗朗西斯所在的德文郡当然也可以。

　　我人生中第二个最重要的决定（就像人生中第三个最重要的决定一样机缘巧合，令人意想不到）主要归功于艾萨克·阿西莫夫博士。在往返于德文郡和伦敦的火车上，我一直在读他的科幻著作《我，机器人》。我很喜欢这本书，更重要的是，机器人涉及大量计算机知识，选择研究机器人作为职业道路既可信又具有吸引力，还很深奥，那时帝国理工学院甚至还没有机器人系，简直完美。两周之内，我就和帝国理工学院商定好了一次无限期的休假，以"研究机器人"。那是我二十一岁生日前一天。

　　那天晚上，大本钟的钟声穿透午夜，我拎着大行李箱，和一群大学朋友一起站在威斯敏斯特桥上。砰的一声，我们拔开了香槟的软木塞，为我的成年干杯，也为我终于能合法地和另一个男人享受鱼水之欢而干杯。我们喝完两瓶香槟，就一起去地铁站，在那里拥抱告别。我在深夜坐上前往帕丁顿的地铁，赶上早班火车，在牛顿阿伯特镇换乘，最后到达托基。弗朗西斯在那里迎接我，和我共同开启新生活。

春末和夏季的德文郡是完美的，至少在 1979 年是完美的。那里的生活如田园般。我和弗朗西斯刚刚坠入爱河，沉浸在一种狂喜中。我在那里度过了人生中最幸福的四个月，拥有了许多美好的回忆。我喜欢大海、悬崖、海滩；喜欢达特穆尔；喜欢那些阳光明媚的日子里，我们在偏僻的山顶上铺一条毯子的时光；除了吃草的小野马，没有任何其他东西打扰我们。我喜欢崖屋酒店客人的波希米亚风，充满异国情调；我也喜欢人生中第一次与各个社会阶层的人接触。我喜欢这样的时刻：我和弗朗西斯一起在酒店——后来被改名为"博维城堡"酒店——里吃丰盛的奶油茶点时，我告诉他我认为人类会逐渐变成赛博格，还说我们会在有生之年目睹这一切，这是科学而不是科幻小说。他当时的反应是高兴，因为那样我们就可以永远在一起。最重要的是，我全身心地爱着弗朗西斯。因此，当他提出要我见一见他的母亲，我就特别想给她留下一个好印象。

"Eeer merbuck uzzelbee gwain kwop drektlee！"

她对我投以鼓励的微笑，于是我也回给她一个大大的微笑。

"太好了！"她匆忙跑进厨房，一边骂着打算绊倒她的杰克·罗素，一边开始寻找她的门钥匙，而我请弗朗西斯给我翻译。

"哦，你很快就能学会的。她说的是德文郡方言，表示她喜欢你，要不然她就会说'贵族腔'。她刚刚说的是'给你，我的钱'（就是'你好，年轻人'），'我们打算直接去合作社'（换句话说就是'马上'）。"

"合作社是什么？"

"就是商业合作社。"看我还是一脸茫然，他好心补充道："是一种商店。"

　　到了八月，每天都阳光明媚，崖屋酒店的花园里开满了鲜花，学术离我有一个宇宙那么远。我的确学过机器人学，也对它充满了热情。要是在其他处境下，我会选择专门研究它。但现在不行，这辈子不行。

　　我还决定放弃拿到本科学位的所有念头，更不用说攻读博士学位了。我只想和弗朗西斯在一起。他的世界以崖屋为中心，他喜欢他的世界，我也喜欢。我们一起永远待在德文郡就是最重要的事。然后，有一天夜里，我们坐在床上时，他打碎了我的梦。

　　"我真的很抱歉，但我再也受不了了。你必须离开，回到伦敦。"

对抗世界

　　有那么一会儿，我的大脑好像被惊到休克了。哪怕他继续往下说自己事先准备好的话，头几句我也还是没有反应过来。

　　"我从没认识过可以攻读博士学位的人。我从来不懂读博意味着什么。我也从来没有意识到读博是个多么棒的机会。但是现在我知道了，因为我认识了你。你会做得很出色。你应该读博，你也适合读博。我太爱你了，不能成为你人生的阻碍。你必须回去完成你的学业，然后拿到你的博士学位！"

　　我正要反驳，他却满怀深情地伸出一根手指放在我的嘴唇上，又继续说了下去。

　　"未来五六年里，直到你读完博，我们都会很穷，而且我还不知道我们会住哪儿。"我们？我们会很穷？我们会住一起？"不过我们会有办法的。我会在什么地方找份工作，随便做点什么。而未来的每一步，我们都会一起走。"

　　是的，当然是"我们"，这从来都是毫无疑问的。我的脑子终于跟我的嘴巴重新连上了。

　　"但是，亲爱的，你怎么可能离开这儿呢？这里对你来说意味着全部。现在的这份工作是你唯一热爱的呀。"

"可我爱你更多，非常多。你愿意为了我放弃一切，现在轮到我了，"他停顿了一下，看起来很担心，这还是头一次，"你是想要永远和我在一起的，对吧？"

即使我努力把内心深处的恐惧当成玩笑说了出来，却还是掩饰不了我声音里的难以置信："我还以为你永远都不会问……"

过了一个月，夏末到来，天气慢慢凉快了起来，我们开始围着碰巧住在伦敦的朋友们打转，被我们选中也是挺"不幸"的——一个朋友家的客房里住几天，另一个朋友家的沙发上睡一晚，如此这般。我大家族那庞大的房产里，闲置着的宽敞卧室我们自然是住不上的，更别提我在温布尔登的老卧室了。但是，在一次极其不舒服的寄宿之后，我好好地想了想：我不应该再把钱浪费在公共电话上。

于是每天早上，我们都早早起床，跑到最近的报刊亭买一份全是租房广告的伦敦本地报纸，用一整个早餐的时间仔细研究上面的租房广告，然后拿起我们装满硬币的小塑料袋，前往一个空闲的电话亭，挤进去给我们圈出来的广告挨个打电话。多数情况下，对话都十分简单："不好意思，房子已经租出去了。"

我们偶尔能跟人约上，但最后发现，那住处的条件要么跟我们在广告上看到的不一样，要么不在说好的地点，要么不按说好的租金出租，要么就只是那房东不愿意租给两个男人。

每一个有条件的朋友和熟人都接待过我们俩。就在我们快要开始讨人嫌的时候，我们终于租到房子了。那房子我们租得起，而且从那儿走几英里就能到帝国理工学院，还省下了每天坐地铁的钱。它是一个真正的阁楼公寓，就在一幢维多利亚时代的五层联排别墅的顶楼，有许多小窗户，可以俯瞰伦敦的烟囱管帽，很美好，也很浪漫。

随着秋夜越来越凉，我们发现这公寓里非常冷。等天冷到我们晚上在屋里直哆嗦的时候，我的本科学位恢复了，弗朗西斯也找了份工作，负责照顾有严重学习障碍的成年人。弗朗西斯从小就习惯了屋里冷，但对我来说，这可是个全新的体验。我很快就得出结论，这体验我不要也罢。我们买了一大卷透明胶带，把窗户的缝隙封得严严实实，好堵住越来越寒冷的气流。

我们的公寓小而紧凑，密封性强，十分符合人体工程学，而且用途多多，集客厅、餐厅、厨房、休息室、洗涤室和储藏室为一身。我们会在小煤气炉旁挤成一团，想象着点燃它后会有多暖和。我们每天分配给燃气表的钱只有一先令——一磅用二十天。

唯一的问题是，在沙发旁的煤气灶上做过晚饭之后，即使我们点着煤气炉的小火，也只能维持几小时的温暖。当然了，几小时后，我们通常会因为烧煤气消耗了屋子里太多的氧气而头痛，所以我们会趁着身上还够暖和爬上冰冷的床，用自己的体温慢慢暖床——这看起来倒像是结束每个短暂夜晚的明智办法。

在煤气炉咝咝地喷出热气，我们的手指慢慢地暖和起来时，我们俩会聊聊天。几乎每个晚上，我们都计划着、打算着、梦想着未来。等我拿到了博士学位——也许五年内就可以，我们就能随心所欲了，想做什么就做什么。不管做什么，都一定会很棒。

我们偶尔也会谈到现在的困难和磨炼。我们明白，我们现在完全在靠自己。正如我母亲所说的那样，我的大家族已经完全断绝了跟我的关系，如同外科手术一样高效，生怕我这匹害群之马给家族留下什么污点。

我意识到，我内心里有一部分本以为家里至少能有几个人可以不那么强烈又无情地排斥我。但是我错了。尽管很受伤，可我知道我的父母比我更难过。他们不得不忍受被怜悯的耻辱。

"这是他们的损失。"弗朗西斯总结道。

"他们声称爱我，但事实显然并非如此。所以我并没有真正失去什么，至少爸爸妈妈对我都很客气。"

"他们人很好！考虑到……"

过了一段时间，爸爸妈妈开始跟我和弗朗西斯建立"外交关系"，建交始于一次小心翼翼的邀请——他俩邀请我们去温布尔登喝茶。整个过程都十分礼貌得体，妈妈用了一套精美的瓷茶具，一只格鲁吉亚银茶壶，还给我们端上了仙女蛋糕（我不知道她是否懂得其中的讽刺意味）。我父母无比礼貌的外表下藏着的是一道裂开的缝隙，昭示着他们的不适。但是，他们的责任感告诉他们至少要努力掩饰这种不适，所以还是有希望的。

"现在是我俩对抗这个世界，"我总结道，"Franciscus Petrusque contra mundum！"这是我们咒文的第一条：弗朗西斯和彼得一起对抗这个世界。

"那世界可得看好了！"

"Coniuncti vincemus！"我高呼着完成了我们的"战斗召唤"：世界终将被我们征服。

我们这个住处还是有很好的一面的。尽管生活相对贫困，但是我们住在伦敦市中心，可以走着去任何地方。所以到了除夕夜那天临近零点的时候，我们沿着摄政街往特拉法加广场走。那里聚集着庆祝的人群，不仅庆祝新年的到来，还庆祝一个新的十年的到来。我们都觉得兴高采烈，手拉手走着。之前我们从来没见过两个男人手拉着手在街上走，但这种激进的方式看起来挺适合迎接 80 年代的到来的。

我们跟着人群一起等待午夜钟声敲响。6 点新闻之前，我仔细把手表跟电台里的报时调成同步的。根据我手表的时间，此时距离零点还有不到一分钟。旁边一群狂欢的人早早地就开始欢呼。可我知道他们弄错了。我还有时间。

过去约九个月里，我慢慢地领悟到了很多，而把这些感悟用语言表达出来是我觉得重要的事情。遇见弗朗西斯的时候，我已经独自战斗了太久——即使仅仅是为了保持自己的士气，以至于骗自己说我完全是自力更生的。自从十六岁开始反抗以来，我一直为自己能独自跟任何人、任何事较量而感到自豪。

直到弗朗西斯开始打磨我性格中的一些粗糙的棱角，填补我常识里的诸多漏洞，我才渐渐意识到我所接触到的现实世界是多么有限。虽然我内心坚韧、自信，但我的人生观实际上是软弱、无能和狭隘的。对这一点的认识是我挣扎了至少六个月才得出的。从某种意义上说，这是一层保护壳的脱落。然而，一旦我完全领悟了这一点，它对我余生的影响是显而易见的。和弗朗西斯并肩作战是迄今为止我做出的最不科学的、最人性的，也是最重要的决定。

　　做出这个决定不仅仅意味着选择永远跟弗朗西斯在一起、将他认作我的灵魂伴侣，并明白为留住他做出的任何牺牲都值得，也不仅仅意味着卸下我从童年早期开始建起的强大防备，心甘情愿地变得脆弱，变得乐于做出改变。就其强烈的本质而言，这个定义我人生的决定事关我热情地抛弃我人格中的一部分，好让我和弗朗西斯融合在一起，作为一个平等的伴侣，作为一部分的我，也作为一部分的他。好让我们实现一加一大于二的效果，成为一体。

　　在我们相遇这一年的最后几秒里，我试着把自己的思考总结给弗朗西斯听："永远记住，我不是独自一人。但是无论宇宙给我们抛来什么困难，我们在一起就会所向披靡！"

达特穆尔

　　毫无预兆地，我的嗓子突然开始发痒，是那种谁也不会多想的痒，咳嗽几下就好了。我们经过了海托岩石，正沿着缓坡平稳地行驶，不时还碰上正在吃草的小马。整个达特穆尔一直延伸到晴朗无云的地平线，美得惊心动魄。湛蓝的天空下长着一片郁郁葱葱的旷野，旷野上还点缀着欧洲蕨、荆豆、青草和石楠，丛丛黄色、紫色与绿色交相辉映。我咳了几下。

　　我的嗓子还是痒。远处是五头奶牛还是五匹小马？我咳了几下。是小马——我能看见马脖子。我咳了几下。哇，那儿有匹刚出生的小马驹！我咳了几下，感觉嗓子里有什么东西，痒痒的，可能是痰。我清了清嗓子，像一个恭敬的男仆要引起主人的注意那样干咳了几下，这法子久负盛名了，但我的嗓子还是痒。

　　不到一分钟后，我每隔几秒就咳几下，完全控制不住。

　　"你还好吗？"弗朗西斯听上去并没有那么担心，更多的是好奇。

　　"我不——"事实证明，开口说话是个灾难性的错误。这一刻之前，每次咳完后的几秒钟里，我还能吸进足够的空气，以备下次咳嗽，协调得还算可以。但现在，我使用咳嗽间隙这段宝贵的时间开口说话时，空气基本都跑了，我还没来得及再吸一口气，就又咳了起来。我开始连着咳，无法控制地咳，而我的肺里已经没有空气了。本能占了上风，我不由自主地大口吸气，试图获取足够的氧气，结果失败了。

我的呼吸道被部分阻塞了，感觉就像被人勒住了脖子。我喘个不停，声音像电影里在水下待了太久的人那样，在终于浮出水面时得意扬扬地深吸了一口气——重获新生。用医学术语来讲的话，这叫"喘鸣"。这种痛苦又紧张的声音，好莱坞电影一般只用一次，以表现主角离死亡只有一线之隔的危险境况，接着他就能正常呼吸了。但是我没有，我继续咳嗽。更糟糕的是，我还没来得及吸口气就开始咳嗽了。我绝望地再一次呜呜起来。咳咳。呜呜。咳咳。呜呜。咳咳。呜呜。我打心眼里开始害怕了。

弗朗西斯猛地把车转向路边，然后踩下紧急刹车。咳咳。呜呜。现在我的喘鸣更严重了，成了一种痛苦而急促的尖叫。咳咳。弗朗西斯猛地伸出他的右手，身体也转了过来，在储物箱里翻找着，然后摸出一瓶水。呜呜。他把瓶盖拧开。咳咳。他转向我，左手抓住我的头发。呜呜。把我的头往后一拉。咳咳。等我喘完一次，正虚弱地咳着的时候（我肺里已经快没气了，除了嘶哑地呜咽什么都做不了），他把瓶颈抵在我嘴巴上，挤了一些水到我嘴里。大部分水都洒到我的大腿上了，感觉就像我尿裤子了一样。

但我还是喝到了一点，然后呼吸就比之前通畅了一点，在过去的两分钟里这可是头一次。我还是呜呜地喘，可我的肺没那么疼了，胸口里的闷火烧得也没那么猛了。弗朗西斯往我嘴里挤了更多的水。我模模糊糊地意识到他在喃喃说着什么安慰的话，让我平静下来。一咽下适量的水，我就能立刻控制住之前无法控制的咳嗽了；喘鸣还没那么快控制得住，但是逐渐从呜呜吸气变为痛苦的大口吸气，又变为急促的呼吸，最后我的呼吸也平稳了下来。

自确诊以来，这是我头一次觉得自己休克了。是临床休克。我觉得冷、湿，并且十分害怕。如果弗朗西斯不在我旁边怎么办？如果我们在家里，他在楼下，而我又无法开口呼救怎么办？如果我们车里没有水怎么办？

"这到底是怎么了？"弗朗西斯问道，关心、怜爱又担忧。

"我没法呼吸了！"

"我猜到了！但是为什么会没法呼吸？"

好问题。很好的科学问题。我思考该怎么回答时，感觉自己慢慢冷静了下来。

"你知道喉咙后面那个扁平的下垂物，也就是会厌吗？它可以堵住气管，防止食物误入其中。嗯，我感觉我的会厌上有什么东西，我也不知道是什么，可能是一点痰，或者是我们刚刚吃的三明治的残渣，从我牙齿上脱落下来，抑或是别的什么东西；总之，这东西让我觉得痒，我忍不住就咳了起来，我没法把它弄走，然后就无法呼吸了。"

"嗯，我们知道这是病情发展的方向。"他说得对。很现实。

"我知道。我只是没想到一切会来得这么快，这么出人意料。吞咽困难通常始于吞咽问题或咽反射控制困难。"

"嗯，至少咽反射你一直控制得很好。我们要不要掉头回去，明天再来？你的脸色看起来有点苍白。”

“你介意吗？”

他立马把车发动起来。“当然不介意！”

弗朗西斯掉头时，温柔地劝说马路另一边一只离群的羊挪开一点点。我想着，这些天我说“对不起”和“谢谢”的次数更多了。我们往回开，驶向达特穆尔，远远地，我瞥见了大海，我想着，怎么会有人对性窒息感兴趣呢？真是非常令人困惑啊……

“我们再试一试吧！”

会厌小插曲之后的第二天，弗朗西斯已经沿着陡峭的山坡开了一半。他小心翼翼地把车开到一片相对平坦的灌木丛里，避开了一块看起来特别危险的岩石，然后停下车俯瞰美丽的山谷，小马在旁边吃着草，奶牛在一英里外的山上吃着草。我们下方是威德科姆，圣潘克拉斯教堂坐落其中，尖顶高耸，引人注目。虽然教堂大得与所在地有些不相称，却相当美丽。弗朗西斯关掉引擎，完全拉下所有车窗，我们坐了一会儿，静静地聆听。远处拖拉机的响声。牛群偶尔的哞哞声。羊群的咩咩声。蜜蜂快速飞过，而后消失的嗡嗡声。一切都归于宁静与平和。

“所以除了你机器人的声音——”

“其实是赛博格的声音。”

“好吧，除了赛博格的声音和化身、置身虚拟现实以及使用人工智能操控一切，你到底还计划着怎么改变世界？”

至少现在我有多一点的时间来整理我的思路了。

“我把我们已经讨论过的东西看作三个不同的研究方向：语言

自主性、人格保持，还有——没有更好的词了——虚拟解放。我认为除此之外还有四个——"

"四个？"

"它们都很简单，但是彼此之间有很大的不同。注意，我把第一个叫作机器人移动，是什么意思就很清楚了。"

"你会变成一个机器人。"

"呃，不是我，我是说查利（CHARLIE）。"

虽然要再过几个月才会交付，但我已经给我最近订的博动 F5人体电动轮椅起好名字了，就叫查利，是"控制论利用与改善生活的机械外骨骼"①的缩写。它的基本构造是一个站立式电动轮椅，但是我说服博动公司帮我改造得更加神奇。我希望有一天它能成为彼得 2.0 的非生物核心构件。

"关键是，我的手最后会停止工作；我感觉我的小指已经开始有些不听使唤了。所以说实在的，大概一年之内，我就无法再用操纵杆来控制查利的动作。我需要他承担更大的责任。但是，就像其他三个研究方向那样，运转过慢的眼动追踪输入系统是我最薄弱的一环，因此我需要查利具有很强的自主性，好让我能从一个地点移动到另一个地点，跟我还健康时所能做到的一样。"

"你那天提到了授权，就像你走路时，你的大脑所运转的那样。"

"是的，没错。我说的是利用人工智能给我提供选项，以选择

---

① 英文为"cyborg harness and robotic life-improving exoskeleton"，其首字母缩写即"CHARLIE"。

如何在虚拟现实里移动我的化身。但是你说得完全正确，这跟'真正的'现实是一回事。他们都需要大量的人工智能技术来实现正常运作。机器人移动只是轮椅上的一个人工智能难题。"

"你在练习咬合发音吗？"

"只是以防万一。"

"嗯，谁都说不准……"弗朗西斯总是这么支持我。

"比方说，我在想，我们在房子外面的 WAV 上的时候——"

"什么？什么 WAV ？"

"我们的货车。现在它已经被改造了，准确来说，它成了一辆'无障碍车'（wheelchair-accessible vehicle）。如此一来，我坐在 WAV 的驾驶座上，通过转动眼球就可以点击写有'卧室'的图标，就这样。其余的事情都是自动的，包括从 WAV 上下来，通过前门，进入电梯，进入我们的卧室，最后安全地来到床边。"

没有人跟我们说过治疗运动神经元病有多么贵。在我确诊前一年——具体时间我不太记得，我和弗朗西斯在侄子安德鲁的隔壁买了栋房子。安德鲁是戴维的哥哥，退伍了很久，现在负责接待乘坐私人飞机飞往埃克塞特机场的贵宾。在我们隔壁与安德鲁同住的还有他的妻子劳拉、我们快满三岁的侄孙奥利和一个快要出生的侄孙或是侄孙女。

布置居住环境是我们的快乐源泉，不过有一个例外：我们的房子有三层，花园都有两层。我走路越来越费劲，连在我们自己家的时候，都不得不借助于助行架。弗朗西斯想出了一个办法——安装一部足够大的电梯，大到能够容下一个全尺寸的电动轮椅加一个看护人。装电梯是个大工程，为此我们拆掉了两间卧室，用了整整三个月，花掉了三万英镑。

然后又有了 WAV。我们之前从没想过，一旦我无法再从副驾驶座位移到轮椅上，我们就需要一辆可以载轮椅的车。后来，我们四处寻找时发现，几乎所有能载轮椅的车要么像一个装着轮子的箱子，要么像一辆灵车。最后，我们选了一辆豪华小客车。它基本上没法载我们驶离公路、去往荒野——当然，去了也没法再载我们回来，但是它至少还有一点动力，加速的时候也不会发出太多噪声。不过它必须被改装一下，在一侧加个电梯。单这一项复杂的改装就又花了三万英镑。我们的"雨天基金"已经空了，暴雨却依旧不停。

"那很重要！你能够自己轻松地在家里走动，自己进出 WAV，那该有多棒啊。可你在外面的时候怎么办呢？在你从来没去过的地方？"

"即使在我不熟悉的地方，我也希望能够快速又安全地移动，用上先进的防撞系统就行，就像他们给汽车设计的那样。我想象着有一天，我能快速绕过障碍物，或者安全通过摆满瓷瓶的展厅——"

"你可别想在摆满达廷顿水晶玻璃器皿的展厅里快速通过！"

"这是思想实验！但是你想象一下：我正快速绕过障碍物，或者在瓷器店（不是达廷顿瓷器店）里迅速穿行，眼睛上戴着虚拟现实眼镜。我看到的是加强版的现实景象——全速运转的智能放大器。"

"等等，让我好好想想，你在虚拟现实里，但体验的是现实世界？"

"是的，因为对我来说，这些景象都非常熟悉。毕竟难事都是人工智能在做，我只是就我想去的目的地下达指令。"

"懂了！所以你看的到底是现实世界还是虚拟现实眼镜展现的世界都不重要了，因为你并没有在操纵这一切？"

"正是这样。想象一下，在另一种情景里，我用同样的系统将远程监控机器人传送到一个真实世界的会议上（不是别的星球上的虚拟现实会议）。"

"我不懂……"

"你知道的，就是远程控制机器人。我什么都看得见、听得到，就像我本人在会议室里一样，那儿的所有人也都看得见我的化身，听得到它说话。我可以操控它到处转，跟着人在走廊里走，就像小奥利玩他的遥控车一样。再换一种情景，或许我被远距离传送到一架正飞过托基港的无人机上，从我的体外机械体里俯瞰你和我的本体。"

"我是不会跟人讲'远距离传送'或者'体外机械体'这种词的，会把人吓跑。为什么不用'遥控'这样的词呢？简单点。"

"我认为，或者说我希望，能有人爱上这个想法。关键在于，我说的这一切比遥控要深远得多。想象一下，查利像以前一样在房子里穿来穿去，但是我还在床上，通过虚拟现实设备体验我坐在查利上才会体验到的感受。你明白了吗？发展好了，这种技术就会开始全面拓展我们关于现实的认知……"

"好吧，谢天谢地，你的脑子就适合思考这种问题。要是我的话，一定很讨厌！你知道的，我应付不了这些高科技的东西。"

"所以我才庆幸是我而不是你得了运动神经元病，这就是原因之一。"

"尤其是你还不能做出一顿美味的晚餐！"

我的大脑里突然涌出许多想跟弗朗西斯分享的想法，但我不想改变谈话的方向，至少不能离得太远。

"科技会越来越方便，你是知道的吧？再过十年，科技会变得特别简单，也特别强大。"

"我知道，但我不是你。我非常乐意毫不体面地老去——跟一个不老的机器人结婚，使这个社会蒙羞。"

"是赛博格。不过你想想看，如果这一切都能实现呢？"

"什么意思？"

"我不想到最后自己越来越自由，却要看着你越来越不自由。如果我能够飞过港口，我想跟你一起飞！"

"你知道我恐高的。"

"我就是打个比方。"

我们畅想了几分钟，享受着拖拉机的轰轰声、牛群的哞哞声、羊群的咩咩声，还有蜜蜂的嗡嗡声，直到弗朗西斯发动了汽车，慢慢开回了公路上。其间，我想着这有可能是我们最后一次开启越野驾驶模式了。

五分钟后，我们路过老客栈，沿着长长的单行道驶离威德科姆。路上有让车道，一路开下去，就能到达通往猎犬岩的十字路口。

"所以，接下来你还有什么疯狂的想法？"

疯狂的想法

"我觉得我需要一部分机械外骨骼。"

"你又来了！你这样说会吓到别人的。他们会以为这都是科幻小说，或者觉得很可怕。"

"但这不是科幻小说，至少不一定是。如果不借助某些方法移动我的四肢，它们永远都动不了。更糟糕的是，我再也不会有任何感觉，永远无法触碰物体。所以我需要某种形式的外骨骼手臂和臂铠，不过得在我的手指和手掌处留出缝隙，这样我就能触摸到物体表面，区分不同纹理。否则，我就只能保有触觉，却永远用不上它，这太荒唐了。我希望自己可以触摸物体。我希望自己可以伸出手来触摸你！"

"只要你别不小心把我打晕了就行！"

"你知道的，已经有人不再碰我了。"

"我就碰你啊！"

"是的，你当然会碰我，但是我注意到大部分人已经不会了。他们会跟你握手，甚至给你一个拥抱，但当他们转向我时，只会向我挥挥手，显得很滑稽。"

"我觉得他们只是不太知道怎么做才好，比如侵入你的私人空间是否合适。在学校的时候没人教过我们怎么碰触坐轮椅的人，尤其是在他们没法移动的情况下……"他停顿了一下，但是那双蓝眼睛眨都不眨，"就像你以后那样。"

"嗯，这正是我的意思，也是我需要移动能力的原因之一。我可以伸出手臂，告诉他们我想握手。对了，我还需要一个外骨骼脖子，能够转头和点头，这样我至少可以看看四周。我是说，如果只能向前看，那该多令人沮丧啊！"

"你是说像其他所有患有运动神经元病的人那样？"

"是的，还有四肢瘫痪的人。但我想说的是，这部分外骨骼要想运行，就需要复杂的人工智能系统，让我只用眼睛就能下达指令来控制它。所以，我仍在想会有选项提供给我，就像我在沉浸式虚拟现实中一样。事实上——我在说什么？它真的会和我在网络空间里一模一样，因为选项是一样的。你想一下，现实世界里的感觉又怎么会有任何不同呢？"

"因为现实世界是真实的！"

"是的，我知道，但无论是转动把手开门，还是协调两臂之间的动作，或是伸手触摸我爱的人，我在网络现实和时空现实中做这些事情的方式都会完全一样。你明白吗？两者都会对我所认识到的现实做出补充。"

"杰伊的坟墓！"

弗朗西斯踩了一脚刹车，车速慢了下来。我差点就错过了坟墓，在弗朗西斯那侧，很久以前就选好的一个十字路口。这样一来，姬蒂·杰伊的鬼魂就不知道该走哪条路才能去村子里了。她的古墓——必然在一片不圣洁的土地上，以配一个上吊自杀的人——上面还开着新鲜的黄花，跟我们每次看到的一样，从我搬来和弗朗西斯一起住的第一周就如此。所以有传言说，几个世纪以来，这些花就一直被"未知的手放在这里"。

"黄色的花。"弗朗西斯说。

"黄色的花。"我确认道。

弗朗西斯加速开走了。"我当然明白为什么用自己的指尖触摸东西对你来说很重要。"

"好吧，这才是事情真正开始变得有趣的地方。"

"终于！"他本来准备板着脸，结果绷不住大笑起来。我知道他在看路，但还是回了他一个微笑。

"大多数人都以为外骨骼的唯一用途是跟现实世界互动。可在我这儿，它还有一个同样重要的功能，这个功能真的很聪明——"

"也只有你这么说。"

"因为它能让我在虚拟世界中感受到互动。我的随意肌都没法工作，所以无论在哪种现实中，我的感觉（当我的外骨骼移动手臂、遇到阻力、撞到东西、被重物压或反弹的时候）都会是一样的。因此，可能我看起来只是穿了一个平平无奇的外骨骼，但事实上我穿的是让所有未来派的虚拟现实玩家羡慕不已的终极赛博服！"

"那么你整天待在虚拟现实里的时候，我要干吗呢？"

"你会跟我一起在虚拟现实里！"

"我不要！我喜欢待在现实世界里。我不想待在网络空间里。"

"布拉德·皮特会在那儿……"

"你是说布拉德·皮特？二十多岁的他，还是现在的他？"

"你想要哪个就是哪个。"

"拜托，我全都要。两个要同时出现。这个想法好极了！算我一个！"

"嗯，这个想法确实很好，因为接下来的一系列研究都以此为基础；它是去往网络空间的通行证。"

"你那样叫的话，没有人会去的！"

"对，但就是那样的。从本质上讲，我想的是无缝接入所有电子设备，用某种形式直观的导航跨越整个网络空间。"

"你是说整个互联网？"

"还有许多设备和系统，它们在不久的未来也要被连入互联网。"

"这就是你一直喋喋不休的'物联网'吗？"

"正是！而我也想成为其中的一员！想想看：通过接入查利所有的感觉设备（能让我看到、听到、感觉到，甚至闻到东西），随着时间的推移，我希望自己完全沉浸在网络世界中，就像拥有了一个庞大的延伸体。"

"这是一种网络肥胖症吗？"

我笑了。"我的意思是，如果我的做法合理，部分互联网和连入互联网的设备最终可能会替代我已经瘫痪的身体。我并非在与我的环境互动，我会逐渐成为我的环境。"

"你不是在《机器人革命》里写过类似的东西吗？"

"是的，我一直相信这一点，显而易见。由于大脑具有可塑性，慢慢地，我在网络空间（以及任何可以通过网络空间进入的现实世界）里的感受会变得像我自己的感受一样；发一封邮件或叫一部电梯也会跟以前我伸手指或扬眉毛一样。”

“而你再也不会感觉被困在瘫痪的身体里了！”

“我不仅不再感觉被困在瘫痪的身体里，也不再是一具瘫痪的身体。我的新身体将有可能扩展到各个地方——不但跨越物理宇宙，而且跨越无限范围的虚拟宇宙。你能想象吗？”

“设置烤面包机的程序都让我苦恼！不过我想象得到，你会如鱼得水。”

“而且我会打破机器智能和人类智能之间的壁垒。我们不是在竞争，而是在融合。”

“就像你常说的那样……但是能录下电视里的节目吗？如果你可以继续负责我们晚上的娱乐活动，这一切就会让我觉得舒服很多。”

“当然，在我所处的环境里（尤其是非常熟悉的环境，比如家里），我会凭直觉用眼睛控制过去用手完成的一切。我一定可以控制电视，还有家用电器。”

“你现在不用这些！”

“是的，但只是原则上不用，还有叫电梯和开门。自然，到了那个阶段，我完全可以使用机器翻译，所以我的对话肯定可以用中文进行。”

“你从来没有说过中文！”

“没错！尽管我不懂中文，但作为彼得 2.0，我可以借助我的化身，在 Skype 软件上同时使用中文和日文进行视频采访！”

弗朗西斯在一个交叉路口放慢车速，左转，然后将车停在猎犬岩前长长的停车场里。猎犬岩以柯南·道尔所著的《巴斯克维尔的猎犬》中提到的一处岩石场地而闻名。以前，我和弗朗西斯总是在这个地方下车，我们会走过崎岖的杂草地，来到猎犬岩前。有时我们会爬上花岗岩，不过潮湿的地方比较难爬，最后我们站在岩石顶端，从各个角度欣赏无边无际的达特穆尔。在很久以前的一个夏天，那时候游客还没有这么多，我们甚至在山顶度过了情意绵绵的十分钟。

　　这一次，我们只是坐着。弗朗西斯把车窗打开，我们看见一对老夫妻下了车，互相搀扶着缓慢地穿过杂草地，走到另一边的岩石那里。我想转过头去跟弗朗西斯说一句"我很抱歉"，但我知道他知道我的想法。

　　"你看，那对老夫妻能平稳地穿过崎岖的路到岩石那儿去，我却不可以。"

　　"现在我们不能这么说！我们得着眼于未来，着眼于积极的一面，而不是过去——"

　　"我知道，我知道，我不是那个意思。我的意思是，那两位老人不是正好说明了世界需要我的终极研究嘛，就是我称为去往现实世界的通行证的东西。"

　　"哦，这么说我喜欢。我真希望有一天我们能再次沿尼罗河而上。我们还没有一起去中国和远东地区，以及悉尼港。而且我们已经很久没有再去美国了，还有——"

　　"我知道，我知道，这个世界上还有好多地方我们没有看过，或者想要再看一眼，我想说的就是这个。这就是我最后一小部分的想法，不过这些想法有点复杂，所以耐心听我说。"

　　"让轮椅穿越荒野、上楼或者登上飞机这样的想法有什么复杂的？”

“嗯，是的，这些很简单。呃，其实，这些也真的很难做到，但从概念上讲很简单。而且我真的认为，为了消除残疾人目前面临的巨大障碍，我们需要解决大量问题。”

“我们没法乘坐飞机主要是因为没有一家航空公司允许查利进入机舱，这太荒唐了。”

“而且如果它在机舱里，它的电池就得断电。即使我可以在长途飞行中扛住身体与心理两方面的生命支持系统的分离，根据目前的统计数据，查利被送回我身边的时候，还是有可能会被弄坏。”

“我刚才在想，作为赛博格，你会不会进入飞行模式？”

“我从来没有想过这个问题！那样我就不能说话了。如果出了什么问题，我也无法交流。航空公司声称，把手机或笔记本电脑带上飞机很危险。这并不是出自严谨的科学，只是从法律上讲方便一些而已。像那样堵住我的嘴是对我人权的侵犯！是在歧视我，因为我是个赛博格——”

“我们可不是要为赛博格的权利发起运动！”

“我认为我们以后必须这样做！未来会出现对赛博格不经意、制度性，往往还是无意识的歧视，和 20 世纪七八十年代对同性恋的那种歧视一样——”

“还有 90 年代、21 世纪头十年……”

“没错！法律往往落后于科技。”

“真棒！”他听起来并不兴奋。我想得越多，也越是兴奋不起来，但是我必须得兴奋起来。

“回到情景上来：我很想轻松地在糟糕的城市环境里穿行，陪着安德鲁和可可在乡间散步，安全地爬楼梯、登船、穿越冰面或雪面——"

"这些是要重点关注的事情。"

"我知道你会本能地认为我过火了，可我真的没有，而且这些确实很重要。但我为什么要指出我的生物大脑总是需要冒险呢？这样反而束缚了你我。"

"又来了！"

"不，听着，这很关键。我的意思是这样的：我预测，我最终是在物理现实、增强现实还是完全的虚拟现实里会变得无关紧要，就像我们看的电影到底是在电影院里、电视上还是笔记本电脑上一样。"

"它们都很不一样……"

"是的，但说到底，我们真正关心的是看电影的体验。同样，无论我是在物理现实里，还是虚拟现实里，我关心的都是现实的体验。我很高兴那种现实是模糊的。"

"就像你一直说的，我们无法证明自己是不是已经生活在人工智能里面，所以我想，如果你真的分不清，那么你在哪个现实中也就无所谓了。"

"正是如此！但这有着巨大的解放意义！想想看，在我的那种模糊的现实里，你和我可以再一次在山顶上手牵手，我会感受到夏日的微风和清晨的阳光拂过我的脸庞，可也许真正的我正安然无恙地待在我们位于托基的家中，而你在我的支援设备——查利旁边。查利也是我的一个分身，使用电子技术将我的所思所想传到山顶，然后把山顶发生的一切给我传回来。"

"你的意思是，我本人在山顶上，而你不在？"

"也许是。也可能我的肉身就在那里，不过是在一台四条腿的步行机上。或者步行机是另一种形式的分身，而我还在托基。或者你使用的是一种超便携的中继器，主要是一架无人机，以与你双眼齐平的高度跟着你，让我感觉自己就在你身边。又或者我们都在托基……"

我们陷入了沉默，他还在消化这些信息。远处，那对老夫妇已经到了猎犬岩，正得意扬扬地坐在一块石头上，打量着周围的一切。

"你说的这一切是不是还要很久才能实现？"

"不一定，也许马上就能实现。这一切如今在技术上都是可行的，只是没有人去做而已。我想把事情往这个方向推一推。我需要想办法让科研人员专注于研究人工智能、机器人和电信技术，好让我们摆脱生理上的限制。如此一来，我们才可以真正改变人之所以为人的意义。"

"嗯，和以前一样，你把一切都思考到了极致。很精彩，我相信你会做到的，但你要做好心理准备，对大多数人来说，最后那些想法都太夸张了。"

"你可能是对的。既然如此，我那些更加疯狂的想法还是不要告诉他们了。"

"还有吗？"

"就是我觉得我可以把查利变成一台时光机——"

"哦，看在上帝的分上！"他又恢复了那副"我不懂"的表情。

"不，我说真的，这会很棒的！只要利用我的模糊现实稍加努力，我就有能力回到过去。这一切都会被录下来，而且我可以回放，还将无法分辨出其中的区别。也许第一次我本人就在那里了，也许我不在，但我一样可以重温这次经历。比这更棒的是，如果我愿意，我将能够改变原本的经历，把它变成'最好的'一次体验。通过删掉那些糟糕的部分改写历史。"

弗朗西斯开始翻白眼了。我凭直觉让自己的语气热情起来，试图赢得他的支持。

"还能比这更神奇！如果第一次体验恰好发生在虚拟现实里，那么就像小时候神秘博士鼓励我的那样，我能回到过去，改变结果。所以，我的模糊现实不仅仅无限模糊了物理现实和虚拟现实，不仅仅包括过去和现在，还包括其他的时间线！"

"现在，"他一边发动汽车一边评判道，"你只是在犯傻，"他倒车，转向，驶出停车场，"但如果有人能做到的话……"我们穿过荒野驶向家的方向。

"还有一点……"弗朗西斯完全没有对我表示认可，不过这已经是我能期待的最高级别的鼓励了，"我来讲一个思想实验。设想一下，在不久的将来，也许就在几年之后，我刚在纽约做完一次演讲，正在接受一名记者的一对一采访，而且还刚和她握过手。与此同时，我刚刚结束了在北京的同步演讲——内容相同，但是用中文讲的。有人把我介绍给会议的主办人，他只会说中文，而我正准备和他握手。然而，我的生物大脑却一直在托基。那么彼得 2.0 到底在哪里？"

"在托基，显而易见，像你刚刚说的那样！"

"对，却也不对。我觉得并没有那么简单。在我的思想实验里，彼得 2.0 之所以能完成这一切，正是因为他远不止生物躯体远程操控两个分身那么简单。纽约记者听到的我的声音、体会到的我的化身的性格，都是在纽约实时生成的。在托基的我不过是发出了几个高级的指示，除此之外再无其他。这跟电影导演冲着远处即兴表演的演员喊'开始'没什么区别。"

"行，所以你的意思是那一部分的你在纽约？"

"是的！北京也一样，只不过机器翻译可能是在云端的某个地方进行的。"

"好，可你仍然知道你本人其实在托基。"

"也许吧，但是想想看，我会感觉到自己同时在北京和纽约，却感觉不到自己在托基，而在北京和纽约的人也感觉不到我在托基，即使他们知道我的生物大脑就在托基。"

"所以在这种情况下，你觉得自己到底在哪儿？"

"真正的答案可能是，作为彼得 2.0，我有时会同时出现在不同的地方。"弗朗西斯哼了一声，于是我继续往下说："因为我人格的不同部分——整体来看你还是会将其认定为'我'——会在不同的地方运行。"他听我说完，并没有再哼一声，我觉得这是个好兆头。"在那种情况下，我将真正成为分布式人工智能。我的生物大脑将不再能够定义我，我残缺的人体同样不能。"这很残酷，却是事实。

弗朗西斯什么也没说，他专注于绕过一匹在路边做白日梦的达特穆尔小马。

"我不是要死了，亲爱的，我是在经历一场转变。我的思想实验暂时还没有一个直白清晰的解决方案，这一事实本身就令人瞠目结舌。你知道的，当一切都在改变，当所有旧的假设都受到质疑，就说明一个真正的思想转变正在发生。这就是即将发生的事情。在改变患有运动神经元病的意义时，我们还可以永远改变人之所以为人的意义。"

"你这么一说，听起来确实像是一个千载难逢的机会。"

"不仅仅是千载难逢，过去一百三十八亿年来从未发生过！"

"你准备好迎接明天的到来了吗？"

这句没头没尾的话大概意味着我们关于我这些疯狂想法的讨论已经走到了尽头。

"当然准备好了！我可以小小地放松一下了。"

"只有你才会说进医院做大手术是放松一下！"

"我可以在床上懒洋洋地躺上几周，有什么不满意的呢？"

"是的，但你要记住，你感觉很糟糕的时候，会有人把摄像机推到你面前问你：'你感觉怎么样？'一有观众，你就会进入'表演模式'，你会全力以赴，然后耗尽精力。你将需要全身的能量来恢复自己，所以我并不高兴。"

"没事的，你会在那里。你会跟他们说的。"

"他们要采访的人是你，我到底还能说什么？"

"你会说你常说的话，每次你为了保护我，赶走那些越界的人时，你都会叫他们滚蛋！"

三重造口术

术前的肠道准备并没有我想象中那么吸引人。我觉得，我是被它无害的名字给误导了，毕竟我上学的时候，每天晚上至少要花两小时做"准备"——从拉丁语到生物学，所以我的大脑想当然地把"肠道准备"这个新词归为同一类："今晚你肠道的准备工作就是阅读《趣味直肠病学》第五章。"

我现在意识到了，事实上，肠道准备是结直肠外科医生采取的一种手段，为的是坚定你做结肠造口术的想法，因为一旦完成了肠道准备，你就再也别想用传统的方式上厕所。讲得好听一点，这是给传统的排泄方式画上了一个轰轰烈烈的句号。

刚开始一切都很人性化。大约中午的时候，我和弗朗西斯，还有电视纪录片摄制组来到了托基的英国国家医疗服务体系医院的正门。医院管理部门很体贴，派了一名媒体调解员在那里迎接我们。媒体随行人员越来越多，他们全都想办法找到了正确的楼层，最终到达病房门口。然后我们又"到达"了一次，好让摄制组拍到一个定场镜头。我们"到达"了三次（第三次从相反的方向拍摄），才入住了我的新住处。

很快，事情就有点出乎意料了。我和弗朗西斯被一个女人护送着离开，这个女人似乎是我们以为的负责人的上级。令人困惑的是，她想在"镜头下"进行一次临时会面。考虑到我和一个摄制组在一起，还考虑到"镜头下"在拉丁语里是"秘密"的意思，也就是"不在镜头里"，所以她这么说挺令人疑惑的。事实上，我们"镜头下且秘密"的会面比较短。她激动地争辩说我提议的手术风险太大，不能进行。

"我见过一些运动神经元病患者，仅仅一场手术他们就扛不住了，而你实际上要做三场。如果你还是想做，我们完全支持你，但是你必须明白，我们几乎可以确定，术后的恢复之路非常漫长，而且你有可能永远没有办法完全恢复。"

我和弗朗西斯已经非常清楚其中的风险了。我们之前讨论过方方面面的重大问题，包括死亡，而且观点一致，这次也不例外。我们俩联合反击，简短干脆又无比坚定地解释了"长期整体生活质量"的真正含义，迅速压倒了在最后关头冒出来的这个突如其来的反对意见。我们说了谢谢，然后会面就结束了，比这个人预期的要早一些。我们与随行人员会合后，一个我们没有见过的女人出现了，看起来是暂时负责当时的拍摄，她把我们带到了主病房外的一个小房间里。等我在重症监护室里稍做停留回来之后，小房间就会是我的"度假屋"。我发现我的病房升级了，这与其说是与摄制组同行的福利（在医院意识到我带着这么多的摄制人员到来之前，我就已经被分配到了这个房间），倒不如说是英国国家医疗服务体系电脑记录给我谋的好处，毕竟上面显示我符合"黄金标准"。被划到这个类别里，在温布尔登长大的我之前还感觉挺自豪的，但后来我才发现，原来"黄金标准"的意思是我可以享受临终关怀。

几小时之后，我的电视采访首秀结束了（是的，我真的感觉很好；不，我真的不介意去医院），摄制组离开了，弗朗西斯跟我吻别后也离开了，不过离开前他帮我穿上了一件相当漂亮的病号服，还把我扶到了便桶上——护士让他这么做的。我无事可做，就用手机看了一下新闻。

"我来给你做肠道准备。"

这个医护助理看起来非常愉快。她露出了鼓励的微笑，把一大塑料壶略带颜色的水放到我旁边的小桌子上。我知道为了第二天的结肠造口术，医生需要我的结肠尽可能排空，所以我原以为自己会喝灌肠剂。只是让我喝点什么就是一个诱人得多的提议了。

"你到底需要我做什么？"

"呃，我会把你杯子里的水倒掉，然后你可以喝点这个……"

尝起来有点奇怪。她鼓励我再喝一小口，但味道还是很奇怪。接着她敦促我喝下一整杯。喝到一半，我觉得这味道实在是让人难受，再继续优雅地小口啜饮不太合适，便仰脖灌了下去。

"算不上世界上最棒的味道，是吧？"我试探地问，把杯子放回桌子上。谢天谢地它已经空了。

"恐怕不是。如果你能保证半小时内把一整壶喝完，一小时左右应该就会起作用了。"

说完，她笑了笑，然后离开了，留下我和水壶面面相觑。

半小时之后，我完成了自己的职责，尽管越喝越觉得恶心。我感觉不好，但是觉得水壶现在终于空了很好。

"哦，做得好！你喝完了。"她像之前一样笑眯眯的，拿起了那个空壶，又换了个一模一样的壶。"你只需要熬过这一壶，就可以通便了。"

一小时过去了，我一点废物都没排出来。我不情不愿地强迫自己喝完了第二壶，之后就开始等，一直等。什么都没发生，倒是我的恶心感越来越强。然后负责用毡头笔在我的肚子上做记号（好标出我的结肠应该从哪儿改道）的那个女人回来了，她问我准备好了没有。我完全忘记之前我已经问过她可不可以再给我一点时间了，就又问了一遍，这次可能比上次更迫切一些。她说她明天一早会再来。

然后就开始了。先是意想不到的一点流动，接着是洪水般的流动，而后就没有了。除了坐着等我没有别的事可做。我开始明白为什么医学术语里要说"排空"肠道了，我确实感觉整个人被"排空"了。又是一股洪流。停了。一股激流。然后我的手机响了。我看了一下来电显示，是运动神经元病协会的主席，他非常贴心，之前说过会打电话告诉我是否选上了理事。这会儿我的肠道没在排泄，所以决定冒险接一下。

这通电话喜忧参半。喜的是（而且很令我吃惊），协会的广大成员没有选择更为人所知的候选人，而是选了我这个完全陌生的人，纯粹因为我提出的利用技术与运动神经元病苗壮成长的理念。忧的是，阿伦——这位即将离任的协会主席，似乎除了祝贺我就没有别的想法了。我的成功当选毕竟是出人意料的，可我还有一个革命性的想法，他为什么不想跟我讨论一下呢？他为什么不跟我分享一些至理名言，询问一下我的计划，问问弗朗西斯的情况，再跟我聊聊他自己呢？

　　这些话题都很好，而且我真的对这位主席很有好感，当然也不想缩短我们的谈话时间，更不想以无礼的方式结束谈话。但是我也强烈意识到，我的手机有一个特别灵敏的麦克风。电话交谈过程中尽力避免任何无关的噪声应该算是基本的通话礼仪，此时此刻却变得越来越难实现，我的声音听起来也一定是越来越紧张，让人感觉莫名其妙。这通电话跟我肠道的控制几乎在同一时间结束了。

　　第二天一大早，二号输出口的最佳位置也被助理用毡头笔标记好之后，一名护理员来到我的病房，为我摘下身上的所有首饰。除了手表，我只在手上戴了婚戒，脖子上戴了一根细细的金链子，上面挂了一个金十字架。十字架在古埃及是生命的象征，就像拉海兰在巫师比赛上获胜那样，这个十字架是弗朗西斯送给我的结婚二十五周年纪念日的礼物。从弗朗西斯给我戴上戒指和链子之后，我就再也没有把它们摘下来过。

　　我发现自己一点都不想摘掉它们，从科学的角度看我的理由是愚蠢的，但显然是浪漫的。尽管我受过教育，有坚定的信念，并且没什么信仰，但是我的大脑有一部分未经开化，愿意去相信这种带着爱意赠予的礼物会具备某种古老的力量。或者只是我大脑的这一部分想要永远跟阿瓦隆待在萨拉尼亚，在那里拉海兰的魔法是无敌的。不管怎样，我就是不想把它们摘下来。

　　我打起精神，提醒自己我是个科学家，把我的十字架交了出去。然后我撒了个谎，说婚戒太紧了，摘不下来，那就需要用胶带把它粘在手指上。我们最后确实也是这么做的。

摄制组做了一个很短的术前采访。我特别指出，即便遇上手术出意外这种不太可能发生的事，科学也会从中获益，因为我们可以从失败中学到什么东西——这就是科学研究的意义所在。他们又拍摄了我和弗朗西斯吻别的画面，之后我就被推进了手术室。我的麻醉师默里边跟我愉快地聊着天，边把动脉插管插入我手腕的皮肤，做了一些术前测试，以确认我的身体除肺部现在只有76% 能正常工作外，再没有其他意外。我提醒他们，无论如何手术都要进行下去，然后玛丽干脆利落地把我麻醉了。

弗朗西斯等待着，像所有的爱人那样等待着，也只能等待。接着他接到一个电话，而我被送进了重症监护室。我刚进去不久他就到了。跟普通的医院规程不一样的是，按照默里的计划，术后她仍然会用丙泊酚和瑞芬太尼给我做全身麻醉，之后依次停用这两种药剂，以防我需要被立刻推回手术室做气管造口术。

医生给我停用了丙泊酚，一直等到这种药的药效在我体内消失才停用了瑞芬太尼。停用瑞芬太尼后，人一般会在约十分钟后恢复知觉，所以机械呼吸机一旦只给我输送空气，倒计时就开始了。在几乎恰好是十分钟时，我恢复了意识。重症监护室的护士告诉弗朗西斯，我是她见过恢复最快的病人。不过当然了，这并不是问题的关键。弗朗西斯和屋子里其他所有人最关心的问题是我能否重新自主呼吸。

我恢复知觉后第一个见到的就是弗朗西斯，他告诉我手术进行得很顺利。我在一间装修风格很现代的明亮屋子里，周围围满了人。我戴着一个巨大的面罩，那面罩有点像防毒面具，就绑在我的头上。这面罩像是在阻碍我想要自己呼吸的尝试，我不喜欢，便表示道，我想要试着把它摘下来。

不知怎的，弗朗西斯认定，此时是用手机录下这一事件的绝佳时机。而不知怎的，屋子里的医生们也允许了他的行为。最后，他拍下了医生摘掉面罩的那一幕，为后人留念。

然后我自己深吸了一口气。

半夜的时候，年轻的护士来给我送药。她从晚上 8 点轮班开始就一直看着我。我们已经聊了好几小时，包括我的三重造口术、运动神经元病、我的会厌小插曲、我与疾病共同成长的计划，以及我跟弗朗西斯的关系。我感觉清醒极了。我的药物里只有一种不是片剂的，我就着水把片剂药吃了，很高兴我的吞咽能力似乎完全没有受到手术的影响。药剂师给我的最后一种药是液体的，从长远来看，这种药比吃片剂药要合理得多，后者有被噎住的风险。我拿起一次性的迷你水杯喝了几口，里面是一种糖浆，咽下去的时候我感觉有点痛。

然后我痛得更厉害了，开始不受控制地咳了起来。很快——比在达特穆尔的时候还快得多，我开始喘鸣了，先是呜呜地喘，然后快速咳了几下，接着又开始呜呜地喘，其间实在是没什么时间能喘口气。我感觉自己快要窒息了。尽管我吃了一肚子的止痛药，我的肺还是在灼烧，仿佛强烈渴求着空气。我的护士被我搞得措手不及。我是噎住了吗？是过敏反应吗？

绝望中，我赌上肺里的最后一丝空气急迫地发出咝咝声：

"会厌！"

两周后，我抱着刚出生的侄孙埃迪。他在妈妈的肚子里舒舒服服地多待了好几天，一直到我出院回家才呱呱坠地。埃迪也可以离开产房回家了，他一家就来到隔壁看我们。

"她听懂你说的了吗？"我的一个姻亲问道，急切得好像我回答了她才能活下去一样。

"她疑惑了几秒，然后就想起我的故事了。我猜那是她最后一次听到'会厌'这个词，所以要想起来真的很简单。总之，她拿了点水给我喝，接下来的事大家就都知道了。"

"本来可能会很糟糕的！"另一个姻亲插了一句。

"是的，不过说实在的，如果你要发生窒息的话，重症监护室确实是个合适的地方。"

"所以既然你已经铺了路，是不是意味着别人也可以在英国国家医疗服务体系做同样的三重什么手术？"

"没错！当然了，风险还是有的。手术这么顺利，我很幸运，但现在我们证明了这一手术对运动神经元病患者来说是个可行的方案。"

"哦，告诉他们特蕾西说了什么。"弗朗西斯鼓动道。

"啊，是的，对，我们可爱的朋友特蕾西，她负责协调西南部地区所有运动神经元病患者的英国国家医疗服务体系医疗资源，没错。所以在患者第一次被确诊后不久，她就会上门拜访。有一天，她跟一个小老太太进行第一次会面，在简单的寒暄过后，那个老太太问道：'告诉我，亲爱的，你听说过一个叫彼得·斯科

特 - 摩根的男人吗？'特蕾西现在自然是高度警惕，她回答道：'我听说过他……''好极了！这样的话，除了鼻饲管，我还想装一个叫耻骨上导管的东西。'特蕾西觉得特别自豪！"

伯克利广场

我看了一下我的卡地亚手表，快7点半了。这块表是弗朗西斯最近送给我的三十岁生日礼物。然后我扣好我的深色海军蓝三件套西装的背心，照了下镜子，拿起我的公文包，把弗朗西斯递给我的刚做好的三明治装到包里，给了他一个大大的吻，就迈着轻快的步伐出了门，朝着附近的奥斯特利地铁站走去。时间正好，而我丝毫不知道这一天即将失控。

我们发现，奥斯特利的地理位置特别契合我现在的生活方式；从那里坐地铁，向东去往我位于梅费尔的办公室，或向西去往希思罗机场，时间都是差不多的。有几周，我最常去哪个方向，我自己都搞不清楚。住在离伦敦市中心有四十五分钟车程的地方还有一个好处，那就是只要我来得够早，大部分时候我在地铁上都有位子坐。再过几站，上车的人就得站着了。

今天，我坐了向东行的地铁，途中我一直在心里排练我的演讲。近一小时之后，我穿过伯克利广场大厦气势恢宏的入口，叫了一部大理石铺成的电梯，按下了第九层的按钮——第九层是顶层，像我这样格格不入的人都是被分在这一层的。

阿瑟·D.利特尔——一家国际性的技术和管理咨询公司，其位于伦敦的办公室布局奇怪又扭曲，在伯克利广场大厦有两层，一层在六楼，一层在九楼。六楼面积非常大（因此也是权力中心），而九楼是在办公室租金暴涨的时候，勤奋的业主在屋顶上扩建出的一片小小的区域。尽管透过我办公室的平板玻璃窗可以俯瞰伦敦市中心的全景，尽管我在六楼的同事们的办公室比我的更小，还没有空调，但是没有一个人愿意跟我换，因为他们离权力走廊更近，而走廊尽头就是伦敦办事处的总经理迈克尔（我们都以名字相称）的办公室。待在九楼我很开心，也没有很想换办公室。

我们九楼这群人很享受这种特立独行、被主流抛弃的感觉。我们有自己的办公室这一事实——更不用说办公室的条件不错——不仅说明公司从我们身上赚了不少钱，因此想要留住我们，还说明公司很高兴，只是不需要我们离权力中心太近。到目前为止，我是九楼最年轻的员工，也是资历最浅的，只在公司干了四年。话虽如此，大多数员工只待两年，就会被礼貌地劝退，所以我至少应该是被视作"有前途"的员工了。可能也跟我是整个办公室里唯一一个拥有博士学位的人有关系。

透过罗伯特办公室的半玻璃门，我冲他大声打了个招呼。他比我大了近二十岁，烟瘾很大，可能是九楼最疯狂的员工了。关于他的故事数不胜数，大部分跟女人、酗酒或毒品有关，或者是三者都有。但是他的客户很喜欢他，公司也很喜欢他。公司就像一个宽容又健忘的叔叔，哪怕第一百次训诫他又一次犯下大错的早熟的侄子，这侄子依旧是他最喜欢的。

据说，不时也有些秘书很喜欢罗伯特。我知道这些传闻是真的，因为我不止一次碰到过。大概一年前，我正要回自己的办公室，一名同事站在罗伯特办公室的门外，远远地看见我走过去，便急忙冲我招手，让我快点到他跟前。

"他正在跟六楼那个新来的秘书乱搞！十分钟前我看见他俩进去了。"

当然了，根据办公室里传出的声音，他的结论很有可能是正确的。然而我们并不能确定，因为门上的窗户被一大张闪亮的白纸遮住了，我问同事那是什么。

"那是他原本贴在墙上的海报。他把它撕下来，用蓝丁胶粘到门玻璃上，以保留隐私。"

我们正要走，就发现了一点异常：尽管蓝丁胶很好用，但糟糕的是，时间久了，又被空调一直吹着，胶泥会变干，损失一些黏性。现在就是这种情况。海报的一角已经没了黏性，脱离了门玻璃。我们看着的时候，海报的另一角也挣开了"束缚"。像百叶窗被慢慢放下那样，海报逐渐卷了下来，然后海报底端的蓝丁胶也完全失去黏性，整张海报滑到了地板上。由此，我同事之前关于办公室里声音的推论，也得到了完全的证实。罗伯特无疑听到了海报掉落的声音，他抬起头，看见了我们。然而，他只是一声不响地继续他的动作，完全没有受到干扰。面对意外出现的观众，他唯一的反应就是笑了一下，并朝我们竖了个大拇指。

在20世纪80年代后期，阿瑟·D.利特尔就已经是一家非常优秀的机构了，不仅在科技方面有着很深的根基，在如何创新、如何让技术型公司获得成功、如何经营技术型公司、如何利用技术彻底改变事物等方面也颇有建树。仅仅是这些闪光点就已经让入职不久的我深深着迷了，而且我还发现自己很喜欢咨询型的生活方式。我还很快就明白，能够加入有如此文化的企业，我实在是非常幸运。在这里，只要稍加努力，我就能茁壮成长。

阿瑟·D.利特尔与自由思考的人物保持着百年的情缘，比如其创始人、具有传奇色彩的阿瑟·德翁·利特尔博士本人。这家公司利用其在化学合成方面的技术，以一只母猪的耳朵（实际上是一车猪的耳朵）为原料，造出了一个（实际上是两个）丝绸钱包。这家公司不满足于自己已取得的成绩，经过一代人的努力之后，成功地让一个铅气球飞了起来（飞得太高以至于给波士顿的洛根机场造成了航空危险）。这家公司发明了一种巧妙的气味分类法，致使"拥有百万美元鼻子的人"——欧内斯特·克罗克利用嗅觉闻出了一个男孩的病症，挽救了他的生命，而在此之前连医生都已放弃为男孩做出诊断的希望。我希望这家公司能充分支持我的新想法，让我对其进行研发。

就在午餐前，我吃掉了自己的三明治。我认识的其他所有人都是在附近的各种小贩那里买的午餐，但我和弗朗西斯算的只是自己带饭的话能省下多少钱。贫穷是种什么样的感觉，我们都记得太清楚了，一点也不想重新品尝那种滋味。我的同事们似乎都过上了崭新的生活，而我和弗朗西斯则是能省就省，好偿还我们的抵押贷款。

事实上，今天我要去六楼的会议室，那里为每月例会准备了可供选择的各种三明治。然而，今天我要做演讲，等我结束，好吃的东西都会被拿走了，留下的食物肯定也被人摸过了无数次。

　　甚至在我演讲四十分钟后，我就注意到食物被拿光了。等大家的嘴里不再塞满培根、牛油果、对虾、三文鱼和白干酪，他们就开始对我提问。最终，布鲁塞尔办事处的帕特里斯上台发言了。他是阿瑟·D. 利特尔的副总裁、该公司的元老之一，也是全球技术创新实践的负责人，因此是我的终极老板。他今天特地飞来伦敦。现在，不知为何，他站起来向我提问；其他人都没有站起来提问过。他很高，蓄着一丝不苟的胡须，讲话还带着比利时口音。

　　"所以，彼得，你的这个'不成文规则'技术，依我的理解，本质上是一种解读企业文化的技术，对吗？"

　　"呃，那是一种附带的结果，但它确实是一种解读巨大又复杂的系统的方法，甚至可以解读拥有数万人的组织，这样我们就可以解释系统隐含的内部运作机制。"

　　"是的，可你所关注的是'柔软蓬松'的文化，不是吗？"

　　"不，不完全是。整个分析技术的工作原理是每一步都采用严密的逻辑。是的，你说得没错，这一技术还解释了'柔软蓬松'的东西被人忽略的许多方面，但这是额外的好处。重点是，有了这个技术，我们终于可以解释为什么我们的一些很不错的想法会失败，以及它们是如何失败的。然后，我们就可以完善那些想法，使它们真正与组织相契合，而不仅仅是试图把那些想法强加给否认它们的组织。"

　　"我的朋友，这正是我觉得你在讲的'柔软蓬松'的文化。"

　　他看了看四周的听众，仿佛一个收费高昂的大律师，正在对陪审团讲话。一切进展得并不顺利。

"但是帕特里斯，从本质来看，'不成文规则'技术并不是关于企业文化的，而是关于解读未来的。它事关消除变革的隐性障碍。归根结底，它事关改变未来。而且，虽然我们的客户往往并不会使用这些词，可'改变未来'确实是我们的客户付钱给我们，让我们帮助他们做的事情！"

"是的，但不是让我们改变他们的文化！"他仿佛没有在听，"这不是我们任何一个客户所关心的问题。"

"这是！我们一直给他们提供理性又巧妙的解决方案，可这些方案在现实世界中并不奏效。你很清楚我最初想出这个技术的原因——我分析了为什么我们给飞利浦电子公司的建议实际上并没有用。"

这或许不是我所能给出的最圆滑周到的回应——那些失败的建议正是帕特里斯提出的。

"飞利浦不需要换了个名字的'文化审计'或'景气指数'。很抱歉，但在我看来，你只是在无中生有，挥舞着无用的棉花糖哗众取宠罢了。"

接着他又开始对着"陪审团"讲话了。"从根本上说，不管你的'不成文规则'技术是否有效，都不是阿瑟·D.利特尔应该做的。"

说完，他就坐下了。总经理迈克尔站了起来，感谢了我这个"常驻特立独行者"所做的"振奋人心"的演讲，然后就散会了。我收拾好高射投影仪，正准备回九楼时，我的导师布鲁斯走了过来。他也是公司的元老、副总裁、无名有实的副总经理。他快退休了，以脾气暴躁著称，是一个充满学究气的完美主义者，写作没有条理。他跟一名令人敬畏的女士住在一起，就是著名咨询公司麦肯锡有史以来的第一位女合伙人。我非常喜欢且无比尊敬我的导师。

"快速汇报一下吗？"他喃喃地说。

我们走到他的办公室——就在迈克尔的办公室旁边，我努力配合他的大跨步，步伐缓慢而平稳，以免显得太慌乱。他招呼我坐到一把椅子上，然后自己也坐了下来。

"不要过分在意帕特里斯。他很聪明，但不认为还有谁能像他一样聪明，更不用说会让别人把他衬得黯然失色了。"

"可我是他部门的一员，'不成文规则'只会提高他的信誉。"

"啊，但你知道的，他不是想出这个主意的人，所以在他看来，这根本不值得考虑。"

"抱歉，不过如果那是真的，就太荒谬了。他这是在霸凌我，而我是不会向霸凌我的人屈服的！"

"冷静点，冷静点，没必要这么怒火中烧。试着向一些客户推销你的想法，没有什么比赚钱更有说服力的了！"

"可是他不让我接触他所有的客户。"

"那就绕过他，找别的客户。你已经跟英国石油公司提出建议了，进展如何？"

"什么消息都没有，已经过去很久了。我在英国石油公司的联络人说他们还在考虑当中，但正在'讨论使用范围'，有很多人的项目只得到此结束了。"

"好吧，所以你的联络人可能让你有点失望了，不过未来会怎样，你永远无法预料。总有一天，你会做成一笔大买卖，然后巩固你在公司里的地位，不仅仅是作为一名富有创造力的'特立独行者'，"布鲁斯笑着说起了迈克尔之前对我的描述，但他自己也很符合这个词，"而是作为一个潜在的初级合伙人。"

几周前，他曾悄悄地跟我提过，在几个月后的年度投票中，我和一个年纪稍长、叫贾维斯的同事已被提名，不过我的胜算极小。

"好吧，我并没有抱很大的希望。"我笑道。

"就像我之前说的，如果这一轮你通过了，那你就是有史以来最年轻的初级合伙人，但我们不要太得意忘形。要不是觉得你有机会，我自然也不会推荐你。"

"真的很谢谢您。"

"我的工作就是确保合适的高级顾问得到晋升，"他停顿了一下，似乎是在小心翼翼地寻找合适的措辞，这对布鲁斯来说很不寻常，"这也是为什么我不太喜欢关于你私生活的传闻。"

不成文规则

突然间，我学生时期与校长的"闲聊"仿佛在重演。我和布鲁斯从来没有讨论过我的私生活。不过话又说回来，对于自己是同性恋这件事，我很自豪，甚至比上学的时候还要自豪，任何一个同事问起来，我都会跟他那么说。布鲁斯从来就没问过，迈克尔也没有。但是他们的秘书（尤其是迈克尔的私人助理海伦）都是我的朋友，那两人已经知道了我的私生活里不为人知的细节，所以我一直以为他俩的老板对此也有了大概的了解，只是选择不提。直到现在，我还以为他们是可以接受我的私生活的。

"这事只有咱俩知道，我不希望你对此有什么行动。不过我注意到贾维斯正在跟合伙人谈话，关于你是否应当晋升的问题。"

"什么？"

布鲁斯颇有长辈风范地挥了挥手，让我冷静下来。

"他似乎意识到，你们两个人中只有一个能够晋升为初级合伙人，而他并不希望这个人是你。"

令我吃惊的是，我发觉自己并没有很惊讶。贾维斯给我的印象一直就像一个残酷无情、上过演讲技巧课的街头小贩，成了伦敦证券交易所的一名残酷无情的证券交易员。

"关于我的私生活，他到底说了什么？"

"哦，没说什么坏话，没什么可指摘的，就是一些含沙射影的话，他很担忧之类的。你知道，就是那种话。"

"不，我不知道。"当然了，我猜得到。

"比如：'我知道这是我的问题，不是彼得的，但他的生活方式真的很令我困扰。我知道那是他的私生活，跟他的工作毫无关系，我也知道他非常有才华，是公司很重要的财富，可我真的很担心我们的客户会怎么想，毕竟有些客户是很保守的。不论我们怎么看待彼得的人生选择，我们都必须把客户的感受放在第一位。'贾维斯这么说真的很聪明，"布鲁斯并不是在评价贾维斯的智商，"他最后说的话听起来像特蕾莎修女，但其实是在背后冲你捅一把毒刀子！"

非常聪明。我和布鲁斯一致同意，我没什么其他能做的，除了继续在工作上努力表现得优秀。说完，跟导师的这次汇报就结束了，我回到了九楼，心里清楚得很，贾维斯的办公室在六楼。

接下来的两小时，我整个人都有点泄气，但还是搞定了第二天要去都柏林给客户做的演讲的终稿。我的秘书兴奋地把头从门外探了进来，同时往我的文件盘里放了几张纸，然后开始传达她的消息："传真室刚刚打来电话，说有一封给你的信传真过来了，一定很紧急。不过办公室的勤杂员出去买传真纸了，因为纸刚用完，所以你很幸运，信传了过来；他们说你的信刚一打出来，机器就开始哔哔作响。总之，你的传真很安全，但没人能给你拿上来，因为那里现在只有一个人。你是想让我下去帮你拿，还是可以等等？只是我还在完成你要求的最终修正，而且一小时之内我就得走，今晚要跟那个意大利人再约一次会，到了家还得准备至少半小时，而且——"

"他们有说是谁寄的吗？"

"说了，是英国石油公司。"

我已经从办公桌前站起来了，侧身走过她身旁，来到走廊里，走之前我向她保证："不用担心，我可以自己拿。"

我一路小跑到电梯跟前，但是我等不及了，三步并作一步地从疏散楼梯上往下跳，下到六楼的时候跳向了前台。

"很忙啊，小伙子！"一名衣冠整洁的年轻接待员轻松欢快地叫道。

"执行任务呢！"另一名接待员插嘴道。我一边回以微笑，一边放慢奔跑的速度，快步走了起来。我绕过一个拐角进入主廊，拐进一条不长的侧廊，然后进入一个办公室大小的房间，里面有一台电传机、一台复印机和两台传真机，还有一名中年妇女。

"你应该有要给我的传真吧？"

"是的，亲爱的，在这里。"

我从她手里接过那张闪亮的传真纸。她已经把连续式热敏纸裁成了两张大小大致相同的纸，好匹配两页原件。传真纸是从卷轴末端出来的，因此紧紧卷了起来，我每次就只能看一段。传真结束后，我把那两张纸平放到桌面上，伸手按住，不让它们再卷起来，然后又完整地读了一遍。

"是好消息吗，亲爱的？"

我欣喜若狂地转向她。"世界是我的了！"

　　我一把抓起卷曲的传真纸，沿着权力走廊朝布鲁斯的办公室走去。如果他的门是关着的，我的胜利前行就只能以一种很扫兴的方式结束。幸运的是，他办公室的门大开着，看到我走向他后他便招呼我进去，于是我步履不停，直接进去。我们俩谁也没说话，我把传真递了过去。他很快就看完了。看完第一页的时候，他在微笑。看完第二页的时候，他做出了判断："这改变了一切！"

　　他从办公桌前蹦了起来，大步流星地穿过走廊，进入海伦的办公室，我从来没见他走得这么快过。

　　"他有空吗？"

　　"我想他正在专心跟帕特里斯开会。"

　　"那更好了！"

　　布鲁斯敷衍地敲了敲迈克尔的门，没等门内的人应声就闯了进去。

　　"我知道你肯定想看看这个。"他为我们突如其来的造访解释了一下。帕特里斯看起来很恼火，但只能接受被打断的事实。然后他看到了布鲁斯身后的我，就又恼火起来。迈克尔则相反，他看见了我，微笑着表示欢迎，欢迎中还带着好奇。

　　"这是什么？"他接过那两张纸，将它们铺在他宽大的桌面上，用其他东西固定住后开始阅读。

　　"啊哈！"

　　他一定是读到了英国石油公司的人说，他们不是要用"不成文规则"技术分析他们的一个网站（像我所希望的那样），而是决定用这种技术评估他们的十个网站。

　　"哦，你干得好！"

他抬起头对我笑了一下，然后低下头去快速把结尾读完。他一定看到英国石油公司具体承诺支付多少钱了——开头是一个数字，后面跟了许多0，个数十分令人满意，还包括了开支。

帕特里斯再也忍不住自己的好奇心了。"请问是什么好消息？"

布鲁斯可没法放弃这个自吹自擂的机会。"嗯，帕特里斯，关于你今天在吃午饭时发表的评论，我很高兴地通知你，这名年轻人——彼得，已经找到了一位非常博学、非常富有的客户，这位客户似乎更喜欢棉花糖，而不是比利时巧克力。"

帕特里斯一脸茫然，布鲁斯就又补充道："许多许多的棉花糖！"

几周后，我和弗朗西斯碰了碰彼此的细长香槟杯，弗朗西斯向我敬酒："为史上最年轻的初级合伙人干杯！"

"你知道吗，下周他们就会让我搬到六楼去——离迈克尔只有四间办公室的距离，"不出所料，弗朗西斯看上去很吃惊，"只是碰巧有空的办公室，"我承认道，"所以这并不真的意味着什么。尽管如此，贾维斯的办公室可是离得很远呢！"

"很好！"他又喝了一口酒，"那这一切对你的'不成文规则'这个想法意味着什么呢？一般来说意味着什么？"

"呃，首先，大家会更重视我一点。只要我为公司赚钱，我就能被接纳。现在我是一名初级合伙人了，可以比之前多做一点自己的事。"

"你一直都在做你自己的事！"

在接下来的两年里，我们还有两件值得庆祝的重要事情。我们的十二周年纪念日也是我们合法变更姓氏后正式生效的第一天。我们现在是斯科特－摩根先生，我们俩都高兴极了。我担心过我的父母对此会做何反应，但事实上他们俩泰然处之。妈妈还跟我们说，我们应该为自己勇敢地与偏见抗争，并取得如此成就感到十分自豪。这表明妈妈和爸爸已经接受了我跟弗朗西斯的关系，甚至开始为我们祝福。她没有直接对我说，却特地跟弗朗西斯说过，对于之前她对待我们的方式，她感到很愧疚，也觉得我和弗朗西斯都非常勇敢，而且遇见弗朗西斯是发生在我身上最好的事情——我不能更同意了。

第二件事同样重要，因为它意味着我们的生活方式和生活环境发生了彻底的改变。我在美国波士顿的阿瑟·D. 利特尔总部度过了一周，上司要我给所有对"不成文规则"感兴趣的人做演讲。我自然是答应了；一切似乎都进展顺利，我也没有多想。周末我跟负责所有北美管理咨询业务的总经理开会时，她随口说了一句："我想派一个小组去伦敦待六个月，向你学习如何利用'不成文规则'进行分析。"

这是我没有预料到的。但是不到一秒，我的大脑就做了一个改变我人生的决定。这个决定给我的感觉很好，我未经思考就快速回答了她："不，不，我搬到美国住六个月效率会更高。那样我就可以教会所有你想让我教的人。"

她马上就答应了。

我打电话给弗朗西斯，他也立刻就同意了，条件是他会跟我一起去。我到家后跟他进行了深入的探讨，他的态度也毫不含糊："这是你的大好机会，我们一定得全力以赴。在伦敦分部这样的地方待着，事情永远不会有起色，但是在美国，谁知道会发生什么？我们并不希望自己余生都在后悔'如果……会怎样？'。现在正是我们努力争取的时候！"

基于这一决定，他递交了辞呈，我们把房子挂到了交易市场上，把我们的两只设得兰牧羊犬交给父母轮流照顾，并准备好搬到马萨诸塞州的波士顿。我们的宏伟计划是在美国发家致富，并永远留在那里。那是我们的梦想。

现实是，弗朗西斯从来没有真正到过波士顿，除了旅游签证，他没有任何其他的美国签证，而且，在阿瑟·D.利特尔看来，我这只是临时的工作调动。通知我搬到美国的邮件讲得非常明确：我最多只能住六个月。

美国梦

颇为不祥的是，我和弗朗西斯到达马萨诸塞州的时候，当地正值紧急状态：大雪阻断了一切交通。我们俩镇定自若地让司机把我们送到"波士顿市中心"，从白雪皑皑、有着金色穹顶的州议会大厦出发，沿着积雪更厚的人行道艰难前行。颇为吉利的是，我们到达的第一栋公寓楼有一间刚刚空出来的工作室，在高层，可以欣赏到绚丽的城市景观。我们抓住了这个机会。租房只用了我们不到一小时的时间，房子离州议会大厦不到百步远。我们真的到美国了。

事实证明，波士顿市中心是个居住的好地方，好到我们有一瞬间动了在这儿买个房子的念头；我们并不想被按期遣返回英国。为此，从我们踏上美国土地的那一刻起，我就开始孜孜不倦地努力。我要撬开阿瑟·D.利特尔给我的机会之窗，这窗户严实得很，只给我六个月的期限，不过它已经逐渐裂开了。

尽管我们搬到美国的时候很清楚这只是一次短期安排，但到美国后不久，我就已经被介绍为"来这儿待一年的彼得"。几个月后我的正式调动文件到了，上面清楚地写着我将在美国待"至少两年，经双方同意可延长时间"。

就这样，在美国梦里生活了六个月之后，我的机会之窗对我大大地敞开，我的梦想也相应地不再受限，我被领进了阿瑟·D.利特尔总部企业营销主管那位于顶层的宽敞办公室。

"进来，进来，进来！"主管看起来四十多岁，讲话带有东海岸口音，说明他受过良好的教育，穿着也与其背景相称。"所以，一切都结束了，嗯？"

我坐在一把不怎么舒服的设计师椅子上，和他之间隔着一张咖啡桌。从他的窗户向外望去，我可以欣赏到整个巨大的橡子园，园区里散布着实验室、办公室和停机坪，湖里还游着几只加拿大鹅。我的办公室在隔壁楼里，却几乎连扇窗户都没有。我还喜欢他办公室里开着的空调，很凉爽，和新英格兰的冬天似的。与此相对的是，今天室外无比热，无比潮湿。

"所以，彼得，像我说的，总裁晚宴都结束了，我猜你应该想汇报一下？"

总裁晚宴有八场，在全美的主要城市举办，一直以来都是件大事。阿瑟·D.利特尔每年只举办一次，只有首席执行官才会受到邀请。1993 年的这八场晚宴，我是唯一的演讲人——我四十分钟的演讲《游戏的不成文规则》（"The Unwritten Rules Of the Game"）被巧妙地安排在主菜和甜点之间。总裁晚宴确实是件大事，连在波士顿大雪纷飞的糟糕二月里，我跟弗朗西斯去基韦斯特度假一周时，阿瑟·D.利特尔都体贴地派了两个人飞去跟我一起（穿着 T 恤坐在泳池旁边）商讨演讲事宜，而不是让我提前飞回波士顿。

"事实上，我有一个想法，关于如何让我们实现比总裁晚宴还进一步的成功。"

"嗯，这是我们今年最大的一笔营销投资，所以越能把它利用起来越好。你是怎么想的？"

"我想写本书。"

他的脸僵住了。这可不是什么好兆头。

"啊！"这更不妙了。"我并不确定。"绝对是个坏兆头。"你看，有些想法完全适合写成文章在杂志上发表，或者在演讲里阐述，就像你在总裁晚宴上做的那样，非常出色。但是……"这个悬而未决的"但是"加上他之后思考如何措辞前的停顿是个非常令人痛苦的坏兆头，"同样的想法要是得填满一整本书的话，可能会有点单薄。"

接下来的半小时，我一直在试着说服他我能写出一本好书。

"我只是需要一些时间。"我总结道，直视着他，希望我说的话能起到作用。

"我很抱歉，但我依旧没有被说服。我们恐怕不能支持你。我认为这根本就不是一本属于阿瑟·D.利特尔的书。抱歉。"

几分钟之后，我穿过高架人行道从总部走向北美管理咨询部。墙上的煤渣砖被粉刷过了，据说是为了模仿附近麻省理工学院的实验室。

"嘿，UROG 先驱！"

跟我打招呼的是一位业绩极好的副总裁，他正从反方向过人行道。我们碰面的时候他总是笑一笑。不过，他似乎一直把我当成一个笑话。我们第一次见面的时候，他漫不经心地对他的同事说："他是个同性恋①，你知道吧。"我很惊讶，但并不惊慌，而是故作无知地回答道："事实上，我根本不抽烟。可如果你特别想抽，我肯定能给你弄来一个烟头。"他笑了，我感觉我通过了某种测试。

"嘿！"他把"游戏的不成文规则"简称为UROG，我也忍了。至少他叫我先驱，算是恭维了我。下了几级楼梯，我突然想到，我现在算是比"特立独行"进步了一点。

又走过几条走廊，我到了我的办公室，它被称作我的办公室也是挺好笑的。这屋子是在预计我只能待几个月的时候分配给我的，比门卫的房间还小，只有一扇可以俯瞰停车场的小窗户。它的位置也令人啼笑皆非。就像指定给我的部门主管第一次介绍我的时候，跟我的新同事们开玩笑讲的那样："我们了解彼得的生活习惯，特地把他的办公室安排在卫生间旁边。"他转向我，被自己的玩笑逗笑了。"我们确定他会喜欢的。"

几个月之后我才知道，我的同事们普遍以为男同性恋闲暇的时候都在厕所里晃悠。不过当时，我只是回答道："虽然位置不太好，但是在这儿办公挺好的！"

我在满是凹痕的金属桌前坐了下来，一人一桌，整间屋子几乎就被填满了。我忠诚的秘书伊莱恩魔术般地出现在门口，只是站在那里；毕竟，屋子里没有足够的空间多容纳一个人。我看得出来她要下班了，因为她本来穿的那双优雅的鞋子换成了运动鞋。

"怎么样？"我给她大概讲了一下，然后她神秘兮兮地朝我靠

---

① 此处的英文为"fag"，既有男同性恋的意思，也有烟头的意思。

了过来。她已经在橡子园工作了几十年，这里自 20 世纪 60 年代以来的八卦她全知道。"不奇怪。他在上一家公司的时候，大家都说'去他的办公室自杀是个好主意'！我的彼得会有办法的……"

一小时后，我整理好公文包，拿起借来的老旧笔记本电脑，不顾夏日的湿热，脚步轻快地走到一英里外的地铁站，搭上地铁，坐到州议会大厦附近。几分钟之后，我就回到我和弗朗西斯的小小公寓里，伴着窗外美国的城市风光，跟他讲我当天的所见所闻。即使已经过去了六个月，我还是盼望着有超人从我们窗外飞过。

"不管怎样，你只要写就行了！"

"什么时候写？"

"周末的时候。"

我确实在周末写了。五周（非常久）后，我把一份接近定稿的《游戏的不成文规则》交给了我的总经理。我刚刚写好，花了很长时间思考，从我过去几年的每一次演讲、培训课和所有模糊的想法中吸取灵感。我猜这整份书稿会被一个又一个编辑拒绝，所以我只是边参加演讲边写作。

我认为，在把书稿寄给出版商之前，没有人可以真正读到它——所有人都想当然地以为别人已经读过了。不论事实如何，当麦格劳 - 希尔出版公司把这本书作为其 1994 年春季目录的主打书出版的时候，整份书稿中只有五个词做过改动，其中还有两个是脏话。

在 1994 年，我从"特立独行者"变为"先驱"，这莫名其妙的升级把我带入了上层圈子，媒体（以及愿意掏出真金白银的公司）开始称我为专家。我被一家国际演讲机构签约，还成为这家机构的正式合伙人。突然间我就成了一个拥有无限潜力的创收者。如果我的同事之前没有读过我的书，我参加在达沃斯召开的世界经济论坛并做完演讲后，他们肯定读了。他们还邀请我去他们所在的国家（阿瑟·D.利特尔在世界上的大多数地区都有据点），结果发现我今年剩下的时间都被预订了，但是我可以把去他们所在的据点安排在1995年6月左右……如果我愿意的话。

为了庆祝这一年的成功，我和弗朗西斯买下了一间路易十四时期的舞厅和一辆肌肉车。准确来说，我们爱上了一栋大公寓，并申请了巨额抵押贷款把它买了下来。这栋公寓位于一排建于19世纪60年代的褐砂石联排别墅中，别墅区就在联邦大道上。这条树木繁茂的林荫大道靠近波士顿公园，就在市中心。公寓主厅以前是巨大的洛可可式舞厅，镶嵌着取自法国城堡的巨大而复杂的雕刻。我们可能是在过度补偿共同生活在第一个公寓里时吃的苦，那时候我们还得用透明胶带把漏风的窗户堵好，这记忆到现在还很鲜活。

我们的第二次购物要克制得多。我们知道我们想要的汽车的感觉，只是不知道怎么买到这样的车。我找到了橡子园的一位高级顾问，他正好是美国汽车行业的世界级专家。我向他解释了我的困境。

"啊，你说的是肌肉车！"

他给了我几个名字，我和弗朗西斯找来一些目录，最后决定买一辆庞蒂亚克火鸟。弗朗西斯给大波士顿地区的一个经销商打了电话，说："是的，我们想要活动车顶。是的，整个车身都要最鲜艳的红色。不，我们不需要试驾。不，我们没开过这样的车，事实上，我们见没见过都难说。是的，这辆车在目录上看起来棒极了，而且我相信它自带引擎。"

当我们戴着面罩形太阳镜以避免夏日强光的照射，沿着联邦大道呼啸而下，打开车顶棚，听着自动换碟机的多音箱发出的巨大声响，我们也是在庆祝移民美国的小小胜利。

自从我们搬到美国，弗朗西斯就一直面临着被拒绝入境的风险。我是在执行公司的人事调动，而弗朗西斯只是来"旅游"。法律上规定，人事调动者的未婚伴侣可以任意进出美国，不限次数，但是弗朗西斯并没有被承认为我的未婚伴侣。这似乎并不公平。我们请了一位移民律师来为我们申诉，最后，官方的法律说明承认了在定义未婚伴侣方面，性别是无关因素。弗朗西斯"挥舞"着他崭新的入境权飞到了洛根机场；这开创了法律先例，而这一先例也被美国所有的移民律师了解。我们成功了。

由于需要吸引我去某个偏远的国家而不是其他国家访问，整个阿瑟·D.利特尔公司中形成了一种竞争的态势，世界各地的办公室都在吸引客户（还有吸引我，如果弗朗西斯喜欢那个地方的话，他一般也跟我一起去）参加一次"不成文规则"的盛会上展现超过同事的创造力。

不到几个月，演讲就成了我的生活。很令人振奋，但也很累。所有人都以为我是个外向的工作狂，对这一切得心应手。事实上，每次我跟弗朗西斯有机会休息几天，我都不会查看我的语音信箱或电子邮件，这对我来说轻轻松松。我努力工作，那是因为我在学校里被训练成了这样。而我拿到的每一份心理画像都显示我是个内向的人，只不过学会了伪装。如果有机会，我都会以工作为借口逃掉跟同事的聚餐，然后逃到酒店房间里点送餐服务，再继续工作。

两年后，我开始学习"巡回演出"这一不成文的规则，但是也耗尽了精力。我刚刚结束了为期八天的环球旅行——从西半球到东半球，加重了我的时差综合征。途中我做了七场演讲。到最后一站的时候，我花在自动驾驶仪上的时间比花在飞机上的都多。我对远东地区的唯一记忆就是跟一名记者介绍自己为"彼得·斯科特-摩根"时，她看起来十分失望。

"他来不了吗？"

我跟她解释说他来得了，因为我就是彼得·斯科特-摩根。她倏地笑了起来。

"哦，我还以为你会又老又胖呢！"

除此之外，所有关于异域东方的记忆对我而言都很模糊。弗朗西斯说，如果忙碌的环球"巡演"对我们有任何好处的话，这种留不下什么回忆的旅行也算是可以接受的代价了。事实上，所有的书籍版税和演讲收入都进了阿瑟·D.利特尔的口袋。更糟糕的是，现在新来了一位总经理，他在管理方面有着固执的一刀切观念，无论如何我都是无法适应的。老实说，有他在，我也不想适应。弗朗西斯一如既往地支持我的"反叛"。

"我要单干。"我告诉总经理。

"你做不长久的，彼得。你没有这个能力。外面的世界很冷！"

"好极了！"我不想延长谈话时间，"从我十几岁起，人们就一直说我会下地狱、被火烧。冷一点倒是个不错的改变。"

不等他回应，我就离开了，朝着未知走去。

我和达斯

"艾利特博士！"

"斯科特 - 摩根博士！"

虽然我们之前的联系限于邮件，但这次视频会面我似乎开了个好头："要说这个世界上我最想跟谁探讨语音合成，那没人比您更合适了……"

我这么说听起来夸大其词，但确确实实是我的心里话。我做过功课，研究过世界上所有拥有语音克隆技术的公司。语音克隆主要是让电脑模拟特定人声。我希望电脑能够发出我自己的声音。于是，综合所有调查结果，我认为位于爱丁堡的一家公司是我的最佳选择。这家公司叫塞雷普罗克（CereProc），是"大脑处理"（cerebral processing）的缩写，充分反映了其创始人的想法。我设法打电话联系到了其中一位创始人，他也是首席科学官——这个头衔让他听起来像是在美国海军的企业号航空母舰上工作的船员，无疑是个好兆头。

为了改变世界，我查阅了大量与语音克隆技术相关的研究，了解了该技术在世界各国的发展现状。这些研究资料来自美国、日本、欧洲和英国。美国的还比较容易获取，日本的就有点难度了，欧洲的好很多，而英国的可谓相当容易。可不管在哪里，我意识到我需要一张"名片"，于是我提前录了个短视频，说明我的意图，告诉他们我想招募一群伙伴加入我的"反抗者联盟"，打破现状。这也是我第一次向社交媒体进军。要知道，我有英国电视四台摄制组团队的支持，所以厚着脸皮好好地利用起来。当时，摄制组团队的部分成员就在苏格兰，他们帮我录下了整个视频谈话的内容。

"来，马修，快跟我一五一十地讲讲你的研究！"

他热情洋溢地描述起他们团队最近正在从事的尖端项目。我一开始还以为他比我年长大概十岁，而后想起我现在的岁数，才意识到原来他比我小十到二十岁。他浑身散发着少年的那种激情和不羁的气息，在接下来的一小时里，我越来越喜欢他，也许他同意尽全力帮助合成我的声音也起到了些许推动作用……

几周后，我和弗朗西斯驱车下乡，攀上陡峭的斜坡，来到一栋别墅旁的一家大型录音室，周围都是辽阔的田野。摄制组已经在里面就位，他们先重拍了我坐着伸缩电梯从新买的 WAV 上下来的镜头，之后我们进入录音室，见到了录音师欧文。他非常专业，也相当体贴。

录音分次进行，每五小时一轮。第一轮下来，成果斐然。塞雷普罗克提供了数千个词条供我们录音，这些词条是我有可能在未来使用的所有声音组合，跟用在卫星导航等商务系统里的别无二致。还有一些词条由我自己精挑细选，因为我想将它们完整保留下来，其中一个还拖慢了整个录音的进度。

"没记错的话，这种情况下使用的贴切表达应该是……"我又继续列了几个词条作为结束——"搞砸了""乱套了"，程度更强的是"真是胡闹"，最强的是"妈的瞎闹"。

"抱歉，刚才录进去一点杂音，可以请你再来一遍吗？"镜头后的工作人员开口说道。

"我这里听起来没问题。"欧文反驳道。

"不，是我的问题！"制片人兼导演马特说道，言语间充满歉意，"我不小心笑出声了。"

松木制片厂坐落于伦敦郊区，是《星球大战》和"007"系列电影的拍摄地。现在，我和弗朗西斯驾车飞驰在这里的金手指大道上，电视四台摄制组的镜头一路跟随。这是为了把我在镜头下的脸转变成一个有着超高分辨率的化身，使其符合未来的要求。

松木制片厂里的公司多如牛毛，一个叫阿曼达的好人是其中一家公司——至优三维的董事。她不辞辛劳地联系了大量精品公司，说服它们加盟。这些公司可以提供创造化身所需的不同的技能技术，很可能那个"我"会像它们在《星球大战》中创造的莱娅公主一样逼真。当年莱娅公主的饰演者凯丽·费雪其实已经逝世。虽然我不打算死，但是面部肌肉说不定哪天就罢工了。

松木制片厂里有一个大型动作捕捉舞台。舞台很高，显得空空荡荡，但是照明充足。多数情况下，在这里拍摄的最后一个镜头都会经过电脑的处理，包括演员，他们在成片里会变成外星人、动物或者外星动物。镜头的职责仅限于捕捉人的移动方式。于我而言，只有对准我面部的那个摄像头才重要。摄像头录的是一个个标记点，一共有三十多个。

光是点这些像雀斑一样的高科技标记点，就花了我们近一小时。给我绘制标记点的是一个身材魁梧的家伙，根据可靠消息，他是世界上给明星绘制标记点的专家。这种技术艰涩难懂，所以往往报酬颇丰。他手执一小瓶特别的蜜丝佛陀睫毛膏，坚称那就是目前世界上最佳的标记材料，然后参照着电脑上详细的目标示意图，蘸刷，慢慢地举起手，移到我面前，小心翼翼、极其谨慎地轻轻一点。一共点了三十多次。

我做尽了人能做到的所有表情，念了电脑屏幕上接连蹦出的数也数不清的词条，遵照了导演的所有指示（只听得到他的声音，并未见到真人）之后，工作人员终于将我脸上精心绘制的标记点抹去，动作娴熟，随后带我去另一个工作室的照相棚里。

如果我来这里是拍护照照片的话，拍摄效果绝对无与伦比。房间里有五十多台高清摄像机，呈球状把我包围起来。一位面部表情专家悄然走进房间，指导我如何做出正确的表情，又悄悄退了出去。房间里的照明设施全部处于关闭状态，倒数声一落，一道非常刺眼的闪光灯袭来，刺得我的眼睛有几秒钟什么都看不到。随后，我们重复了整个过程。接着又是一遍。总共重复了三十次左右。

我保存了自己的面部动作与性格让我感到非常欣慰。这无疑是我在松木制片厂的一段永久难忘的日子，甚至称得上我在那儿第二深刻的经历，但第一深刻的还是把达斯·维达的黑头盔搂在怀里的时候。那次完全出乎我的意料，我居然在一个导演的办公室里见到了实物。就是这顶熠熠生辉的头盔曾经被戴在大卫·鲍罗斯的头上，亮相于《星球大战 5：帝国反击战》中。它很大。

我们一行人驱车进入帝国理工学院时，我看到了如名字般巍然的女王塔，感到一阵怅然若失。机会溜走了，事业荒废了。我热爱学术。也许在另一个平行宇宙，我会留在帝国理工，而不是自作聪明地飞往世界各地，当什么咨询顾问，白白浪费自己的才能。我会成为一名机器人学教授，获取终身教职，写着经由同行评审的论文，并在学术界享有良好的声誉。我会是一名真正的科学家。

"重返母校的感觉怎么样？"马特问道。这一路他一直手持摄像机和我交谈，大半张脸都被取景器遮住，显然是想拍一个定场镜头。应他的要求，我在讲话时不能直视镜头，只能看向边缘。

"上次来都是三十多年前的事了，回来真好！"

如今的校园，机器人实验室到处都是，我们参观了其中两所。在第一所实验室里，我参与了一项实验：我的右胳膊被绑到一个装配机器人上，随后相关人员启动机器人。这种实验绝对不能在家中尝试，其实健康和安全条例也明确规定人们不得在工厂中进行这种实验，但在学术研究实验室里的话问题就不大。

固定手臂的尼龙搭扣相当紧，整个捆绑的过程都让我有种准备接受某种惩罚，甚至可能被处决的错觉。那铰链装置看起来就很结实，我对把我胳膊绑到上面的两名博士生笑了笑，下意识地希望这可以讨好他们。他们也冲我笑了笑，然后继续手上的动作，给我套了一只臂铠。

"除了我们几个，目前还没有其他人试过。"其中一个博士生说道。

"应该会非常安全。"另一个人补充道，以表示安慰。

实验设计得相当巧妙。我面前的桌子上放有一个橘子和一个碗，位置随机。首先，我要盯着橘子，计算机会根据追踪我视线的摄像头计算出我注视的精确位置，随即启动机械手臂，带动我的右臂移至橘子前，再通过激活臂铠，弯曲我的手指，握住橘子。接着，我的视线转移至碗那儿，机器人以同样的方式移动我的手臂来到碗的上方，臂铠被激活后我会松开橘子，让其掉落到碗中。这能出什么问题？

其实，我的胳膊很有可能在这个过程中脱臼。这种隐忧一直在我的脑海中挥之不去，因为我不知道臂铠会不会比我的胳膊长一点。博士生向我保证，一旦出现这种情况，他们会立刻切断电源，但其中一个人还是调整了一下计算机程序。历经一小时，至少尝试了十二次后，我们终于排除万难，圆满完成了实验，至少橘子最终顺利落在了碗中。我们都欢欣鼓舞，不过可能只有我一个人还感到胳膊酸痛不已。

尽管身体状况不佳，我还是想再进行一项实验。我们重新调整了机械手臂的程序，让它伸出我的右手去握住弗朗西斯的手。三个月以来，这是我第一次能这么做。双手相握的刹那我才发现，能伸出手去触摸自己爱的人竟是如此重要。

来到第二所实验室后，我尝试了一款机器人轮椅，轮椅采用的技术跟无人驾驶汽车很相似。马特兴致勃勃地说这绝对是个好素材。但也许应该有人提前告诉我们这款轮椅尚处实验阶段，可能没有我们想的那么万无一失，所以我要自己承担一切后果。

"我们的轮椅还从来没有坐过残疾人。"教授兴奋地说道。

他的博士生补充说："通常都运转良好。"

的确如此，不过它偶尔会像一个上了年纪、记性不佳、走路颤颤巍巍的老婆婆那样，猛地一个趔趄。尽管如此，它还是成功绕过了挡在终点的屏幕。总体来说，表现颇佳。我都能想到马特在镜头后兴奋异常——最佳镜头就此诞生。好景不长，机载计算机突然出现故障，自动进入搜索模式，导致轮椅开始不断打转，很快，载着我一起。

好消息是，轮椅安装了可以即刻关闭整个系统的按钮，只要按下去，便可以结束这一"死亡之旅"。但坏消息是，按钮在轮椅右手边。近来我的右手已经完全丧失了活动能力。

那名博士生见我陷入困境（转得实在太快，只能看到虚影），好心走了过来，想帮我按下按钮。但以当时的旋转速度，他失手了，不幸的是，轮椅把手没有失手，给了他一击。他惊住了，完全没想到自己研发的程序会带来如此巨大的疼痛。几经心理建设，他终于鼓起勇气，再次做出了尝试。他的教授一直在旁边下达指令，言辞越来越激烈，现在想来，可能无济于事。

博士生对准按钮戳了下去，再次失手，把手又一次袭击了他，再得一分。我坐在轮椅上，感觉整个房间又转了起来。这场人机大战进入终极对抗阶段，我正位于战争的核心位置。椅子转啊转，飞速地转着。在这场死亡之舞中，我忠诚的博士生摆好姿势站在那里，化身斗牛士，试图给对方最后一击。但没能成功，他往旁边一闪，再次尝试，依旧失败。教授还在继续鼓励，滔滔不绝。

战争仿佛持续了数年之久。

　　最终，电源被切断了。不知道是谁摁了哪儿才做到的。也许是电池没电，自动关了。不管是哪种情况，轮椅突然停止了，但整个房间还在我眼前旋转，过了好一会儿，我才确认自己现在开口的话不会吐出来。所有人都关切地问我怎么样。我判断了一下当时的形势。那名博士生可怜巴巴地站在那儿，困窘异常，脸憋得像要吐出来一样。我的状态跟他相比几乎没区别，一样狼狈不堪，恶心想吐。教授的脸色也不怎么好，正等着看我会有什么反应。

　　"嗯，真是有趣极了！研究非常出色。干得好！"

快马加鞭

"我悟到了。"我吐露道，和弗朗西斯一起漫步在丰沙尔海边的步道上。因为比其他人早下船，我们便能享受到马德拉岛和煦的阳光，而非炎炎烈日。我把查利的操纵杆使劲往前一推，不仅能跟上弗朗西斯相对轻快的步伐，还能感受微风拂面的清凉。

"这样下去，你一会儿可能要涂药膏了……"

丰沙尔的步道修得特别宽阔，由一块块小小的瓷砖拼接而成，看上去赏心悦目。我记得走在上面也十分舒适。但是现在，坐在快速前进的轮椅上，我感觉自己坐的是一挺达到最大射速的机关枪，而我的声音听起来就像《神秘博士》中的机器人戴立克和斯蒂芬·霍金的结合体。

"我想明白了，还好我当初没有继续做学术，不然就大错特错了。"

"那是肯定的啊！"

"对，但最近几天我还总是在想，要是当年我没有为反抗而选择帝国理工学院就好了，那我就可以徜徉在哈佛大学梦幻般的尖顶建筑群里，乘着平底船复习功课，最后成为一名大学教师，在智慧的象牙塔里过着低调平凡的日子，什么也不用操心，只要全身心投入，突破知识的边界就可以了。"

"那是因为你还受着温布尔登的影响！那份归属感，那份处于权力核心的感觉一直潜藏在你的心底，从未被忘却。我就从来没有这种感觉。部分的你肯定希望当时没有被迫出走，选择现在的道路。"

"我是逃走的！随便吧，反正现在是不会了。"

"不会怎样？"

"不会再希望自己当初去上哈佛，然后留在学术界。好吧，至少目前不希望。这就是我的想法。"

"那你根本就不会遇到我了！"

我们停在十字路口等待绿灯，车辆川流不息。

"我一定会遇到你的！不，我想说的是，在过去几个月里，我意识到如果在我感兴趣的领域继续进行学术研究的话，研究过程会是多么缓慢，研究范围又会是多么狭窄。每一个研究项目基本都需要一至两名博士生，花费至少三年的时间才能完成。他们虽然很有创造力，但非常缺乏经验，经费也不足。而且就我所知，他们做的那些研究根本没办法和大型公司研究实验室里做的那些相提并论。"

马路对面，发光的绿色小人开始嘟嘟作响，数字也进入了倒计时。我小心翼翼地沿着步道驶下陡峭的斜坡。我们刚刚安全到达马路对面，车辆就从我们身后飞驰而过。

"这是你被远程传送到那些实验室里发现的？"

当时，马特和摄制组成员在美国波士顿，而我舒舒服服地待在位于托基的家里，进行第二场拍摄。在远程监控机器人的帮助下，我借助宽带连接和在德雷珀实验室（Draper Laboratory）的他们"会面"了。我仿佛身临其境般，可以切切实实地去看、去听，还可以环顾四周，去到我想去的任何位置。我甚至在长长的走廊上，边走边跟人进行了一场谈话。一切都十分真实。

"他们实在是了不起！"我在小时候就听说过德雷珀实验室，知道它旗下的科学家研发出了导航计算机，为人类往返月球保驾护航。"但是在改变人类存在的意义这方面，就连他们也没有做出相应的研究。我得想办法联合实力最强的一批大型企业。要想有所改变、取得突破，一切都得飞速前进，所有人都得胸怀壮志。我可没在学术领域发现这样的速度和雄心。"

我们走上一条陡峭拥挤的小路，路上摆着咖啡桌，行人来来往往，时不时有货车经过。

"但那些企业为什么要加入？说到底，它们都是营利性企业。加入对它们有什么好处？"

"我不知道，但我确实知道应该开始行动了。我要想办法把消息散布出去，设法引起这些尖端企业中精英中的精英的兴趣，说服他们加入我们的'反抗者联盟'。我的最后一次公开演讲将会成为一次测试，看看消息的传播效果，看看会不会有人把我的计划当回事。"

"哦，你真的觉得那么做明智吗？这可是一场医学会议，而你却打算做一场主题演讲。特蕾西不是跟你说过要'让他们兴奋起来'吗？他们都是医疗保健领域的专家，你也知道这些人有多保守。他们对人工智能、机器人学和化身没兴趣。你要是像打算的那样做得太过，反而会让他们失去兴趣，甚至可能反对你的计划。而且这是你最后一场大型演讲，应该是一次胜利，而不是一种对抗。你要是搞得太像科幻小说，他们也许会嘲笑你，或者喝倒彩。"

"那倒会是个不错的测试！"

一辆白色货车蓦然出现在我们身后，近得几乎贴到查利。显而易见，这名司机没想到会有一辆轮椅出现在这条行人常走的小路上。不过也有可能是因为他就不喜欢残疾人。他一边踩下油门，一边按着喇叭，声音尖锐刺耳。弗朗西斯挪到咖啡桌间，给货车让路。我觉得他如此对待这名司机太客气了。我停在原地，"啪"的一声打开开关，按了四次按钮。

博动公司在收到我对查利的设计说明时，问过我希望查利能跑多快。我回答说："越快越好。"收到查利后，我也问过博动公司它最快的速度是多少。工作人员提醒我只能在私有土地上使用查利，因为它的最快速度是法律规定的最高限速的两倍。这很合我意。

货车前的一群行人不堪喇叭的侵扰，让了开来，空出部分道路。这可是让查利大展身手的好机会。毕竟，这里应该也算是一条私有道路。此外，马德拉的交通规则肯定跟英国的不一样，而且这里的柏油路看上去还蛮平坦的。

我稍做等待，静候货车司机再次鸣笛。"嘟"声一过，我猛地将查利的操纵杆推到头。精密复杂的比例控制软件立时将引擎发出的最大扭矩传给驱动轮。轮胎紧紧地抓着柏油路面，我仿佛一只逃离运动神经元病地狱的蝙蝠，在"弹弓"的作用下"嗖"地飞射出去。

　　我驾驶着查利飞速穿过人群让出的空隙，速度越来越快。虽然提速已超过三秒，查利却还没有达到极限，这让我非常满意。轮椅电动机发出的平稳的嗡嗡声充斥着我的双耳，其间，我依稀分辨出货车引擎低沉的咆哮声。司机还在穷追不舍，试图跟上我。

　　十分不幸，货车的柴油机似乎无法胜任这一工作。更糟的是，查利要通过我选择的路线是轻而易举，可对司机那辆庞大的货车来说却是困难重重。很快，那饱含挫败感的鸣笛声，那引擎不断加速的轰鸣声就消散在了我的耳畔。而我的查利呢，它才开始发力，在攀近坡顶时仍继续加速。我松开操纵杆，启动再生制动，在安全带和横向支撑的保护下，来了个完美的紧急刹车，一点没打滑，一点没打弯。查利的这次测试绝对称得上大获全胜。

彩虹与幽魂

人生就是追逐彩虹、逃离幽魂的过程。

至少我的感觉是如此，我还就此总结出一套运作机制理论。在我看来，一切都可以追溯至做人的不成文规则中去。我是这样想的：所有人这一生都在追逐彩虹、逃离幽魂。这没什么，是我们之所以为人的原因之一。毕竟，我们都是追梦人，也都会感到恐惧。但是，我们的希望和恐惧并不是生而为人最重要的要素，真正定义我们的是我们在面对希望、面对恐惧时的反应，这也是做人的本质意义所在。

要记住：在追逐彩虹、逃离幽魂的过程中，你可以害怕，但也可以比想象中更坚强；你可以有不切实际的梦，但你内心潜藏的梦想对他人来讲也许是超出你想象的激励；你可以只是活着，但也可以选择好好活着。

一路上，我们有时会被幽魂抓住，这时，拥抱它，它就会失去欺凌我们的能力。彩虹有时会被狂风暴雨遮蔽，这时，点亮一盏明灯，将光明照进暴雨中，编织我们自己的彩虹。

总之，要记住：当希望和恐惧在我们的内心深处发生冲突时，如果我们有意打破规则，改变现状，挣脱命运的枷锁，有时我们确实可以改变整个世界，即使希望渺茫。

倘若每个人都是一座孤岛，我们便不能取得这般丰功伟绩。但要是与志同道合、有着自由思想的人交往，日益壮大反抗者联盟，一同摆脱过去的桎梏，绘制崭新的命运蓝图，任何人都能重新谱写未来的篇章。

至少在地球上，只有人类能够实现这样的改变。尽管其他的高级灵长类动物有着自己的语言，会说谎，遭受着痛苦，会使用工具，展现出了复杂的学习能力，也能做出长远的打算，但只有我们人类才能有意地打破规则，或者选择遵守规则。正是这种能力让我们变得坚韧不拔。

在推动人类文明进步的过程中，打破规则最为关键，是一项令人为之惊叹的特质。人类在利己的创造力与利他的束缚中、在无畏的作风与直觉性的风险评估中达到了一种独一无二的平衡。更为重要的是，这项特质界定了人类这个物种，也定义了我们的社会：有意打破规则让我们成为人类，遵守保留下来的规则构成了文明社会。

我已经一刻不停地讲了三十分钟，虽然有麦克风和音响，我的声音听起来仍是非常疲惫，这种经历我还从未有过。以前，不用借助任何扩音设备，我就可以对着一大屋子人滔滔不绝地一连讲上几小时，而且丝毫不觉得不适。对此我深感自豪。但这一次，离演讲结束还有十分钟，我能一点都不咳地坚持到最后已是万幸。还好，弗朗西斯坐在最前排，手里拿着一大杯水，以防万一。

演讲厅里满满当当都是人，四面墙上贴着海报，提醒在座的一百五十位嘉宾自己正在参加的是一场医学会议。会议进行到现在，他们一直在专注地聆听，在我想让他们笑的时候放声大笑，在我坦承自己目前的处境时表情肃穆。由此，我想要赌一把的想法越来越强烈，不知道他们值不值得我冒险告诉他们"二号结尾"。

我记下了所有的备用演讲稿。之所以要一字不落地全部记下，是因为我的双手已经在两周前彻底瘫痪，连提示卡都用不了。但这是我的最后一场大型演讲了，值得做出努力。不过，他们准备好迎接反抗者的呐喊了吗？我想先说完接下来的这部分再做决定。现在，我最喜欢的画面即将重新上演，就是弗朗西斯向我问及我疯狂的想法时，我跟他说的那些。这是一场测试。

"想象一下我几年后的生活。我会在等待治愈良方的同时，重新直立行走，穿过芳草茂盛的高原，来到巨大的悬崖边上。奇异的鸟儿在靛蓝色的天空中鸣叫，而我牵着弗朗西斯的手，和他肩并肩地站在那里，青春永驻，俯视着遥远的星系间美丽又陌生的景色。然后我们会毫不费力地起飞，飞到另一座山巅，注视着两个太阳从碧绿的海平面上冉冉升起，感受完美到不可思议的日出。就在这些时刻……"我停顿了一下——测试来了，"我们将会获得自由。"

他们现在不再只是心无旁骛的听众了。我清楚地知道自己无法继续挥舞那两只瘦骨嶙峋的手臂，只能尽全力将激情倾注在声音中。但是我的声音变得虚弱，上气不接下气，仿佛已至垂暮之年。不过，我的一字一句还是紧紧牵动着听众的心。他们有的目瞪口呆，有的热泪盈眶，有的面带微笑，有的笑泪交织。他们通过了测试，准备好了迎接"二号结尾"。我徐徐开口："我的未来并不会真的那么糟……"

是时候进入尾声了。

"好了，说到这儿，该结束了，尤其是因为你们可能也听到了，我的呼吸已经喘到令人心碎。"

确实如此。

"那么，就让我以自己对未来最重要的展望来结束这次演讲……其实，我的第一次大型演讲是在 1983 年的芝加哥，当时我是一名博士生，当着一千名代表在机器人学研讨会上发表了讲话。那时的我乐观得惊人。我还清楚地记得看到一种激动人心的未来在向我招手时的那种感觉。我坚信，只要我们足够聪明，足够勇敢，足够擅长各种尖端技术，不管前方命运如何，我们都能改写未来，改变世界。那时的我会昂首站立。"

那次演讲仿佛发生在去年，历历在目。只不过观众更多，情境截然不同。

"如今，三十五年过去了，我就要结束此生最后一次公开演讲，至少是我下了功夫的最后一次演讲。如果是在好莱坞大片里，这一定是个悲情时刻。剧本上写得明明白白：可悲可叹，不可阻挡的彼得终于还是屈服了。他是一名受害者，即将被剥夺自己刚刚展示的一切，再也无法说话，无法传递感情、表达个性，无法伸出手触摸他爱的人，再也无法昂首站立。"

整场演讲中，这是我第一次将严酷的事实摆在听众面前，他们看起来仿佛被我扇了一耳光。

很好。

"毕竟,我们已经习惯于接受这样的事实,毋庸置疑。先前的每一代人,无论是谁被诊断为运动神经元病,他的未来只有灰暗。"

一片死寂。我没有继续说下去,在心中默数了五秒,痛苦难熬的五秒。

"但是……"

又是一片死寂。接着,我凝聚所有力量,用最大的音量,戏谑般地笑着说道:"但是,我们是新的一代,眼前的是新的黎明。我依旧看得到一种激动人心的未来在向我招手。我依旧坚信,只要我们足够聪明,足够勇敢,足够擅长各种尖端技术,不管前方命运如何……"

我停了一下,给他们足够的时间将刚才的话和我的困境联系起来。

"我们依旧可以改写未来,改变世界。"

接下来的话我原本真的非常不想在弗朗西斯面前说,但是他之前在听了大意后却告诉我大胆去做吧。听众需要听听未经美化的真相。

"是的,不出一年,我可能就要接受气管造口术了,手术当天说的话会是我今生说出的最后的话。是的,几年内,我的身体可能就会完全瘫痪,大脑却保持高度活跃的状态。当然,这绝不是我将选择的未来,尤其是考虑到我亲爱的丈夫。"

部分更富有同情心的听众在了解到这样残酷的真相后感到极度痛苦。但还不够,我需要所有人都能切实感受到那种痛苦。

"可我不打算逃避，假装这些情况不会发生。我也不会沉湎于过去，留恋自己再也无法去做的事情。而且我绝不会对此畏惧！请想想吧：和所有霸凌者一样，运动神经元病完全依靠恐吓的力量使人畏惧。它玩的不过是一种老把戏：我就算有勇气活下去，承受得住折磨，也还是永远被困在'终极紧身衣'中……"

接下来的七个字如同极其缓慢的击鼓声，将人送上死刑场。

"我自己的活死尸。"

在宣布死缓前，我得把刑具拿出来展示一下，让他们多痛苦几秒，然后再推翻自己的这番荒谬的说辞。

"开什么玩笑！在 21 世纪？以我对高科技的认识？不好意思，我们可不是在看哥特式恐怖电影。"

他们突然如释重负，意识到自己被骗了，然后笑了起来。这还是在演讲进入结尾部分后他们第一次笑，是发自内心的笑，是会心的笑。

"这一次，运动神经元病可挑错了人。"

台下爆发出一阵更响亮的笑声，笑的时间也更长，甚至有人在喝彩。

"我对霸凌一点好感都没有。"

笑声一直没停，我提高音量盖了过去。话音刚落，又爆发出一阵大笑，我不得不停下来，等了一会儿又重新开口："可以肯定，我绝不会对这种过时、夸张、中世纪般古老的吓人伎俩做出任何回应。它只会利用人们对被困和无助的原始恐惧，除此以外什么都不会。"

会场再次陷入沉默，但是每个人的脸上都洋溢着微笑。我接着说下去，以一种像是在叙述偷皇冠过程的口吻："我不会在被困时挣扎。既然被迫进入了我的紧身衣，我就要'偷运'进来比白宫还多的高科技防御系统。接着，我会不断往里添加。你们现在看到的是彼得 2.0 的原型，但我打算不断升级这些系统，数量会比微软的还多。"

大家笑得更开心了。

"我不会死，我在经历的是一场彻底的改变。"

欢呼声更大了。

"短时间内，情况将变得更糟。但是气管造口术完成后不久，我的生活质量就会稳步提升，进而飞跃。"

他们已经准备好迎接大结局了。

"这是一种你们从未见过的绝症。可我觉得，放马过来吧！它甚至都没开始让我屈服，让我给你们看看为什么。即便我早已被禁锢在轮椅里，我却仍会'昂首站立'。"

我停住话头，带着胜利的喜悦环顾整个礼堂。随后，我的声音突然出现，响彻全场。虽然略带人工合成的质感，但清晰、有力，再次生机勃勃，而我的双唇紧紧地闭着。查利动了起来，慢慢带着我舒展开来，就跟人从座位上站起来一样。

"原因再简单不过。多亏了高科技，我才能重新说话，能传递我的情绪，表达我的个性，能伸出手触摸我爱的人。你们知道吗，我不会是唯一一个。假以时日，会有越来越多的人选择与我并肩而立。"

更多人开始注意到查利在继续延展，以让我完全站立起来。他们笑得更加灿烂。

　　"我们都将昂首站立，自豪地站着，不屈地站着。我们会继续站下去，一年又一年地站下去，因为我们拒绝只是'活着'。"

　　现在，查利完全处于直立状态。我推动操纵杆，使自己向前移动，直到能够俯视第一排听众。

　　"我们选择茁壮成长！"

　　全场嘉宾起立鼓掌，令我惊诧不已。这还是我人生中的第一次。

彼得的宇宙第三规则

爱最终战胜一切

爱的至高点

　　三十年零十个月前，还是学生的我十分反叛，蔑视权力机构，放逐自我。我原以为这种放逐会是永远的，没想到，权力机构重新向我抛出了橄榄枝，邀请我进入，不再孤立我。但影响之一却让我忧心忡忡，毕竟我还从来没有求过婚。

　　九个月之后，法律就会变更：英国历史上首次允许两名男子或者两名女子登记为民事伴侣，享有和其他异性夫妇同等的权利。这是一个巨大的里程碑。除了显而易见的象征意义，民事伴侣在具体事务上也享受平等的权利：养老金权、医院探访权、双方在转让金钱或财产时可免除税款。

　　我觉得这仅仅是一个小小的开端，发展到最后，无疑会成为平等的婚姻关系，甚至连名字都不会有所区分。到那时，这场无休无止的战役才算真正结束。我希望我和弗朗西斯可以乘上这如海啸般日益迅猛的海浪，便打算向他求婚，但内心却惴惴不安。

　　如果他拒绝了呢？

　　在二十六周年纪念日那天，我的世界发生了翻天覆地的变化。去年，为庆祝二十五周年，我们乘船去了遥远的尼罗河，参观了所有能去到的古埃及遗址。但今年，我们只是惬意地待在我们位于托基郊区悬崖顶上的家中。我其实刚刚结束上一段旅行，和活动小组一起去了意大利。我们在卢加诺湖附近找了一个地方，以供首席执行官在当年晚些时候举办一场私人聚会。前一年秋季的私人聚会是在威尼斯，同样由我举办。那天，所有参会人员乘坐十只平底船（因此中断了安康圣母教堂周边的所有水路）前往宫殿式酒店，一边用餐，一边俯瞰大运河的美景，欣赏现代"阉人歌手"①的动听歌声。不管怎样，这次总不能比上次差。但让弗朗西斯答应我的求婚才是更重要的事。

我放下手中的香槟，徐徐起身，离开餐桌。随着舒缓的音乐进入尾声，我调整唱片，播起预先选好的曲目。这是慢版本的《爱的至高点》，原版是《007》的主题曲。其中有几句歌词写道："我们将改变逝去的一切，许多事，不仅仅是相爱……我们将征服世界。"对此刻的我们来说，这首歌代表着至上的浪漫，是我们的专属主题曲，也是我精心准备的秘密武器。我从口袋中掏出一枚金戒指，跟拉海兰向阿瓦隆求婚时用阿沃利的黄金给阿瓦隆做的那枚戒指几乎一模一样。戒指内圈刻有"爱的至高点"五个字。

接下来该做的事我一清二楚。自少年时代起，我就在脑海里一遍又一遍地想象这一场面。拉海兰在阿瓦隆面前单膝跪地，说道："你愿意和我结婚吗？"

弗朗西斯一言不发，沉默了很久很久。又或者只是我感到如此漫长。他看起来有些困惑，然后就看到了戒指，接着，他的眼

---

① 西方音乐史上出现的男性女声歌唱家。

里泪光闪闪。他开口说道："我愿意！"他哽咽得几乎说不出话。"非常愿意！"

　　我们都认为婚礼会举办得相当低调，毕竟当时我们已经在一起近二十七年了，所以对朋友或者家人来说，我们结婚算不上什么新鲜事。而且法律变更的具体日期是在 2005 年 12 月 21 日（我们一致认为，如果变更当天还有空余礼堂的话，直接举办婚礼会很棒），那时候不仅天气非常寒冷，所有人也会陷入圣诞节前的狂欢。我们干脆带着一名见证人直奔登记处，填写登记表，几分钟后回家喝茶。

　　弗朗西斯在看地方电视台的晚间新闻时，听到一个牧师在诋毁民事伴侣关系，他也回敬了回去。此时，如果除了这个牧师，没有其他神职人员在全国电视频道上猛烈抨击同性关系同异性关系之间的平等化，我们低调举办婚礼的计划可能并不会受影响，更不用说这种让神职人员憎恶的关系已经被法律认可。

　　"现在教会是唯一反对我们的权力机构了！"弗朗西斯向我们的朋友文尼解释道，把昨天跟我说的话又原原本本重复了一遍。

　　"你确定自己没有理解错他们的意思？想想我和那个女孩，我曾经确信她对我有意思。"

　　"你应该庆幸她没有对你使用禁止令！"

　　"这不公平！每次我见到她，她都笑盈盈地注视着我，还问我问题。我怎么可能不误解她的意思。"

　　"你在她的诊疗室。她是一名牙医。"

　　"就算是这样……"

文尼彼时已经与我们相识几年了，越来越像一只流浪猫。他会突然现身，到我们家喝杯茶，通常会在我们的沙发上睡觉，然后等休息得差不多了，就起身离开。他就是一座孤岛。有一次，他悄悄地向我们透露说他想当个机器人，梦想就是独自居住在达特穆尔中部。这是我们对他的性格了解最深入的一次。他最喜欢的音乐听起来像是一只鬣狗被活生生地取出内脏时发出的声音。

"关键是，文尼，"我说道，"教会在过去几千年里一直对同性恋进行迫害，既然它已经如此擅长，那么应该就不会放弃。而且如今教会突然失去了对人们的控制权，颇有种被逼入绝境的感觉。这只会让事态变得更危险。"

过去几个月，同性恋法律变更的可能性越来越大，我也一直在密切关注着相关动向。但是观察到的结果却让我感到不悦：教会似乎有攻击政府的意图。我努力解释可能出现的情况。

"教会是有策略的。它现在急于将婚姻平权的一切可能扼杀在摇篮中，于是就想引起民众对民事伴侣关系的强烈抗议。所以教会中的一些人才会对我和弗朗西斯这样的人进行人身攻击，表达他们的厌恶情绪。我们在无意间成了一种象征。如果社会允许同性恋者像异性夫妻那样，合法地使用'婚姻'这个词，那么在教会眼中，我们这些'可憎之人'就取得了胜利。我们会成为新权力机构的一部分，而前所未有地，所有那些邪恶的宗教偏执狂将会被驱逐出去。正因为这样，他们才要阻止我们。"

"我有没有跟你们讲过，我的淤青还没消？"

"什么？"

"它变紫了！我是不是得去看医生？"

"你三天前被绊倒了，当然会有淤青！"

"就算是这样……"

文尼走后，我们估计了一下形势。弗朗西斯从来都不是个喜欢站在聚光灯下的人，这次依然如此，不过此次，他拒绝被威胁的意愿强于保护隐私的欲望。而且现在我们喊了几十年的"斯科特－摩根永不屈服"的口号深深植于彼此内心。他斗志满满。

"这不再只是我们两个人的事了。这关乎所有那些不如我们幸运，不如我们坚强，觉得自己无法起身反抗霸凌的伴侣。我们要成为一种象征，要让他们看到希望，要发出我们的声音！"

当我们得知我们被选为法律变更当天第一对结婚的伴侣时，发声的势头剧烈增加。我们当地结婚登记处的工作人员都很好，他们放宽了规则，主动提出帮我们把婚礼办在建造得像凡尔赛宫一般的巨型宴会厅中。也就是说，我们至少要请一百位来宾才对得起这排场。尽管安东尼因刚刚获得经营一家美国剧院的高级管理职位而无法到场（非常遗憾，但我们并不感到意外，他之前一直说自己会接下这份工作），亲戚朋友们却纷纷表示他们会出席典礼。

新任托基镇镇长主动提议做我们的见证人。荣誉镇长也会来当见证人，说是要带上镇长夫人（两个人一起作为政府代表）。托贝议会主席也来询问她能不能当见证人，首席登记官说完全可以，并且把两名指定见证人的规定改成了三名。托基本地的新闻媒体参与了进来，然后英国广播公司电台、英国独立电视台和英国广播公司电视新闻也相继加入。

　　我们的婚礼仪式越来越复杂，我觉得有必要打印一份基本的典礼流程。用单倍行距打了十页，我才差不多完成，但是我和弗朗西斯该如何进入宴会厅这一问题还悬而未决。

　　"我才不要在众目睽睽之下进场！"

　　对于这件事，他在过去两个月里立场非常坚定。又过了一个月，还是没有丝毫让步。但等我在挑选招待处所放曲目，给他播放迈克尔·波尔演唱的《爱改变一切》的时候，他说："有了这个，我可以和你一起入场！"

　　正式请帖上明确印有"谢绝礼品，到场即可"八个字，但是婚礼前一晚，朋友们却在格兰德酒店请我们吃了一顿丰盛的晚餐，阿加莎·克里斯蒂就是在那里度的蜜月。随后，他们邀请我们走到露台，俯瞰托尔湾，再让我们倒数十个数。一说完"零"，天空瞬间布满烟花，照亮了整个海湾，持续了整整十分钟，给我留下了一段永不褪色的璀璨记忆。

　　第二天早上 8 点，七十多位从世界各地赶来的朋友已全部就座。除他们以外，还有我们的三十多位亲戚，足有四代人，年龄最大的和最小的相差近八十岁。

　　当然，除了我父母，我原生大家庭的亲戚没有一位来到古道庄园的大宴会厅出席这次婚礼。但公平地讲，我们压根就没邀请他们。我母亲在过去几十年间，信仰发生了巨大的转变，先是从一名虔诚的基督徒变成了不完全的基督徒，而后成为人道主义者，之后又变成了不完全的无神论者，最后成了虔诚的无神论者。她对我和弗朗西斯关系的态度也发生了一百八十度的转变："我和你爸爸为你们今天取得的成就感到无比自豪！我们还以为这辈子都看不到了。你们真是我们的骄傲！太了不起了！"

伴随着迈克尔·波尔动情的歌声，我和弗朗西斯身着正式长礼服，在摄像机的记录下，庄严地步入礼堂，沿着长长的走道而行。前面是我们的四个小小引路人（三个是我们的侄子，还有一个是侄孙，都穿着晨礼服）；一个年纪很小的侄孙，同样穿着晨礼服，手持一个软垫，上面放着我们的戒指；两个身穿薄绸裙的侄孙女，她们是花童。目前，一切都在按照我的流程进行。然后，计划外的事情发生了。

所有的宾客起身欢呼，但我认为他们并非真情实意，只是做做样子罢了。我们前方站在台上的两位市长、市长夫人、议会主席和首席登记官也不例外。

权力机构。

甚至几分钟后，我和弗朗西斯站在台上，典礼正式开始时，这个场景依旧在我的脑海中挥之不去。

"今天，弗朗西斯和彼得将确认彼此的爱意，公开许下对彼此的庄严承诺。今天应该也是我第一次以登记监督官的身份在此宣布，他们的结合受英国法律的认可与保护。

"同时，今天是 12 月 21 日——全年白昼最短的冬至日，更是为这个历史性的日子增添了绝妙的象征意义。之后的每一天都会更明亮。自古以来，这一天就象征着告别过去，迎接未来，所以今天……"

我和弗朗西斯正式交换了誓言，互换了戒指，三位官方见证人也完成了签名，然后典礼的高潮到来了。首席登记官继续说道：

"接下来，你们将被法律正式认可，成为伴侣。一般情况下，我可能就直接宣布了，但今天并非寻常日子，你们能走到这一步也并不寻常。为表肯定，我决定让你们自己来选择新生活开始的象征时刻。

"多年前，一个吻代表你们生活的开始，如今，你们也将用一个吻结束过去。我在此宣布，自这一吻开始，你们将被法律正式认可。

"弗朗西斯·斯科特-摩根和彼得·斯科特-摩根，你们作为合法伴侣的生活即将开始。欣然地去迎接它的到来吧，因为你们为争取正式认可而跋涉的漫长旅途终于结束。请带着法律的庇佑与在场全体人员的全力支持，迈出这最后一步，抵达旅途的终点。"

想象与现实在这一刻重合，拉海兰与阿瓦隆在全场来宾的见证下亲吻。

电视新闻报道以"以吻封缄"为题，图片上方写着"第一场同性婚礼"。媒体对我们的报道都是支持性的，言辞友善。看来权力机构真的发生了转变。托基的一家本地报纸《先驱快报》有一名记者叫金尼·韦尔，她写的文章或许是所有报道中最有见地的。一天早上，她来到我们的住所，留下这篇出色的文章便离开了。

得以见证弗朗西斯与彼得·斯科特-摩根获得与异性夫妇同等的地位和权利，并取得法律的认可，我倍感荣幸。

过去一年，他们一直在为这个特殊的日子做着准备，原本计划的是举办一场低调的婚礼，仅邀请几位嘉宾，也没有媒体报道。弗朗西斯相比彼得更内向，对他来说，公开自己的秘密并非易事。直到看到一名同性恋友人罹患艾滋病去世，而他的伴侣却没有财产支配权，弗朗西斯才鼓起勇气，决定大声说出自己和彼得的关系，并为此感到自豪。

自那天起，虽然仍不时承受着外界的质疑与反对，两个人却抓住机会和外界分享这一喜讯——经过漫长的斗争，他们终于成了为人承认的恩爱眷侣。

通过直面媒体与电视摄像机的窥视，他们扼住了同性恋偏见的咽喉，将其杀死。

彼得说过："种族、信仰或性别都不重要，重要的是爱。"他们在众人面前，自信满满、不卑不亢地宣读誓言，并坚定不移地承认对彼此的爱。

虽然婚礼在工作日一大早举办，那时多数人可能还睡眼惺忪，他们的家人与朋友却还是不远万里，甚至远渡重洋来到现场，给予他们支持。

相信宾客们一定会说，能够重新见证彼得与弗朗西斯持续二十七年的忠贞誓言，真是莫大的荣幸。

他们共同珍惜、培养和尊重彼此之间的关系，实现了所有伴侣都为之奋斗的目标——收获经受住时间考验的真诚而稳定的爱情与友情。

他们说得没错，其余一切都无足轻重。

马特时刻

我和马特乐此不疲地开着这样一个玩笑。

"你我都心知肚明，为了拍出'完美的马特时刻'，你想让我现在就哭！"

"我绝对没想让你哭！"他流露出恰到好处的羞愧，似笑非笑。在过去六个多月里，我们已经对这种表情习以为常。毕竟，他在我们这儿既是制片人，又是导演。"完全是因为这样拍出来的效果好。"

"够呛！看来你就算动用超能力也只能创造出一个普普通通的'马特时刻'了。"

过去半年，我们的友谊突飞猛进，共同创造了一种非正式分类法：那些我泪流满面——有弗朗西斯当然更好——的镜头（如果我们正好看起来备受打击，那算是意外之喜）被称为"完美的马特时刻"，通常很难拍摄；而那些单靠镜头就可以捕捉的瞬间被称为"马特时刻"，更为常见。

几个月前，这种分类就格外明显。当时我的双臂基本上已无法活动，肺容量相比拍摄刚开始的时候少了一半，脖颈也开始下垂。英国国家医疗服务体系十分慷慨，认为我有资格继续享受医疗保健服务，由此我就有了几名私人护理员。他们每天早晨要花三小时帮我起床，晚上再花两小时将我安置到床上。马特照例问他能不能把这两个过程完整地记录下来，还问了两次，就是为了能在成片中剪入几秒。

"我只是不知道要把哪几秒放进去。"

"你应该知道多数时候我是全裸的吧？"

"哦，那没关系。我会采用近景拍摄，还可以给你打码。总之，肯定会处理后再上映的……"

他在凌晨5点30分抵达我们家，用我们提前给的钥匙进了门，悄悄地爬上楼，准备从闹钟响起开始拍摄。之后他就一直安安静静地拍着。大概九十分钟后，他大声说道："可以重新来一遍吗？我想换一下镜头。"他似乎觉得仅凭这两句话就有理由让两名护理员费劲把我从刚刚才辛苦穿好的长袖T恤里拽出来。

正是在这之后不久，马特的名字被深深地印在了大家的头脑中。他开始拍摄特写镜头没几秒，T恤就卡住了。护理员知道自己的一举一动都在镜头的拍摄之下，所以他们拿出英雄般的精神，坚持把我往外拽。马特则拿着摄像机蹑手蹑脚地靠了过来，似乎越发对整个过程感兴趣起来。我们越来越焦躁，动作也变得滑稽不已，他鼓励道："别担心，看起来棒极了！"

护理员完全忘了这不是现场直播，尽管内心抓狂，动作却极其随意，佯装若无其事。但似乎是为了遵循维持自尊的原始本能，他们凭直觉拽得更用力了，几乎使出了吃奶的劲。我袖子左腋窝到肩胛骨之间的某个地方竟然打了结，真是不可思议。说"不可思议"是因为那个位置根本不可能打结,之前也从来没有打过。不过实话实说,除了今天,以前还真有过那么一次。

那是在马特第三次拍摄的过程中。就是在那个时候,我才第一次承认,马特对宇宙有着特别的支配力量,远比墨菲定律还要强的力量。马特单凭一台摄像机就能把一个微不足道的简单任务变为有趣、复杂又了不起的电视画面,大大扭转统计概率。我们将其命名为"马特时刻"。

接下来几个月,我发现就算马特和他的摄像机不在场,"马特时刻"也会出现。他的存在已经融入我们的生活,似乎永远改变了一切,"马特时刻"也就自然而然地发生了。如此一来,我觉得未来处处都是"马特时刻"。而且每次这种时刻出现,我都不会感到沮丧或烦躁,而是记起他鼓励的话语——"别担心,看起来棒极了!",希望自己静静地笑着面对一切。

突然间,马特走了。这一罕见事故发生在圣诞节至新年之间那几天,他在屋顶上滑倒,一头栽了下来。他才刚过四十,他的家人听到噩耗悲痛欲绝。我们会深切地怀念他。在很大程度上,正是倚仗马特让人安心的存在和他作为制片人的卓越才能,我们才能在纪录片的拍摄过程中收获如此美好的体验。

世上总是有诸多巧合。不知是在昏迷还是神志不清的状态下,马特去世前给我们发了最后一条信息。他走后几分钟,邮递员就敲响了我们的门铃,送来一个小包裹,里面是一本关于赛博格的书,是马特送给我们的圣诞节礼物。他在扉页上写了下面的话。

2018 年圣诞节

亲爱的彼得和弗朗西斯：

真高兴能认识你俩——我们的旅程是多么愉快！

向未来致敬！

爱你们的马特

现在我每天都在工作，在我的职业生涯中，我从没有这么努力过，工作时间也从没有这么长过；等我什么都做不了，只能躺着的时候，我有大把的时间休息。但就算是长时间的勤勉工作也没有什么帮助。马特去世后，一切都像由纸牌搭建的房屋，逐渐崩塌瓦解。

先是声音合成器出了问题。虽然用我在工作室里花费三十小时录的声音来制作富有情感的合成音以供不久的未来（所以我们选择了"深层神经网络"技术）使用是一种理想的做法，但我和塞雷普罗克公司最终决定采用一种完全不同的新方法——单元选择法，在短期内就能合成效果更佳的声音。

只是，这种方法有一个缺点。它需要我再去录音室录制三十小时，而我的声音开始变得虚弱。欧文还说了一个坏消息，他的工作室所在的那片土地被卖给了开发商，因此必须关停，而且在关闭前也没有可用的地方给我录音。雪上加霜的是，我原本打算使用一个系统，可以在我说话时读取我的眼球运动信息，以帮助开发声音合成器。但是现在这一系统的供应商连一个小小的软件升级服务（用来表达感情）都拒绝为我提供，还找了个理由，说"没有市场"——在我看来这就是个"自我实现预言"。

此外，我的症状恶化了，就连文尼也编不出任何借口来安慰我。我那自十一岁时起就学会盲打的手，从右手的小指到大拇指，每周都有一根无法活动。现在我不得不用几根不听使唤的左手手指戳向键盘。我无法自己进食，所以这个光荣的任务就交给了弗朗西斯。乔恩从英国国家医疗服务体系那儿买来的嘴部呼吸机如今却因为我肌肉的非正常萎缩而运作不佳。弗朗西斯为了保证我能得到足够的护理，压力越来越大，但是他找不到合适的应聘者。

我还患了感冒。其实那都称不上感冒。那天，我吃了几片对乙酰氨基酚，做了一场重要演讲。后来我感到喉咙里有痰，声音闷闷的，才意识到自己受了感染。这小小的感冒，有好几次差点要了我的命。

第一次的时候，我从沉睡中惊醒，恐慌不已，无法呼吸，脸上还戴着无创呼吸面罩。这面罩通常会在夜间将氧气泵入并排出我的肺，但现在它把我困住了。我一直觉得它和我原先经历的会厌没什么区别，可这次，我咳嗽连连，在需要吸气的时候，排气泵却正好处在排气状态，让我一点氧气都获取不了。我听到自己发出的是人被勒着脖颈时痛苦的咕咕声，而不是呜呜的喘鸣声。我的手也因为瘫痪无法扯掉面罩，更别说抓起水杯了。我感觉自己的意识渐渐模糊。

弗朗西斯醒着，听到我挣扎的呜咽后立刻救了我。之后两周，他像这样救了我二十多次。这对我们两个来讲都不是什么愉快的经历，却引发了我的思考。在英国所有的运动神经元病患者中，仅有百分之一的人选择进行气管造口术以延长生命。但造成他们死亡的最常见的诱因是吸入性肺炎，就是唾液或食物进入气管导致的潜在的致命性肺炎。因此我想，为什么不能把气管从嘴后彻底分开，让唾液和食物永远没有机会进入肺部呢？确实有一项大型手术可以做到这一点，那就是主要用于治疗喉癌患者的全喉切除术。这项手术会将喉头部分整个取出，所以如果不借助声音合成器，我将永远无法说话。但如果我的想法没错的话，这项手术反而能够显著增加我作为赛博格长久活下去的概率。可问题是我必须说服医生切除一个"健康"的喉头。

自马特死后，这种想法第一次让我觉得自己可以和命运抗争。在我们四十周年纪念日那天，我放下了持续三个月的工作，和弗朗西斯以及家人朋友们度过了美好的一天。纸牌屋不再崩塌，甚至开始重建。住在我们隔壁的侄子安德鲁决定辞去机场接待贵宾的工作，接受挑战，全心全意地照顾并不尊贵的彼得 2.0。结果，他表现得相当出色，很快就成为我真正意义上的"左膀右臂"，不可或缺。

"我想写一本讲述这一切的书。"他一来照顾我，我就跟他讲了。弗朗西斯也全力支持我的这一想法。

"里面会有我吗？"

"除非你把我口述的内容打下来。"

撰写自传存在一个问题：你要有名气，不然没人会出版，除非你遇到一名好代理人，能够说服出版商。因此，我认为自己需要找个代理人。当然，找代理人也存在一个问题：你仍要有名气，不然没人有兴趣当你的代理，除非出版商打算出版你的书。

在说服大型企业加入我的计划时，这种相互矛盾的窘况再次出现。大型企业更愿意跟慈善机构而不是个人合作，这无可厚非。但我认识的慈善机构没有一家对我的想法感兴趣，更别提跟那些大型企业合作了。

不过我还是有所突破。作为运动神经元病协会的理事，我一直在滔滔不绝地宣扬与高科技一起茁壮成长的理念。协会邀请我领导相关话题的顾问团，即使只是为了让我闭嘴。我提议与其如此，不如创建一个智库，尝试激发几家杰出信息技术企业对我计划的兴趣。在参观一家制造公司时，我就成功将他们的首席信息官揽入麾下。在这名首席信息官的帮助下，他所在公司创新部门的雷主动提出给我介绍几个自己在信息技术领域的熟人。接着就是我用自己想出来的研究方向鼓动他们的时刻了。

我兴高采烈地向弗朗西斯汇报我的进展。

"小心点，"他提醒道，"如果有什么事好到不像真的……"

"那它往往就不是真的！"我们异口同声地说道。

与此同时，转机来了，好运主动送上了门。录音师欧文居然就住在我们几条街之外，他的猫经常在我们的花园里转悠。有了距离上的便利，欧文在我们的休息室里搭建了一个临时录音室，录音项目得以重启。不仅如此，住在附近的奈杰尔还同意加入我的私人护理员之队，帮助我解决日益增长的护理需求。事情总算有了起色。于是，我在六十一岁生日那天给自己放了个假。我和弗朗西斯跟家人和朋友一起庆祝，又一次度过了美好的一天。文尼还是没来，已经连续两年了。

"这个自私的家伙，至少也该给你发句生日快乐啊。"弗朗西斯第二天说道。

"谁说不是呢，但他这次可能真的遇上了什么事？"

"相信我，文尼就算是戳破了手指，也会立刻跑过来让我们第一个知道！"

事情终于有了进展。在发送了几篇样章后，顶级代理人罗斯玛丽居然和我签约了。这完全超出我的合理预期。之后，托基国家医疗服务体系一流的耳鼻喉科会诊医师菲利普同意见我，并且对我的想法表示支持，同意为我进行选择性喉切除术。我、弗朗西斯、安德鲁、默里（我优秀的麻醉师）和乔恩（我出色的呼吸专家）在会面后确定了手术时间——越晚越好，这样我就有时间准备能代替我讲话的高科技；但为了避免再度感冒，最好是在冬季来临前。我们依照各自的行程，将时间定在了 2019 年 10 月 10 日周四那天，距今还有五个半月。

"我不希望在逐渐被麻醉的过程中，我用自己的声音说出的最后几个字是'十……九……八……'。"我跟默里说道。

"没问题，说你想说的，之后你就用摇头或点头来回答问题就行，"她用惯常的"一切皆有可能"的语气安慰我道，"你想好最后说的话是什么了吗？"那语气简直像个聊八卦的女学生。

"至少一年前就想好了。"

完美的马特时刻

"什么叫他不想再见我们了？"

"这是他的原话。我不停给他发消息，问他怎么样。结果三周后他回复说，他觉得自己很难面对我们。"

"但他总说我们是他最好的朋友！"

"是啊，我们也以为他是我们最好的朋友之一。显而易见，我们不是。"

弗朗西斯的语气突然间变得和我一样低落。我们和文尼相识几十年了，跟别人提起他时经常会说他特别可靠、忠诚。

"你回复他了吗？"

"回了，我说你要是这么冷血，这么自私，那趁早滚蛋！"

"他说什么？"

"他没再回复。"

不知道为什么，这件事给我的打击比听到诊断结果还严重。接下来几天，我们的灵魂仿佛从躯壳中脱离。我们感到背叛、被抛弃，挫败感和这件事带来的其他余波如海啸般铺天盖地袭来。

我逐渐意识到，查利的升级计划和我如今希望雷搭线的公司可能提供的帮助并不相符，不过这是让我苦恼的事情中最微不足道的一件。也许我只是陷入了偏执。毕竟，比起维持成年生活需要的睡眠时间，近来我每天都少睡好几小时。工作那边又出了什么奇怪的问题。虽然我成功引起了大型公司对我的研究的兴趣，但是雷似乎想把我踢出去。他和运动神经元病协会私下探讨我的想法，标榜自己是其他公司的看门人。之后，有人向媒体透露，称雷是智库现行计划的唯一负责人。每个人还是对我很友好，可我不禁心生怀疑。

接着我听说有人在讨论如何利用智库研究——我的研究大赚一笔。别误会，我并不反对赚钱这回事，但是在智库这件事上，我想得越多，就越觉得我们应该把它打造成公共资源，对所有人开放。所以这个消息令我大失所望，很不自在。

而家这边，奈杰尔（我们团队的新成员）发了条消息说他改主意了，因此弗朗西斯的压力又增加了，他需要寻找替代人选。这件事发生的时机非常不凑巧，因为我们刚刚还在讨论乘船前往加勒比海的计划是否可行，这可能是我们最后一次远洋旅行。虽然早就预定好了行程，要在 2020 年 1 月出发，但是喉切除术定在了 2019 年 10 月。尽管心中万般不愿，我们却没有别的合理选择，只得取消出行计划，让定金打了水漂。我知道弗朗西斯对这趟旅行满怀期待，如今成了这样，我深感内疚。然后我的护理团队中有一人留言说他们今晚来不了，不能帮我上床，这个重担就又落到了弗朗西斯的肩上。

"你最好看看这个……"安德鲁帮我查看邮件，因为我已经无法使用笔记本上的触控板，"全乱套了。"

上面是一封书面确认函，发送给了我之前联系成功的所有公司，通知相关人士运动神经元病协会智库将退出我的研究计划，仅保留声音合成项目，而且对该项目也只提供部分可能的有限帮助。

安德鲁脸色发青。"该死的，几周前理事会的那帮可恶的家伙不让你参加会议，'以便大家畅所欲言'，这事他们怎么没提！那些人连讨论什么都不知道，就临阵脱逃，几乎终止了一切计划！"

"那是他们的工作。他们必须做出点什么来维护所有成员的利益。"

"是啊，但有的理事就是彻头彻尾的小人！而雷呢？他早就悄无声息地逃了。在你有利用价值的时候，他对你非常友好，再看看现在，都几周了，他连一封邮件都没回。还有一个浑蛋，从来没有在会上冲你笑过。"

"其实他去年一次都没冲我笑过。我觉得他是恐同。随便吧，我都辞职了。他们之所以选择我，是因为我承诺要研究如何利用高科技崛起，就算没办法在协会内部实现这个目标，我也可以和外部的企业合作，但研究成果还是会向协会的所有成员公开。这样也许对所有人都更好。"

我依旧表现出了积极乐观的态度，但内心其实极为悲伤。

后来，雷终于回复了。邮件中，以往的友好问候消失不见，取而代之的是简短与生硬，没有亲切的结束语，毫无愧疚之情，只是简简单单地陈述，说他和他所在的公司将不再跟个人合作，所以也不能继续跟我合作下去，并且认为其他所有和智库相关的团体都会秉持同样的观点。简单来说，智库研究会继续进行，但那些公司不再与我合作，也不继续我的研究。言下之意就是，我可以继续任何我想做的研究，不过和先前感兴趣的公司合作再无可能。

收到邮件的时候，安德鲁已经回家，但弗朗西斯在我旁边。

"他们能这么做吗？"他试探性地问道，虽然答案已经了然。

"他们已经这么做了。"

"但这太不公平了！你不停工作就是为了实现这一切，而且你是唯一没有任何酬劳的人。"

一般情况下，要是遭受这种明显不公平的对待，他会火冒三丈，但是现在，他的声音里只有疲惫。

"那我们失去的时间呢？我们原本可以享受生活，原本可以在你能自主进食的时候最后度一次假，原本可以玩得开心一些。去他的吧。就算我们没有把所剩无几的宝贵时光浪费在那些忘恩负义的浑蛋身上，我们的生活也已经够悲惨的了。他们不值得我们为他们牺牲一切！"

现在他的火气上来了，怒火中却饱含着绝望与凄凉。

"该死的！他们不配。这个夏天我们要放假，试着放松下来，到处转转，享受最后的欢乐。"

"可我要写书，刚刚才打算把它写完。就算没有智库的工作，写书也要用掉整个夏天。"

"去他的，彼得！别让我更厌恶你和你那该死的运动神经元病！"

我清楚，我们两个的压力都很大，而且一直感到身心俱疲。我也深知，他依然爱着我。但我还知道，就在那一瞬间，他不爱我。我崩溃了。

我不记得上次在他面前崩溃是什么时候，也许是我二十多岁。

自那时起，我就成长了许多，变得更强大，更坚韧，更沉稳。但是，第一滴泪猝不及防地滴落，接着是第二滴，从另一边夺眶而出，和第一滴一样让人措手不及。虽然它们不期而至，却改变了一切规则。过去的一切都不再重要，反正不会有人在乎，至少我已全然不顾。我只是释然了。

一小部分的我觉得，一个六十一岁的老人真是可悲，在这里自怨自艾，像孩子一般号啕大哭，毫无自尊可言，不加克制，抛弃了傲气，一无是处。不过是一个无用之物罢了。

"哦，妈的！你在干吗？"

弗朗西斯的声音仿佛从另一个维度传来，虚无缥缈，在我耳边盘旋、回荡。只剩下绝望的黑洞，牵着我回家。依稀记起小时候，在我学会用傲慢保护自己之前，别人在挑选队员的时候，我永远是最后一批被选的；别人开生日派对的时候，我永远属于被遗忘的那批人。我从未合群，永远是其他孩子的笑柄，永远站在"外面"望着"里面"，永远被孤独笼罩。这些早已被我完全遗忘的感觉，随着第一滴泪的无声滑落，摧毁了半个世纪的记忆屏障，重新向我席卷而来。

我放声痛哭，夹杂着短暂、难听的哀号，哭得上气不接下气。这让我变得越来越不像以前的自己。一个曾经如此骄傲的自己几乎荡然无存。

"好了，别这样，我们不该这样！"

我试着解释，试着说话，但喘不过气。我连呼吸都做不到了，已经是个彻彻底底的失败者。而且情况还会更加糟糕，糟糕得多。

"别这样，我们得坚强，"他声音中的怒火和绝望已经消退，却带上了哭腔，"我们要从彼此身上汲取力量，"他开始啜泣，"你不坚强的话，我撑不下去……"

像两个被驱逐至敌对星球的孤独流浪者，我们紧紧依靠着彼此，一起对抗世界，直到生命尽头。两个男人拥抱着彼此，颤抖着，抽泣着，被逆境压垮，不再垂死挣扎，最终向现实屈服。

我们就这样紧紧拥抱着彼此，时间停止，仿佛永恒。

"好了，我们现在要振作起来了，"弗朗西斯第一个从绝望的黑洞中成功挣脱出来，"会有办法的。"

我试着回应，但依旧喘不过气，也找不到合适的语言来解释，在寥寥无几的时间面前，没什么有用的办法了。如果在我尚能发声的时候研究还没有进展，那实事求是地讲，一切就太晚了。我突然觉得异常疲倦，不管是身体上、心灵上还是情感上。一切都结束了，我终于对自己承认我放弃了。我辜负了所有信任我的人，这份失败和为此承担的责任令我不堪重负。更重要的是，我辜负了弗朗西斯。

"我爱你。"他说，还在抽泣。

"哦……也……爱……里……"在不住的呜咽中，这是我仅能发出的音节。

"我知道。"他说，再次哭了起来。我们拥抱着，前后摇晃，试着安抚彼此。

最终，弗朗西斯强迫自己为了我们两个坚强起来。

"现在我们要振作起来！我们会渡过这次难关，你和我，跟以前一样。"

他更加用力地抱着我。

　　在遥远的西方阿沃利，因刚满十八岁而有资格参加竞技比赛的拉海兰刚刚开始通宵守夜。森林中，一座巨型山丘高高耸立着，山顶有一座方尖碑，他就坐在尖碑顶上思索着，周身燃烧着淡蓝色的阿纳拉克斯之火，这种火在大理石尖碑上永远燃烧，从不熄灭。双子骄阳东沉，天空散发着耀眼的光芒。虽然双目紧闭，拉海兰依然可以借助火焰感知周围的一切。所以在年轻的战士阿瓦隆出现在山脊，站在高原边上好奇地望着他之前，他就已知晓阿瓦隆即将来。火焰预知了阿瓦隆的到来可能引起的三个结果：孤独、死亡、爱。

　　他感知到阿瓦隆正在向他走来，穿着蓝色的苏格兰皮短裙和考究、宽松的衬衫，留着一头齐肩长的金红色长发，面容俊美，一双眼睛碧蓝美丽。方尖碑四周被深坑环绕，阿瓦隆停驻在坑洞另一端，读着大理石四面篆刻的碑文：

　　　　只身进入，火焰将揭示
　　　　你可知的全部未来。
　　　　二人进入，未来亦皆可知，
　　　　后一起离开或二人皆留。

　　阿瓦隆站在那里，静静凝视着拉海兰的面庞。天色渐暗，群星渐显。三轮明月依次出现，阿纳拉克斯之火似乎越烧越亮，颜色越来越深。阿瓦隆还是一动不动。就在第一个太阳升起的征兆出现前不久，阿瓦隆微笑着伸出右手，手指几乎触及火焰。一种未来瞬间消灭，仅剩死亡与爱。

　　拉海兰依旧没有睁眼，回了一个微笑，从火焰中伸出手。他们的手指相碰了。阿瓦隆竭力前倾，两人的手越过深坑紧紧相扣。火焰慢慢攀上拉海兰前伸的臂膀，蔓延到阿瓦隆身上，并快速将他吞噬。接着，启示显现：将一切告诉彼此。他们迎来了终极考验，和盘托出或缄默不言。两人都知道，只有和盘托出，才能在阿纳拉克斯之火下存活。

　　第一个太阳的第一道晨光划破西方的地平线，照亮了珊瑚色的天空。拉海兰第一次睁开双眼，含情脉脉地注视着阿瓦隆。但现在，有两个未来摆在他们面前。拉海兰相信阿瓦隆会带他越过深坑，安全着陆，便从方尖碑上一跃而下。他裸露的胸膛砰的一声撞在阿瓦隆身上，两人身上的火焰也随之熄灭。阿瓦隆不假思索地伸出一条胳膊，将拉海兰拥入怀中，防止他坠入深坑。他们深深地看着彼此的双眼，然后阿瓦隆开口说出了第一句话，声音在清晨冷冽的空气中显得微微沙哑。现在，只剩下一种可能的未来："我永远属于你。"

未来从何而来

　　夜已深，我躺在床上，毫不相关的记忆从我的潜意识中不断涌现：宇宙存在的这近一百三十八亿年如此索然无味，虽然瑰丽而璀璨，但改不了无聊透顶的本质。

　　宇宙的诞生我一清二楚，为什么要浪费时间想这种事？先是一场大爆炸，然后是一个巨大无比的裂缝。在遥远得几乎不可能发生任何实实在在的事件的地方，也就是一个平平无奇的旋涡星系外围，一颗中年恒星旁出现了一颗行星。这种事件司空见惯。一个星系中至少有一千亿颗这样的行星，但在广袤的宇宙中，这样的星系还有一千七百亿个。

　　我一如既往地将宇宙史诗般的规模和相对无关紧要的人类联系起来。在辉煌的科学发展的诱惑下，我不由自主地想要把这个故事写完。在天体桌球游戏中，一颗球碰巧撞上了这颗特殊的岩石球，月球诞生了。其表面有大量火山，为水、简单生命、氧气和最终的复杂生命创造了温床。看到这里，你也许还在期盼着一个有趣的未来会缓缓展开，至少在宇宙中的这片小小的土地上。然而你要失望了。

　　啊！原来那就是一切的发展方向！我开始明白，为什么我会睁着眼不停思索宇宙的奥秘，而非我自己那支离破碎的世界了。现在，我的思路变得明朗起来，我任它飞驰。尽管生命爆发，进化开始，智慧缓慢出现，很多事情却在不断发生。约六千六百万年前，一颗小行星撞击了地球，恐龙并没有躲过那场灭顶之灾。同样，人类也没能躲过约七万六千年前那座超级火山的喷发，几乎灭绝。

　　没错！这就是关键所在！人类和恐龙当时都太过弱小，任由未来的巨轮碾过。如今，这依旧是宇宙常态——未来以不可阻挡之势袭来，避无可避，却仍不时被完全随机而难以预测的行为打断。未来从何而来，用最温和的话可以总结为从无聊透顶中来，不过约五千年前的一件事除外。当时宇宙中发生了一件罕见的奇事，就在地球上。

　　自此，宇宙存在的无关紧要性受到质疑，人类个体存在的无关紧要性也受到质疑。我们称这次事件为文明的曙光。当然，远不止如此。从那一刻开始，未来变得趣味盎然，因为那是人类第一次成功地反抗了命运。穴居人尝试着改变自己的生活。不过，他们还做不到古埃及人那样，可以能动地改变人类历史的进程。

　　就是这样！使用知识赋予的力量。牢记！是第一批文明证明了：个人有可能改变未来，影响之后的每一个人。这次改变是人类历史的分水岭，自此之后，人人能够改变宇宙成为人类与生俱来的权利。

　　一瞬间，我感到力量重新回到体内。我再次有勇气相信自己有可能做出改变。在六十岁生日那天，我终于想明白具体该怎么去做了。我喜欢这整个想法，程度跟我十六岁时有的那个一样。

但是自信的火花稍纵即逝，在冰冷黑夜的笼罩下再次熄灭，整个想法快速退回，离令人惊愕的无关紧要性仅一步之遥。凌晨两点，我躺在床上，无比清醒。现在距离我在弗朗西斯面前彻底崩溃仅过了几小时，我已经不再沉浸在自怨自艾中，但尚未完全走出，只要稍加刺激，就会重新陷入。我的大脑一刻不停地运作，劝我放弃全部希望。

我感觉之后的九十分钟比往常过得快，或者是因为我时睡时醒，没有察觉到时间的流逝。3点半左右，我变得过度自信，萌生了一个想法。尽管部分理智告诉我这个想法荒谬可笑、不切实际、异想天开，它却依然顽固地生长。

快5点的时候，天已经亮了。我极度清醒，继续睡觉着实可笑，而且还有那么多事要做。我的大脑异常活跃，它不再抱怨，重新开始了规划。

"你醒了吗？"我试探着问道。之所以这么问，是因为弗朗西斯完全没打呼噜，刚刚还翻了个身。过去几周他每天都醒得很早。没有回应，我静静地等着。他露馅了，打了个哈欠，我立马抬高声音，重新发起攻击："你醒了吗？"

"没有。"

"哦，太好了！我一整晚没睡。"

弗朗西斯坐了起来，想要表现出关切的神色，但是面部肌肉没跟上。

"你还好吗？"

"哦，当然了！我很好。我只是整晚都在想……"

"哦，看在上帝的分上！我分明跟你说过别再想了。他们根本不值得。你努力了，并没有什么用。向前看吧！"

"这就是重点！我知道怎么做能有用了！我有个点子！听我跟你讲……"

"先等我喝点咖啡！"

弗朗西斯慢吞吞地下了床，十分钟后手里端着两杯美味的玛奇朵咖啡爬上楼，回到了房间。直到把杯里的咖啡喝得一干二净，他才继续我们之间的谈话。

"好了，是什么好点子？"

"我想我们两个应该设立一个慈善基金会，就叫斯科特 - 摩根基金会。这是一个纯粹的慈善研究机构，用来实现我所有的想法。"

"嗯，那是自然！"

"什么？"

"既然运动神经元病协会不能完全实现你的想法，自然应该由你来做。我们几个月前讨论过这个……"

"是，但这在当时没什么意义。"

"现在有了。如果你不加快行动，一切都会土崩瓦解，所以你今天就得处理好所有事情。"

"今天是周日！连人都没有！"

"那简直完美，不是吗？昨晚快睡着的时候我就在想，这样一来，你就可以整理好自己的想法，在周一早上所有人上班之前把邮件发出去。"

"什么？"

"我昨晚一直在想……"

"你昨晚根本就不知道基金会这回事！"

"是，但我知道你肯定会有想法的。"

"要是我没有呢？"

"那我就再给你做一杯咖啡……"

我现在确实需要咖啡。下午早些时候，我又喝了一杯。那之后，我已经充分整理好了自己的想法，可以给前几个月联系过的所有人发一封邮件，跟他们说我和弗朗西斯正在创立一家完全独立的研究基金会，由此，之前我们一同讨论过的想法都能继续推进。按下发送键前，我先给弗朗西斯读了一遍。

"这些不就是雷之前说的只会和他所在的公司以及运动神经元病协会合作的那些公司吗？"

"没错，不过那个说法自协会理事临阵退缩起，就不再成立了。基金会在法律上将是独立的，由同样独立的理事会经营。这跟同我个人合作截然不同。"

"我知道，但是你给这些公司的人发邮件，他们真的会加入我们吗？"

一如既往，弗朗西斯凭直觉指出了我计划中最薄弱的环节，不费吹灰之力。

"我不知道……也许吧。真的希望如此。我们不需要很多大型企业，即便只有一家愿意也足够了。如果我们能说服一家，再招揽足够多规模较小却至关重要的企业和专家，慢慢地就可以吸引更多的大型企业。基金会办得越成功，就会有更多极为优秀的能人加入。"

"所以这基本上完全取决于你能否在接下来的一到两天成立一

个核心团队，以改变历史进程！"弗朗西斯根本不需要说他全力支持我，这不言自明，因此他接着说道："别有压力……我们大概需要多少理事才能成立基金会？"

"八个。"

"正好八个？"

"嗯，我想好了具体需要哪些角色。等成立之后，我们会需要更多人手。但目前，除了我们，还需要六个人。我会在其中担任首席科学家，而你是护理董事的不二人选。"

"哦，不！你可以找到比我更称职的人！"

"绝对不可能！天哪，你'经营'一家'护理机构'十二年。而且近来你对如何看护一名重度残疾人有着直接又深入的了解，简直不比任何一名专业人士差。总之，你是联合创始人！"

"呃，我会考虑一下。"

"好，在我们这八位能士中——"

"啊，好吧，如果我们打算当能士的话……"

"我们当然打算当能士了！现在我们已经有了'小白鼠'和'护理员'。如此算来，要想打破规则，我们还需要招募六名关键人士。我是这么想的……"

同盟八能士

主管

阿伦（正是我在进行"肠道准备"时与我通话的那位）曾担任运动神经元病协会理事会主席多年，该理事会拥有无上权力。不过当他给我打电话时，他恰好即将卸任，做满了规定的最长任期。我们从未一起参加过理事会议，但一直保持着联系。

近期阿伦继续在默西赛德郡的分中心担任理事，那里是他的家乡，因此给他带来一种新颖务实的视角。我喜欢这种视角。在我的交际圈里，他也是对慈善机构管理中种种复杂精细的事情（总的来说，就是哪些人能够合法地做哪些事）最为了解的一位。此外，他一直在私下里指导我作为理事的工作，在这个过程中我逐渐建立起对他的信任。他独一无二的才能必将成为基金会的宝贵财富。某个周日，他抽出时间与我进行了几分钟的视频通话。

"不知道您是否愿意担任我们的财务主管，"见他没有立刻拒绝，我的信心又增加了几分，"成为我们基金会管理理事会的一分子呢？"

他笑了笑，说："乐意之至！"

电视制作人

英国广播公司的负责人曾给我不受限制的秘密访问权限，让我解读该公司的内部运作。直到那时我才得知电视行业其实是由一个神秘的变色龙种族运营的。

事实上，任何能够坐上管理位置的人不仅得有能力管好一般人，还得有能力管好那些比自己更加出色的"顶级人才"（常人眼中的"明星们"），纵使其中一些人才自我意识很强，自带气场。为了完成这种极为艰巨的心理任务，最好的管理者都训练出了八面玲珑这一秘术。我可不是在暗示他们是双面人，最好的管理者至少是十面人。如果"天气"好，变化可能更多。

我现在正在给帕特打电话，但我第一次认识他还是在一年多之前，那时我就做好既被这个人吸引，又被这个人骗到的准备了。毕竟，在成为他现任这家优秀公司（该公司正在竞争关于我的纪录片的拍摄权）的总经理之前，他可是英国广播公司电视节目的负责人，是三千多号员工的顶头上司，管理着超四亿英镑的年度预算。他的变色能力说是一人千面都不为过。

我开始逐渐了解他，并且真正喜欢他，欣赏他。他展现的那面始终如一，但我无法准确将其分类。一方面，他像个站在街角的活跃竞选人，积极告诉路人各种形式的多元化和包容性；另一方面，他又像指挥着大型私掠船穿越风浪的船长，在七大洋中搜寻隐藏的宝藏，体验精彩的冒险。但总归不是权力机构展现的那一面。

"您是否愿意考虑担任我们的媒体总监？"帕特人脉广泛，媒体总监由他来担任再合适不过了。沉默一秒后——我担心再冷场半秒就不好了，便赶紧补充道："当然，你可以等到纪录片拍摄之后再加入。"他仍然没有开口。"从而避免任何可能存在的利益冲突。"我总结道，仿佛这是问题的关键。

"彼得，按照我现在对你和弗朗西斯的了解，我可以认为你们准备利用基金会做出一些改变吧？哪怕得罪一些人，也在所不惜？只要它不会变成那种无聊的慈善组织，我就接受。"

"基金会可能会做出很多让人意想不到的事情，但它绝不会是无聊、保守和规避风险的，帕特，这一点我向你保证。"

他第一次在电话中咯咯笑了起来，低沉的男低音，还伴着时不时的男高音，听起来就像个发育过快的学生在密谋大干一场时发出的笑。

"这么说的话，我无论如何都不会错过！"

语音博士

自我和马修第一次使用 Skype 通话之后，塞雷普罗克公司就着手为我打造新的合成音，我们二人也一直通过电子邮件保持紧密联系。更重要的是，我们已经见了几次，而且马修通过了弗朗西斯的测试。测试内容晦涩难懂，测试者使用了自己的直觉和看似高深的盘问技巧，最终会形成一份性格评估。从我几十年的经验来看，测试结果往往出人意料地准确。

"你真的是个很有魅力的人！"在我邀请马修担任语音合成理事时，他如此说道，"没问题，能参与你们的计划我感到很荣幸！"

除此之外，我们还继续了先前的讨论，即如何让我再度开口唱歌的问题。几个月前，我肺部和喉部的肌肉已经逐渐萎缩到一起，使得我再也无法唱歌。对于我这种一生都在对自己唱歌的人来说，我真的很想念唱歌。我向马修提过这个问题，几周后，他通过电子邮件给我发来了一份音频。音频中，我的合成声清晰地唱出了《叮当欢乐颂》。

"这也只是证明了想法的可行性，"在我们之后的谈话中，他坚持道，"去看看《纯粹的想象》这首歌的歌词吧，那简直就是为你而写的。有一段是这么唱的：'任何你想做的事，去做吧。想改变世界吗？没什么难的！'哪怕是像我这种悲观的人，听完眼睛都有点湿了。"

"我们发行一个音乐视频如何？"

"那得把你高分辨率的化身建立起来并使之运行。不过的确，音乐视频是个好主意，我喜欢！"

极客化身

"所以，我们打算做一个音乐视频！只不过我们需要让你们制作出来的高分辨率化身用我的合成音唱出歌词来，你觉得这可行吗？"

我觉得阿曼达和她在松木制片厂的那些同事有一个很棒的优点，那就是很少会有什么事让他们觉得不可行。她很喜欢和马修一起工作，当她在塞雷普罗克的介绍会上与我的朋友们会面时，她对我说的第一句话便是："我在极客的天堂里！"

阿曼达的同事亚当最近已经不辞辛苦地把每一根毛发、每一根睫毛、每一处瑕疵都添到了我的化身上，他还主动修改了我化身的发型。弗朗西斯和安德鲁一致赞成他做的变更，认为新的形象比原来的那个有了很大的改进，以至于我现在可能是地球上唯一一个得改变自己的发型和发色来和化身相匹配的人。这还使得来自数字形象（Embody Digital）公司的另一名同事阿里必须修改我低分辨率化身的发型……

"是的，这绝对是可行的！我们能让高分辨率的彼得 2.0 做到任何事，只不过需要很多处理过程才能做出实时反应，目前的处理速度还不够。但几年后我们就能制作出高分辨率，且一直处于实时状态的彼得 2.0。"

其实，在视频通话之前，阿曼达就已经通过电子邮件告知了我她对基金会的看法："毫无疑问，能成为反抗者联盟的理事，我倍感荣幸！我真的觉得基金会的成立联合众人齐心协力所产生的结果是惊人的。这里聚集的都是足智多谋、勇往直前、做好战斗准备的创造性人才，能对诸多领域发挥积极的作用。改变生活，改变世界。"按照我的解读，她想必又来到了极客天堂。

设计师

埃丝特来自马德里，居住在伦敦，最近大部分时间都在巴黎度过。但无论她身处何地，她都能流利地掌握当地的语言。从我们第一次见面起，她就给我注入了无穷的信心：无论有什么人妨碍了我们的目标，她几乎都能面带微笑，将他们统统扫清。在第一次见面中，我们便一拍即合。

她在一家全球设计和创新咨询公司担任主管，工作繁忙。但是每次我找她谈论我的想法时，她都在休假，或者当时是周末或节假日。这释放了一个信号，即她或许真的很关心我正在尝试做的事。

"我的确很关心你正在尝试做的事，"埃丝特证实了我的想法，以拉丁人特有的那种饱含热情的口吻说，"我十分乐意加入你的基金会，彼得！"

这是个好消息。同样好的是，埃丝特的热情显然极具感染力。不久后，她的两名年轻的同事——劳拉和罗宾主动牺牲了自己的闲暇时间，和我一起为所有的人工智能系统设计用户界面。以我现在的状况，我会日益依赖这些系统。他们的整个理念与我的理念相吻合——设计以人为中心的高科技产品，而不是反过来。他们都是很美好的人，于我而言这是意外之喜。

人工智能巫师

从概率上来讲，杰里和我本来永远不会见面，更遑论成为好友。首先，杰里住在美国圣路易斯。自 1976 年，年轻的牛仔布拉德慢悠悠地上了灰狗巴士，闯入我的生活之后，我便再未去过圣路易斯。而那年，杰里甚至还没出生。

其次，杰里工作的公司是 DXC Technology，这是世界上鲜少有人听说过的一批公司之一。作为一家国际信息技术咨询公司，DXC Technology 实际上改变了整个行业的规则。它有十五万名员工，业务遍布全球，去年营收二百五十亿美元。尽管如此，我并未与这家公司有过任何交集。

我与杰里的相识始于一个叫帕特里克的人。他向我和弗朗西斯做了自我介绍，并在谈话中问了一个显然不相干的问题："您对艺术感兴趣吗？"由于我只是在高科技、赛博格和其他跟科学有关的话题上侃侃而谈，我能看出，他自己也觉得这个问题与先前的内容毫无关联。我很清楚，我十几岁时在艺术楼里度过的那些午休时光绝没有被记录在我的电子足迹中，选择科学而非艺术给我留下未曾实现的遗憾这件事，帕特里克也不可能得知。因此，对他而言，问这个问题真的愚蠢，却又很好。帕特里克表示，DXC负责人工智能的主管提出了一个疯狂的想法，他想设计一套人工智能系统，可以让我进行艺术创作，哪怕在我完全瘫痪之后。我跟他说，这疯狂的想法深得我心。

几天后，我收到来自DXC公司人工智能主管的邮件，这位主管正是杰里。我们的第一次视频电话打了一个多小时，两天后又打了一小时。随后我们定下了每周打两小时视频电话的安排，没有期限。我们的对话妙趣横生，在我鼓起勇气询问杰里是否愿意考虑加入基金会的理事会并担任副主席时，我已经对这样的交流欲罢不能了。

在谈话中，我们会将自己的想法告诉对方，由对方进行优化后再反馈回来，如此循环往复。杰里会根据我们谈话的进度编写新的人工智能代码。我们很快发现，要让我真正成为一名赛博格艺术家，创作出任何人类或人工智能都无法单独完成的作品，我们还需要考虑一系列广泛的问题，大到如何更好地运作以人为中心的人工智能，小到基本的伦理问题。同样令人兴奋的是，我们很快就进行了前无古人的人工智能实验。这些实验带来的突破是革命性的，而且充满乐趣。

我很担心会破坏这样美好的交流，甚至在我们的其中一次视频电话中，我完全放弃提及基金会的话题，并自我辩解道，这将挤占我们共同创作的宝贵时间。但后来我给杰里写了一封详细的邮件，内容涵盖一切我能想到的事。我向他解释，我坚信只要有合适的人来领导基金会，我们的反抗者联盟必然能够日益壮大，并最终打破现有规则，彻底改变世界，推动人工智能的发展方向，使其从独立的人工智能变为人机合作。我请他认真考虑一下，哪怕我的请求在他眼中可能显得荒谬。

我按下发送键不到一分钟，杰里就回复了我："我认真考虑了一下（整整两秒钟呢）。算我一个！"

茁壮成长的权利

彼得，您好：

我们真的急需您的帮助，越快越好！现在朱利安在医院里，肠子上穿了个孔并插了鼻饲管。我们偶然发现国家医疗服务体系的相关政策可能导致他无法接受自己迫切需要的手术。医院里的工作人员告诉我们，由于手术后可能存在戒断问题，他们有权不为进入重症监护室的患者提供三级康复治疗，并希望我们签署放弃"不尝试进行复苏"同意书，开始考虑临终关怀问题。可是朱利安的情况根本没有那么严重：他仅在夜间需要无创通气，而且不借助任何仪器的话，他的血液含氧量也能达到90%。医院方没有给我们明确的回答，也不准备和我们讨论造口术等治疗方案。我们一筹莫展。如果您能提供任何形式的帮助，我们将永远感激，因为按照医院现在的照顾和态度，朱利安是活不下来的。

说真的，谁会想到欺骗死神竟然也是一份全职工作呢？

据我所知，其主要原因之一是，运动神经元病最糟糕的地方并不在疾病本身，而在人们对这一疾病的态度：部分医生的态度、慈善团体的态度、政府的态度、大众的态度、亲戚朋友的态度，以及最重要的——我们这些被诊断出患有"最残酷的疾病"的患者自己的态度。

我对朱利安几乎一无所知。唯一的了解是，一年前他给我发了几条信息，说他觉得我的"茁壮成长的权利"鼓舞了他，令他安心。随后，他的妹妹在脸书上联系我，向我寻求帮助。那实在不是个好时机——距我的喉切除术仅剩不到两个月，我的书才写了一半，基金会仍在正常筹建中，而且在我失去自己的声音后能帮助我有效说话的高科技系统尚未被研发出来，生活也非常繁忙。也许朱利安的妹妹对医院有误解，或者她反应过度了，又或者她是对的。以防万一，我还是让安德鲁给所有我觉得能提供帮助的人发了邮件。

事实是，无论朱利安是否危在旦夕，我知道在英国乃至全世界，有很多和他一样的患者正因为人们对运动神经元病的态度而走向死亡。并非因为没有维持生命的手段，而是因为他们被允许死亡，或者被告知死亡。

我是十分幸运的。德文郡国家医疗服务体系里的几乎所有人都完全支持我的目标，我受到的治疗也堪称典范。但在过去一年里，有越来越多来自世界各地的陌生人和我联系，讲述关于他们的恐怖故事——如何被剥夺了用于维持生命的治疗（我逐渐认为这种治疗是人权的一种体现）。更糟糕的是，当我对一些自称保护运动神经元病患者权益的慈善组织的相关人士提起这事时，得到的回应是他们"需要小心"应对此类问题，因为他们不愿承担"惹恼临床团体"的风险。但他们似乎从没想过这样做会有未能展现任何实际领导力的风险。

面对这种摆在明面上的不公，尤其还是在英国，我的内心满是沮丧，于是我给国会议员凯文·福斯特写了一封信。他主动提出跟我见面，并表示愿意提供帮助。这当然是件好事，但我们都知道脱欧一事让整个议会狂热不已、混乱不堪，其他事情也就不会有什么结果。当然，这事确实不了了之。毕竟，权力机构的不成文规则就是如此运作的。

但这并不能阻止我对那些陈腐的态度所造成的大量不必要的痛苦感到怒火中烧。那些失败主义者的态度仍有一些存在于医疗行业内。很多慈善机构似乎无情地将运动神经元病描述成恐怖的绝症，也许人们认为这样能获得更多的捐款，以用于研发治疗方法（可以说遥不可及）。可主要问题在于，很多运动神经元病患者被迫陷入一种异常消极的态度，因为患者和其家人在得到诊断结果后所听所读的全是负面的消息，尤其当患者决定在谷歌上搜索"运动神经元病，肌萎缩侧索硬化"时，那简直是一场灾难。

有的医生极其擅长如何告知病人诊断结果，但有的医生则残忍地抛出结果。有人告诉我，有一名会诊医师在告知患者诊断结果时会下达判决——"有时候，世事无常"，也有医师会将诊断书和一盒纸巾同时奉上。

这样的态度具有破坏性，其结果是很多医生跟我说，他们的一些运动神经元病患者拒绝接受自己患病的事实，甚至连插鼻饲管这件事都不愿意讨论。这实在可悲，尤其是因为在这些患者快要饿死，却发现插鼻饲管来不及时，他们不太可能继续拒绝接受自己患病的事实。

有人告诉我，即使知道将来会无法吞咽，很多患者也选择不做任何准备措施，因为他们把在身上插根管子视作走向严重残疾的第一步。他们无法走出那一步。但第一步其实早就迈出了——在他们第一次察觉到运动神经元病的症状，却不知道那是什么的时候。

接受第一场保护生命的手术除了具有英雄主义色彩——你在很大程度上仍能主宰生活，与命运进行抗争——并无其他象征意义。要知道，没得运动神经元病的患者也有需要一直插着鼻饲管的，他们中的很多人直到自己不再需要才停止使用它。除非医学上有所突破，否则我们运动神经元病患者会一直需要鼻饲管。将插鼻饲管视作某种重大的转折点显然过分夸大了其重要性。

还有人告诉我，有些患者选择让自己挨饿，从而"早点"死去。有些患者拒绝使用呼吸机，选择慢慢窒息而死（在此我必须强调，如今的姑息治疗十分优秀，患者完全没必要承受饿死和窒息而死的痛苦）。如果这些患者的决定是在充分了解病情后做出的，我会轻松接受他们的选择。

但让我感到极其不轻松的是一种想法，即如果他们了解我所做过的一切，也许其中一两个，或者很多，甚或所有人就会做出不同的选择。我永远不会忘记在我做三重造口术之前瑞士的尊严（Dignitas）诊所给我发的一条消息，告诉我有一名运动神经元病患者联系了该诊所，可他正在"看着你的所作所为"，显然我"给了他希望"。这一消息是我继续写作本书的最大动力；要知道，人想要结束自己生命的原因多种多样，但失去希望而死无疑是最为悲伤的一种。

我觉得人主要是因为看不到希望而感受到死亡的压力不仅让我感到极其悲伤，还让我感到非常沮丧。他们除死亡之外没有其他合理的选择。我希望他们看到出路和选择。我希望他们知道自己有选择。我坚信，他们的行为完全由他们自己决定，我坚决捍卫他们选择死亡的权利。但同时，我也坚决捍卫他们选择生存的权利。

只有拿出真正的可替代方案供人们权衡才能让他们相信自己可以做出选择，否则选择不过是既成事实——一种虚假的决策仪式，其决策结果从未被人真正考虑过。而我想做的，就是让运动神经元病患者真正感觉自己拥有选择权。事实上，现在有很多患者认为，死亡是他们唯一有效的选择。

我一直被告知，患者选择不插鼻饲管或者使用呼吸机，因为他们在完全了解病情后不愿进行，或者继续进行在他们看来痛苦无比的"临终时期"。但我担心的是，很多人做出的选择可能是在临床抑郁症的影响下做出的。抑郁是一种非常可怕的疾病，远比运动神经元病严重，不是做出关于生或死的公正判断的良好状态。可那并不是我担心的主要原因。

在我看来，罹患抑郁的原因才是最大的悲剧。"因为他们被诊断出患有运动神经元病！"是一个显而易见的原因，可我觉得真正的原因却远非如此。那些对运动神经元病预后的恐怖描述才是罪魁祸首。比起变成意识清醒但无法移动的"活死人"，承受多年的折磨，死亡反倒像是幸运的缓刑。

此外，有的患者还担心自己会给所爱之人带去巨大的精神痛苦以及护理负担。经济压力是另一个影响因素。有些患者本就害怕自己正在面临的一切，如果他们能为活着的所爱之人的利益牺牲自己，甚至称得上一种爱的行为。

在过去，对运动神经元病的可怕描述基本是真实的。其结果是，太多人在很年轻的时候就死于这种病。他们往往是第一批被羞辱、被恐吓、被摧毁、尊严逐渐丧失的人，直到最为坚强的人中有人放弃了希望，而其他人也选择不继续存活，因为他们不愿自己所爱之人继续受苦，或者是害怕自己承担不起选择生存的经济重担，又或者是受到其医疗团队的霸凌——"顺其自然吧"。再或者，他们压根没有被告知还有死亡之外的选项。

我也不知道，如果我生活在过去那糟糕的岁月里会做出什么样的选择。但可以确定的是，如今时代已经变了。我们已进入 21 世纪，尖端高科技继续如井喷般迅速发展。如果我们这些运动神经元病患者有选择，就可以拥有令人满意又振奋人心的未来。半独立、充实、有趣的生活已成为可能。高科技甚至可以让生活变得更加精彩。怎么会有人甘愿错过这些呢？

当然，要想改变世界，仅有科技是不够的。如果我们只是提出绝妙的想法，只能提供惊人的概念证明，那我们是失败的。如果我们提供的是人们无法获得、不想要、买不到、买不起，或是无法支持患者长久存活的高科技，那我们也是失败的。

只有当我们永远改变了世界，让所有人，哪怕是严重残疾的人，在做出选择后都能茁壮成长的时候，我们才算成功了。

所以，除了开发出令人瞠目结舌的高科技产品，我们还需要改变态度。我们需要将研究作为改变干预重要的一部分，通过传统媒体和社交媒体引发人们的重视，并在必要时游说政府和医疗保健团体。

为了继续改变世界，我们的研究人员必须不断更新并发展研究内容和研究方法，持续扩大研究领域的范围，始终保持自己的前沿定位，致力于将高科技应用到运动神经元病和重度残疾的治疗中。他们还必须不断利用摩尔定律[①]将研究成果转化为用户工具，一直努力支持每一个梦想挣脱被困于紧身衣中的人。我知道这套说辞听起来很老套，但如果现在不去做，要到何时才能去做？如果我们不去做，还有谁会去做？

　　彼得，您好：

　　　　我是朱利安的母亲。我们非常感谢您的帮助，医院对朱利安进行外科手术的态度发生了巨大的变化。

　　　　几乎每一个来探望朱利安的临床医师都非常兴奋地提到了您的名字。

　　　　医院将对朱利安进行一次复查，并提前为可能会做的喉切除术或气管造口术制订计划。朱利安的外科医生打算就手术事宜联系普利茅斯，如果院方觉得自己技术能力不足，甚至可能会让朱利安去那边接受手术。

　　　　对我们而言，这些都是好消息，我很高兴我的女儿联系了您。

---

①英特尔公司创始人之一戈登·摩尔在 1965 年发表的对半导体芯片集成度呈指数规律增长的预测，即芯片上集成的元件数量每 18 个月翻一番。

　　我也相信您已经跨越障碍，让"茁壮成长的权利"运动蓬勃发展。

　　我能感觉到，这里的医护人员都殷切希望参与这次既有创新性又有开创性的干预治疗，为肌萎缩侧索硬化患者和运动神经元病患者提供帮助。认为患了病就毫无希望的态度已经完全改变，我觉得这是向前迈了一大步。

　　我对您的感激之情无以言表，若没有您的帮助和支持，朱利安所剩的时间就不多了。他想要茁壮成长，而正是您促进了这一权利的实现。

　　几天前有人对我说，人们虽然没有被赋予死亡权，但在患有运动神经元病的情况下，他们有可能被剥夺生存权。我认为这一观点极其深刻。

　　我为那些不知如何反抗体制的人感到心痛。我十分开心我们能和您取得联系。您的言行鼓舞了我们，您给了我们希望。

　　再次表达我衷心的谢意，我们对您的帮助永远感激不尽。如果在您极其振奋人心的事业上有任何我能帮上忙的事，请告知我。

火焰守护者

现在我的声音极其虚弱，而伦敦 DXC 创新中心最大的会议室里坐了近三十人，我不得不让他们尽可能地向我靠拢。我曾与多家大型企业进行过交谈，但仅有两家展现出勇气和领导力（或者说是奉献精神和社会责任感？），出席了会议。不过，对为时两天的工作会议而言，两家大型公司已足以启动基金会项目。

DXC 当然在参会之列，同来的还有了不起的英特尔公司团队——与斯蒂芬·霍金进行合作的那支团队。此外，与会的还有塞雷普罗克的员工、埃丝特的同事、参与化身创造的大批专家，以及基金会不可或缺的几个人。

目前是会议第一天刚开始的时候，会议日程满满当当，时间很长，从早上 8 点一直到晚上 8 点，两天都是如此。我需要让基金会运作起来。更重要的是，我需要确保在可预见的未来，基金会尽可能处于最佳轨道上。

房间里的每个人都按我说的做，把椅子往我的方向移了移。我让他们靠得更近一点，聚到一起，直到每个人都能听到我的低语声。然后我开始讲话："这是斯科特 - 摩根基金会的第一次成员会议！接下来两天是你们能听到我用自己的声音说话的最后时光，所以，我觉得我会开启一扇连接过去和未来的大门，以记录这些重要事件。

"1984 年 8 月，我的第一本书《机器人革命》出版了，距今已近三十五年。关于这本书的结尾，我和我的编辑（以及审阅的教授）进行了激烈的争论。在结尾，我预言了遥远未来的图景。但我真的是蠢到家了，竟然对不远的未来进行了预测，连我自己都能活到那个预言被证明是错的。我的预言发生在半个世纪后。在那时，半个世纪还让我觉得非常遥远。"

我继续解释我的担忧，就像我对弗朗西斯说过的那样，即人类已经走到了我很久之前预言过的三岔路口，并在不知不觉中选择了一条错误的路线，驶向独立人工智能（这样一来，人类终将不可避免地被人工智能远远抛在身后）而非人机协作的方向。在我看来，人机协作能让我们做一些无论是人类还是人工智能都无法独立完成的事情。

"我从来没想过，几十年后，我会想读出我的想法。但在重读了最后一段后，我的确很欣赏当时随意选用的'太过脆弱的身体'这一表述，现在看来有着浓浓的讽刺意味。考虑到如今我甚至不能自己拿起这本书，朗读这件事，就请安德鲁为我代劳了。"

此时，大家的注意力都转移到了我那名尽职的侄儿身上，他读道："如果选择'强化人'的道路，那么人类和机器人有可能保持在同一个'进化分支'上，而不至于出现人类看着机器人脱离我们共同轨道的那一天。这样一来，人类终有一天能够用使用时间更加持久的机械装置替换他们太过脆弱的身体，并将超级计算机用作'智能放大器'。"

我接着说："三十五年过去了，如今，这间会议室里的我们有机会将未来推向那个方向。这正是杰里所说——'站在改变发生的前沿'的终极情形……我们不可能凭空捏造！我们正是这原创故事里的关键人物。

"但我们都知道，如果这是一部大片——有朝一日会是的，那么此刻正是电影人物面临艰难处境和极高风险的时候！经过各种狂言妄语、心潮澎湃、宏伟构想和浅薄承诺，终于，真正的英雄——那些对真正改变世界有着耐力、卓越的才学和炽热激情的人——登场了。这样的英雄正是在座的你们，以及几小时后加入我们的其他反抗成员，不管他们是健康的还是借助电子设备生存的。

"我们就是英雄！我们是反抗者联盟真正的核心成员。

"但现在是个至关重要的时刻。我们反抗的对象是当前的现实，我们的使命是改变人之所以为人的意义，我们的愿景是创造一个协作型人工智能的世界，以解放人类，让所有人——哪怕是我这样的残疾人——都能够茁壮成长。可如果我们在接下来的步骤里失败了，那么一切都将化为泡影。原因很简单。

"其他人不会去做我们能做的事，甚至不会尝试去做我们正打算做的事。与之相反，我们正在反抗的现实却十分强大，我们正在努力改变的是注定错误的未来——人们默认的那种未来。处境越来越艰难，风险也越来越高的真正原因在于，我们面临的最大挑战并不是技术上的——尽管它们同样难以攻克，而是心理上的。

"由新闻媒体、好莱坞，以及相关名流和公众人士煽起的对人工智能的强烈抵制，想必各位都有所耳闻。我们需要创造一种可能，寻找一条生路。我敢说，也是一个新的希望。

"然而我们才迈出第一步，就已经看到部分权力机构开始退缩，对自己不了解的技术感到不适。我们还看到一些公司和个人选择沉默，袖手旁观，不愿公开参与，而是持观望态度，等着看会发生什么，对不能完全控制事情的发展感到惴惴不安，担心自己的声誉，或是不清楚加入其中对自己有什么好处。

"我理解他们。我明白。他们就是如此。

"但我们不一样。经过自然选择，在场的各位反抗者都有改变世界的能力。你们都从进行中的商业项目里挤出宝贵的时间，同其他人一起为我们共同的伟业奉献自己卓越的才华。我们的一些成员——尤其是优秀的杰里和DXC——有勇气和领导力，在公司的层面上公开支持我们，让我们努力打破社会现状，并证明无论世界抛给我们怎样的境遇，我们都能够拥抱它，影响它，引领它，从而在改变中茁壮成长。

"自今明两天起，我们有机会展示一条不同的前进道路，这条道路更加安全，不具威胁性，正如杰里最近写的——'部署在能够适应环境、拥有常识和创造力的人类身旁的人工智能'。这才是我们真正在做的事。我们正在证明一个观点。我们不是在讨论它，而是在实现它，展现它，使之奏效。

"同样令人难忘的是，我们正在对这种有远见、敢作为的态度进行编码，以确保这种态度比我们任何人的寿命都长，并将其嵌入一个独特研究机构的构想。这个机构的形式就是慈善基金会。

"我们慈善基金会的官方目标只是对那个让我们会聚一堂的最

初的梦想进行了重新描绘：在符合伦理的前提下，研究人工智能、虚拟现实、增强现实、机器人和其他高科技系统的使用，以提高那些受年龄、健康、残疾及其他生理或心理疾病限制的人的能力和福祉。

"在这一背景下创立的基金会，将十分明确且公开地利用创新的力量，在改变中茁壮成长，哪怕这次改变的导火索是运动神经元病。

"距离我再也无法自然发声还有整整八周，此后我的生活将取决于基金会的研究成果。但我们在接下来的日子里要做的事情，不只对我个人十分重要，还对所有重度残疾的人至关重要，最终是对我们所有人。

"当然，除了成为灯塔，为那些一无所有的人带去希望，我们的基金会还将推动全世界人工智能领域的进步，并照亮其前进的方向。我们的火焰越明亮，想要加入我们、让火焰更加明亮的人就越多。但永远不要忘记，我们是这火焰的守护者，而在火焰中心的永远是人性。

"我知道，在接下来的两天里我们可能会遭受重大挫折。我知道，我们会发现自己思维中的巨大漏洞，并为之感到惶恐。我还知道，我们都将疲惫不堪，犯下错误。但没关系。这是一段伟大旅程的起点，我们不必做对一切，只消向着光明的未来勇敢踏出第一步。能和你们一同踏上这段旅程，我非常自豪。我打从心底里感谢你们选择和我一起前行。"

"她可真棒！"回到旅馆后，弗朗西斯对拉马称赞有加。拉马来自英特尔公司，是其中一个人工智能实验室的主任。"在她发言的两小时里，所有人都在聚精会神地听着！"

"记得吗？斯蒂芬·霍金使用的设备都是她的团队开发的，她和霍金合作七年了。"

我们初遇拉马是在几个月前，当时她从加利福尼亚州飞到伦敦和我们共度了一天。傍晚的时候，英国电视四台的摄制组请她接受采访。采访进行到一半时，她无意中称呼我为"斯蒂芬"——在我看来，这想必是她能给出的最大的赞美了。

"顺便一提，很感谢你帮我换导尿管！"

我突然想起来，我很担心这天早些时候我于匆忙间给出的感谢不够热情。当时我在接连不断地开会，不料突然意识到我的膀胱满了。这本来是不可能的，毕竟我在一年前重装了"管道"，就是为了防止此类事件发生。几秒后，我断定自己的导尿管（一号输出）出现了堵塞。

真是不幸。不久后，我发现我的膀胱撑得像个过于膨胀的气球，甚至有爆炸的风险，这让我感到非常痛苦。我想，那可真是更加不幸了。然后我不情不愿地提早结束了会议并将窘境告诉了弗朗西斯。

耻骨上导尿管堵塞这事本来是足以让我紧急入院的，因为原则上这种导尿管需要医生或者护士进行更换，尽管医疗工作者中也只有少数人接受过必要的培训。幸运的是，我们未雨绸缪，让弗朗西斯接受了训练——这种情况十分罕见，并签字保证自己更换。我们挤到一个闷热的无障碍卫生间里，他充分利用查利的能力让我躺平，把我的腿当桌子，使用我们随身携带的急救包里的工具完成了一次完美的导尿管更换手术。十分钟后，我就回到了下一场会议中。

"我就是负责做这些事的。"他自嘲道，说的却是事实。随后他把话题转回基金会上："那个叫史蒂夫的人真不错，对吧？"史蒂夫是我们的新朋友，他在 DXC 于伦敦设立的创新中心工作，成了我们的赞助者，还专门去找了"古本"《机器人革命》来读。"杰里说要和 DXC 建立某种战略伙伴关系，是吧？"

"那真的是太好了！如果我们能给基金会拉来一定的赞助，我们的愿景无疑会发展平稳，我们也就能松口气了。如果有 DXC 这样的公司支持我们，一切就不一样了，你跟我所做的艰苦工作和牺牲也不会白费。他们会和我们一同成为火焰守护者——"

"哦，该死的！"

"怎么了？"

"我忘了告诉理事会，我们基金会的成员是多么多样化了！"

"这是什么意思？"

"我们有八个成员，对吧？这种说法一般意味着八个非同性恋的白人男人。但我们只有一个——这简直太酷了！我打算提一个建议，在会议记录中称他为'象征'……"

最后想说些什么？

"能够自主选择最后说出的话真是太奢侈了，"我兴奋地对安东尼说，"每个人都应该这么幸运！"

我的喉切除术近在眼前，我们打破了沿袭半个世纪的习惯，不再等着会面或通过书信交流，而是选择了 21 世纪的交流形式，使用瓦次普（WhatsApp）进行视频通话。我坐在自己的书房里，而安东尼在芝加哥，那边是周日清晨。他的公寓在四十八层，装修豪华，能俯瞰壮观的城市风光（正如他挥动手机，速度快到让人感到眩晕时所展示的那样），密歇根湖就在不远处。他的房子和 1976 年我跟弗朗西斯在芝加哥的住处只隔了几个街区。

"你决定了吗，最后要用自己的声音说些什么？"

"当然！要说的显然是……"

不知是这些话太明显了，不值得再浪费时间，还是安东尼很尊重我，不想进一步询问，他继续说道："你用合成音唱的《纯粹的想象》简直太棒了，完全是我记忆中你的歌声——好听但明显未经训练的声音。"

"弗朗西斯说我唱的听起来像安杰拉·兰斯伯里唱的《美女与野兽》……"

"当然是像《窈窕淑女》里的男主雷克斯·哈里森！不说这个了，跟我说说你近来怎么样。"

我这才想起，上次和安东尼见面时我还没有任何症状，而现在我都快要说不出话了。透过镜头，他能看到我瘫坐在轮椅上的样子。作为土生土长的温布尔登绅士，他自然没有直接提及我身体状况的恶化。

"啊，不得不说，我觉得瘫痪也是有很大好处的，尤其是在按摩的时候。我现在几乎每天都要按摩几小时，太舒服了！至于洗澡的时候，想必法老也得不到这么悉心的照料。简直像是搬到了全银河系最豪华的水疗星球。"

我们随意聊着，比如弗朗西斯设计了一个全新的木质花园，让我可以再次享受静坐在李子树树荫下的感觉；又比如有一名女士想筹备一部歌剧，由使用人工合成音的演员出演；还有，我的书快写完了。

"一切都在变好：我们刚把电影改编权卖出去了，买家是凭借《国王的演讲》获得奥斯卡最佳影片奖的那家制片公司。"

"哇，真不错！但那些人是否意识到世界上第一个真正意义上的赛博格其实是个同性恋？"

我们继续随意聊着，内容没什么意义却很重要，就像我十六岁时我们在五月那个晴朗的下午进行的对话。那仿佛已经是另一个世界，另一条时间线上的事了。

"等我变成赛博格，我们会再聊的！"

"让他们瞧瞧！很多很多爱……"

长夜漫漫。我已经习惯了夏天，而十月的黄昏似乎来得很早，让我难以置信。当暗淡的曙光终于不温不火地出现时，我已经醒了几小时。陌生的床和噪声也时刻提醒着我已清醒的事实。我思考着，聆听着夜间病房里的安静，时不时地被护士打断，因为她进到我病房的侧室里检查我的生命体征。偶尔我睡着时，又很快会被一阵肾上腺素惊醒，让我想起即将进行的手术。其实我更愿意醒着，之后我有的是时间睡觉。

距我进行自我诊断已经过去了几年。自那之后，这是我第一次有机会思考——我是说真正意义上的思考。不久之后，耳鼻喉科医师菲利普要和我会面，那时候我就又得忙着准备一切了。但现在除了等待和思考，我无事可做。手术即将到来，我却十分平静，哪怕菲利普会把我的喉咙割到齐耳处，并切除我的咽喉。

我发现自己思考的只是彼得的人生哲学是什么；当陷入焦虑时，我的潜意识会向怎样的信仰体系寻求庇护；抛开宗教，我真正信仰的东西是什么。

这并不是一连串的新想法，早在几十年前我就已理解相关的不成文规则，只是很久没有详细地思考过它们了。现在，我无事可做，便躺在病床上思考宇宙的哲学。

其中，指导我们生存的核心规则出人意料地简单——只需要遵从几条万能的规则。这几条规则让我们的宇宙得以运行，并支配着所有其他的规则。幸运的是，如此重要的宇宙规则只有如下三条，其他的都是细节：

　　一、科学是通向魔法的唯一途径。

　　二、人类因打破规则而至关重要。

　　三、爱最终战胜一切。

　　多亏了逻辑与爱定律（我在灰狗巴士上向安东尼解释过的那个，即"逻辑永远敌不过真爱"），宇宙第三规则成为其中最重要、最强大的一条，它统治着其他所有的规则。

　　这三条规则给了我莫大的力量和安慰。事实上，在遗忘多年后重新审视它们让我意识到，这期间我已对它们深信不疑。

　　首先，我提醒自己，我完全相信科学。这种信任并非因为科学总是正确的，而是因为科学会不断进步。而且不像教条，它的错误会稳步减少。此外，我还告诉自己，如果有什么能让我在患运动神经元病后的生活有所改善，那一定是科学。更加奇妙的是，随着科学领域的不断扩大，它所探索的现象变得越发古怪，越发罕见，越发神奇。但那些现象是真实的，或者说和世界上的其他东西一样真实。正如我向我的艺术老师解释的那般，这就是我始终钟情于科学的原因：仅仅因为发现了魔法的工作原理并不能阻止它拥有魔力。

　　其次，我对人性有巨大的信心。并非所有人都是善良的——我清楚这一点，但除开一些卑鄙残忍、令人生厌的无情个体，人类这个物种还是非常神奇、非凡又不屈不挠的，因为生于银河系一隅的我们仅凭自己就能有意打破规则。这让我们与众不同，至关重要。更令人担忧的是，我们可能是孤独的。宇宙中其他拥有意识的生命——如果存在的话——可能并不会像我们人类那样能够习惯性地、有创造力地打破规则，并产生深远的影响。我们独一无二又至关重要这一可能性使得我们对全宇宙负有做出改变的巨大责任。我们有时极其愚蠢，但能齐心协力解决问题。这就是人类的做法。

再次，我对爱的力量有着不可动摇的信念，尽管我清楚这样说公然违背了好莱坞式的那种"冷酷无情的科学家"形象——陈腐不堪且被过度使用。并不是说只要对所有人表达自己的情感就能解决一切问题，这一点我很清楚。但在其他所有方法都失败时，当希望已然破灭时，当面对重重困难，任何理智的人或逻辑严密的机器人都将选择放弃时，脆弱人类的爱会成为宇宙中最强大的力量之一——无论发生了什么。这样的爱是盲目的、固执的、荒谬的、伟大的、非理性的、自我牺牲的、不可阻挡的、无所不能的、毫无条件的。

我知道第三规则并不是奇迹，其本质——激素、遗传学、神经网络和复杂性理论并不能掩饰它的辉煌和绝妙。正因如此，这条规则才与前两条规则连接了起来：有时候，只有爱才疯狂和勇敢到足以打破基础规则；有时候，只有真爱才能变出真正的"魔法"。

"这可能会让你有种飘飘欲仙的感觉。"

默里已经做好了麻醉的准备，但按照我们先前的约定，她暂停了倒计时。这是我就手术一事最后做出决定——是选择继续还是就此终止的机会，也是她事先想好的委婉说法，暗示我"最后想说些什么？"。只有在我发出信号后，倒计时才会继续。不同寻常的是，麻醉室的走廊里挤满了人。一方面，走廊确实装潢精美；

另一方面，尽管走廊空间小，现在却容纳了默里、她的助手、轮床上的我、弗朗西斯和英国电视四台的摄制组。我穿着病人服，弗朗西斯以外的其他人都身着手术服，我们周围是令人印象深刻的手术器械。

默里示意弗朗西斯走到我身边。我们事先并未讨论过这一流程，但我挺希望他一言不发，静静等我说话。可事与愿违，他开口说道："大家认为你最后想说的会是——"

"只有七个字……"

我并非故意打断他的话，只是突然担心如果拖得太久，麻醉前用药可能会让我说出的话含混不清。但这将是我说出的最重要的七个字。

弗朗西斯俯身靠近我。一年多以来，只有这一刻我反复思考，并在脑中预演。因为某个相当不合逻辑又十分符合人性的原因，这种预演不仅没有降低这一刻的重要性，反而如我所愿，让它变得无比重要。从结果而言，这一刻变得越来越重要，在来临的瞬间左右了我的大脑对它的看法，它已被升华为我人生最后的转折点——喉切除术之前和之后，失去所有常规的交流手段之前和之后，彼得和彼得 2.0。

我一点都不害怕这场手术，也毫不怀疑它是我在理想的时机选出的正确的道路。我的生理声音日益变得难以被人理解，而我的合成音已远比现在的我听上去更像我自己，所以以新换旧无疑是一种升级。更重要的是，这场喉切除术是我去往可能的长生之路的通行证。可以说，就在我计划于统计学意义上死去的这一天，我计划采取一些措施迈向永生。我在反抗命运，在掌控自己的生活。这会是一个辉煌的新起点。

我只是不太擅长告别。

尽管所有的逻辑和常识都告诉我得接受这一刻，但我明白，它不可能仅被视作我无数告别中的一次，这些告别共同构成了由运动神经元病引起的一场"漫长的告别"。我已经记住了最后一次洗澡，最后一次爬楼梯，最后一次在达特穆尔散步，最后一次到处行走，最后一次自己下床，最后一次自己吃圣诞晚餐，最后一次签名，最后一次用手打字——哪怕只有一根手指，最后一次自己上网，最后一次拥抱他人。

然后，在喉切除术的准备阶段，我经历的告别越来越频繁：我最后一次唱生日歌，最后一次闻到大海那令人怀念的咸味，最后一次跟家人和朋友直接对话，最后一次向弗朗西斯道晚安。而现在轮到这一刻了，它意义重大，和其他的告别都迥然不同，是我人生重要篇章的结束，也是激动人心的新篇章的开始。在内心深处，我清楚地认识到了这一点。

我还认识到，要重启"发射"任务，将自己推进这个全新的、刺激的、无人涉足的平行宇宙，我只需要说出那简单的七个字——我人生最后的呢喃。随后，弗朗西斯会吻我，默里会给我戴上氧气面罩，告诉我她要开始麻醉了。几秒后我便会感到轻微的眩晕，这标志着我已启程前往另一个世界，无法回头。我现在需要做的，就是重启倒计时。然而我犹豫了。

我知道接下来的六个月会极度糟糕。我知道继自己的身体不能动弹之后，突然无法说话会让我感到厌恶。我知道由于不再有气流穿过我的鼻腔，我会失去嗅觉，而食物（我应该还能吃几个月的食物，只要它们够软）尝起来也会像感冒时一般寡淡。我知道我的幽闭恐惧症会发作，身体变得虚弱无力。我知道能让我爬出这个绝望山谷的高科技几乎都未问世，即使出现，也会时不时地崩溃、出故障、无法正常工作。我知道我可能会自怨自艾。

但我也知道未来两年会变得越来越令人兴奋。我知道我的自然语言系统将开始正常工作，开始准确预测我想说出的话，开始通过聆听（甚至观察）来判断状况并为我应该做出的回应给出不错的建议。我知道我的人格保持系统也会开始正常工作，我低分辨率的化身将实时移动，表现出正确的情绪，时常微笑，向人们传达我对他们的关心。我知道我将能够重新做出复杂的演讲，能够再次唱歌、从事艺术创作。我知道我的书将会出版，我的纪录片将会播出，甚至可能被改编成电影。我知道随着我们的所作所为逐渐为世人所知，基金会的发展会越来越壮大。我知道即使在两年之后，这一切都将只是个开始。

我知道未来二十年会极为神奇。我知道会有更多的人受益于基金会的研究——不只是那些受困于重度残疾和高龄的人，还有那些有好奇心、有勇气，想要变得与众不同的人。我知道人工智能系统的性能每两年就会翻一番，因此我的性能也会呈指数式增加，每两年翻一番。我知道受益于电子游戏产业的发展，虚拟现实技术的真实度将达到惊人的水平，以至像我这样的人——有极高分辨率的化身的赛博格——终将重获自由，再次变得不可阻挡，重返青春，甚至实现永生。我知道可能在十到十五年之后，脑机接口的速度与准确度终将超过眼球追踪系统，自那之后，任何有意者都能直接与人工智能相连，做到无缝工作，实现与人工智能的融合。我知道，如果我能帮助将未来推向正确的方向，我十几岁时梦想过的一切便即将成真。只有活得够久，我才能参与其中，帮助自己实现梦想，帮助改写未来。

改变世界是每个赛博格与生俱来的权利。自十六岁以来，我便一直在为这趟旅程做准备。

因此，我重启了倒计时。

尽管我已不能清楚地讲话，却还是抗争着，缓缓地、尽可能清晰地说："我……爱……你……"然后我说出唯一可能的一个名字："弗朗西斯。"

二十一年后

萨拉尼亚

"有了海克利夫的帮助，在这里工作和在我卧室差不多。"二十多岁的他身形瘦削，个子比他叔祖父还高。他叔祖父穿着一件紧身的虚拟现实服，在这暖房里显得相当古怪。"好吧，"他换上一副让人安心的表情，成了十几岁时解释自己为什么会爬上花园尽头的陡坡的那个男孩，"又能出什么事呢？"他露出顽皮的笑容，事情就这么定了。

弗朗西斯微笑着对他致谢，然后转过头，关切地看了看那具身体——现在它就像一尊干枯的蜡像，上半张脸被头戴式仪器遮挡着。

"他处于完全浸入状态，听不见你说话。"

"他说他有很多东西要给我看。"

"能让他回家真是太好了。"

"确实！我必须赶紧去他身边……"然后，他的声音略微提高，没有特别朝着哪儿："海克利夫？"

"是的，弗朗西斯。"这个声音属于我们的老朋友"人工智能巫师"杰里，如今回响在房子里的人工智能的声音使用的是他的语音资料。

"能带我去图书馆吗？"

"如你所愿。"那个声音笑道。通往开放式起居区的玻璃墙滑开了一部分，一把光滑的自动椅迅速飞了进来。

"哦，升级得越来越好了！"奥利一边小声嘀咕，一边帮弗朗西斯慢慢挪到椅子上坐下，伴随着后者发出的一声宽慰的叹息。

椅子平稳地加速移动，朝着远处的一部大型玻璃电梯而去。一分钟后，弗朗西斯来到了房子里最高、最具未来感的那间屋子。屋子里的大屏幕上实时显示着缤纷的异域风景，一整面墙的架子上摆满了最后几本印刷版书籍——都是签名初版，还有一批来自不同时代和地点的不拘一格的藏品。弗朗西斯只是看着墙上一张颇具魔力的地图，椅子就在地图前停下。他从破旧的储物箱里拿出面罩，俯瞰着托尔湾的玻璃幕墙慢慢变得不透明。

"海克利夫：萨拉尼亚——请启动完全浸入！"

"欢迎回来！"引导音低沉而友好，但听上去很容易变成咆哮，"您想去哪里？"

像往常一样，进入萨拉尼亚的大门正是原地图的复制版。这张地图上有三个王国和其周边的土地，配有详细的注解。

"他在哪儿？"开口的瞬间，弗朗西斯的心头涌上一股熟悉感。声音补偿器再次让他的声音听起来年轻又充满活力。

"大法师在城堡里。"

"那送我去卢西翁！"

收到指令后，地图立刻化为三维景象，倾斜了起来，直到弗朗西斯高高地飞到一处真实的地貌上空，以不可能达到的速度加速飞行。他的视野一阵模糊，然后他就骑着他的白马"银雾"出现在卢西翁城堡闪闪发光的城墙前，广阔的费森平原映入他的外围视野。他知道，他又回到了自己二十多岁的年纪。

　　弗朗西斯总觉得萨拉尼亚的阳光存在某种令人振奋的东西，比地球的阳光黄一些。鸟鸣声也更加清晰，阳光的颜色使得万物看起来像马克斯菲尔德·帕里什的一幅画，正如彼得一直想要的那样。他低头看向自己的右边，注意到他气球袖衬衫上的优质白棉和深蓝色的苏格兰皮短裙，而那跨在宽大马鞍上晒得黝黑而肌肉发达的大腿令他感到兴奋。人类的大脑如此肤浅真是令人费解。弗朗西斯欣赏着自己恢复生机的双腿，感觉他的自尊又回来了。他完全厌恶自己在地球上的那两条瘦削又皱皱巴巴的跛腿。此刻，在这个虚拟世界，他又恢复了强壮和活力。

　　他捕捉到一阵动静，在他身边的是忠诚的唐博恩——外形像一条爱尔兰猎狼犬，但体格更大，眼睛是明亮的浅蓝色。而且，唐博恩永远不会死去，堪称完美的犬类伴侣。

　　"嘿，唐博恩！"他们即将从狭长的石桥上跨过干涸的护城河。传送门通常会逐步指引他们前往目的地，以留出时间进行调整。"我们着急赶路呢。"

　　银雾开始快跑，唐博恩阔步而行，轻松跟上。高高城垛上的一名守卫吹了五声号角，以表示王子的到来。唯有国王驾临时，号角才会连吹六声。多年前，弗朗西斯就不再告诉自己，这一切都很愚蠢，只是一场幻觉。事实上，他的潜意识恳求他去欣然相信，去顺其自然，享受一切。而这些日子里他正是这么做的。他认为这些守卫都是算法，但不能完全肯定。不过无论如何，受到这样的欢迎总能让他心跳加速。

　　片刻之后，银雾嘚嘚地踏上了巨大的硬木吊桥。站在大门处的四名守卫将手中带有金属尖端的长矛整齐地用力砸向石板路，向弗朗西斯行礼时，又是一阵嗒嗒的马蹄声。银雾来到铁闸门下的鹅卵石路面，穿过拱形门楼进入古德里安阅兵场时，又传来了一阵嗒嗒声。彼得坚持说阅兵场足够大，容得下一千名骑士守护者。

天刚破晓。萨拉尼亚的一天足有二十九小时，所以用户在到达或离开时总会感觉到时间的混乱。彼得说这样一来，无论人们从哪个时区进入传送门都没有关系了。事实上，阅兵场几乎是空的，仅能看到骑在同一匹黑马上的两个人（其中一人袒露着上身）从远处的角落里疾驰而来。弗朗西斯意识到他们正径直向他奔来——这倒是件新鲜事。随着距离的拉近，他看清了来者其实是一个人，只不过骑在一匹半人马的背上。这真是件新鲜事：线上的半人马群体都不喜欢被人骑在背上的象征意义——这是半人马权利的问题。

随后他便看清了，骑在无鞍马背上的是阿里尔，一如既往地身着男装。她的座下是一名年轻的半人马，如果这半人马是人类，也就十八九岁。弗朗西斯心想，公平来讲，单看外表，阿里尔也是这个岁数，尽管在地球上，她现在一定和玛士撒拉①的年纪一样。他们滑行了一段，几乎停了下来，随后转了个身，来到银雾左侧，和它一起快速奔向大礼堂的入口处。

"让协议见鬼去吧！他怎么样了？唐跟我说他刚从医院回来。"阿里尔恰恰是所有人中知道每个人应留在自己角色中的那位，她不打破别人的幻想，不去提醒别人还有另外一个生活没那么幸运

---

① 《圣经》中的人物，据说他活了 969 岁，是最长寿的老人。

的世界。她曾对弗朗西斯说，她觉得在这个虚拟世界里创造出一个越发丰富的多元宇宙乃是基金会最大的成就之一。在这里，无论身体多么残疾，无论交流手段多么有限，任何人都能茁壮成长。她是虚拟世界最早的那批用户之一。从一开始她就坚持认为，在萨拉尼亚和任何人进行交谈时，提及她所说的那个"悲伤的世界"实属失礼之举。但此时此刻，她似乎毫不在意。

"现在你在首尔？"弗朗西斯也毫不在意。

"没错。我没看时间，现在一定是半夜，可我需要见你，"她突然露出少女般的微笑，尽管打扮英气，"当然，也要见伊里东！"

阿里尔伸出一只象征所有权的手搂住半人马的脖子，抚摸着它乌黑光亮的鬃毛。半人马笑着回过头，俊朗的面孔有一双美丽的绿色瞳孔。然后它转过上半身开始倒着快速小跑，但又始终使自己的躯干与银雾的脖子保持相对静止，向大礼堂奔去，速度丝毫不减。这让一贯沉着镇定的阿里尔都小吃一惊。

伊里东低下头，在裸露的胸前握拳行礼后才再度抬头。"很荣幸终于见到您了，领主大人。"如同所有的半人马一样，它的声音相当低沉。

"我也很荣幸见到你，伊里东。欢迎成为守护者的一员，你是什么时候加入的？"

"在三月争辉之时，领主大人。"

"伊里东让我骑上它……"阿里尔开始讲述那段冗长的故事。

在银雾身旁轻轻走动的唐博恩第一次开口了。尽管练习过，唐博恩的声音听上去依然像一种深沉却友好的吼叫。"呃，这可真让人惊讶！"它完美诠释了什么叫犬式讽刺，扬起小狗般的眉毛抬头看向弗朗西斯，"从十二岁开始，凡是活物她都要骑上去试试。"

"有所耳闻，你这可怜的老家伙！"

伊里东再次优雅地转过上半身，向前继续小跑。尽管被卷入了这场谈话，它现在至少可以假装没有听到。

"它是人工智能吗？"

弗朗西斯开启私人模式，用心灵感应术向阿里尔提问，以免伊里东感到尴尬。

"不，我觉得它是真实的。"

"我讨厌你在影射我不是真实的！"唐博恩低吼道。作为王子的伙伴，它的程序早在大部分的萨拉尼亚被建好之前就已编辑完毕。

"抱歉，唐博恩，你知道我的意思。无意冒犯……"

"没关系。顺便一问，你告诉它你是男人了吗？"

"哎呦！今天你的程序一定出了点问题，怎么说起话来这么讨人嫌！不，那不关你的事，我没有告诉它。我也没有问它是不是女人，没问它的年龄，或者它是不是人工智能。我并不想知道这些，至少是现在。我单纯很享受逐渐了解伊里东想成为谁这一过程。"

她顿住了，然后带着一脸无辜的表情补充道："而且性爱很棒！"

"信息量太大！"唐博恩吼道，"而且在萨拉尼亚，我怀疑那根本就做不到吧！"

"你怎么能不信呢！它被造成这个样子就像是——"

"闭嘴！"

他们已经到了大礼堂，八只马蹄停了下来，城堡门扉洞开的细微声音回荡在阅兵场上。阿里尔跳下马背，直视阿瓦隆的眼睛。

"作为老朋友，我会再问一遍：他怎么样了？"

即使他只在那儿待了几分钟，萨拉尼亚的魔法也已经开始起作用。事实还是那样，但不知为何，在此处谈论地球上的事让他们觉得自己仿佛在说另一个遥远又安逸的时空的事，讨论事实也更容易。

"医院里已经没有什么能帮到他的了，所以我们带他回了家。"

"哦，我很抱歉！他们——"她停住了，目光却依然炽烈，"有说还有多少日子吗？"

"没说。也许是几天，也可能是几个月。但他的大脑没受影响，我正准备去见他呢。"

"那我就不耽误你了。快去吧！向他转达我的爱意！"

"那是自然。"

阿瓦隆从马鞍上翻身跃下，大步走向宏伟的大门，唐博恩跟在他身旁。在他们走近时，两名穿着深红色皮短裙的守卫用肩膀抵住大门向外推。阔步行走的感觉远比拖着脚步走好。他回头看去，伊里东轻抚银雾的前额，然后载着表情严肃的阿里尔小跑着离开，银雾顺从地跟在他们身后。

大礼堂规模宏伟，令人惊叹，鼓舞人心。在另一条时间线上，拉海兰参加巫师比赛时差点丧命取得的那场胜利之战便发生在此地。那一战是原始地图的背景故事——《阿瓦隆之歌》中极为关键的一个事件。彼得甚至说服弗朗西斯和他一起参与创作，加入一场激烈又古怪的计算机对话，以阿瓦隆和拉海兰的身份重历原作最后一战所有的危险处境。

在这条时间线被安全存档后，他们又将自己代入了不同的身份，从观众的视角重新体验了这段剧情。更令人印象深刻（从弗朗西斯的角度来看）的是，他经过乔装后能产生重要的牵制，谱写一段不同的萨拉尼亚史，然后存档。

但现在，所有那些都无关紧要了。这一次，阿瓦隆奔跑着穿过宏伟的房间，眼睛只盯着前方巨大的楼梯。重回二十二岁，能够再次奔跑的感觉太好了。他来到楼梯边，和唐博恩来了场跳楼梯竞赛，一次蹦两阶，凭直觉按住他的腰刀费布里翁的圆头来抬高刀鞘，以免刀尖磕到台阶上。改编的游戏软件变得如此复杂是多久之前的事，他甚至都记不清了。

唐博恩猛地加速，率先登上了楼梯，但也只是险胜。在他们面前的是一对双开门，门后可能有两个房间。第一个不过是大型谒见厅，人人均可进入。第二个是大法师的图书馆——彼得的图书馆，除非你受邀进入，否则图书馆不会出现。弗朗西斯像往常一样犹豫了，双手放在那对硕大的凤凰形门把手上，不知道图书馆是否会第一次拒绝他的来访。然后他推开了门。

图书馆并非真的是一个房间，更像是一片空间，内部呈完美的立方体，边长有十多步，每一步都很大。大门正对着的那一面挂着一张巨大的萨拉尼亚地图，带着详细的注解。这张地图和彼得手绘的原稿几乎完全一致，除了马里多恩湾的海豚在水中嬉戏，泰罗斯高塔上的旗帜在风中飘扬，以及进入城堡时弗朗西斯只能看到他刚刚骑马经过的四名守卫。

立方体图书馆剩下的每一面都是地板，甚至天花板也是，上面还有一只巨大的黑色美洲狮正倒悬着踱步。这只猫科动物的那双淡蓝色的眼睛扫向门口，然后沿着"天花板"跳了起来，又从边缘跳到"墙"上，继续头朝下地跳到来访者进入其领地的"地板"上，接着突然以一种更显威严的步态，轻轻来到他们身边。

"嘿，查利！"弗朗西斯对他的老朋友说。

"两位，欢迎回来！"大猫体态臃肿，但那柔软的苏格兰毛刺一如既往地令人安心和舒服。它向唐博恩点头致意。

如果拉海兰的熟人在这里，那么彼得肯定就在附近，弗朗西斯思索着。但图书馆看上去空荡荡的，查利和唐博恩相互碰了碰额头，而阿瓦隆则左看看，右看看，上看看。弗朗西斯环顾四周，发现图书馆里的分类架一如既往地不合常理。这里是永恒的。更准确地说，这里包含所有的时间，而且空间是多维的。立方体中有几面是旧石板或磨损的古代地板，其他面由完美到令人难以置信的晶体或高度抛光的金属铺成。一块天然岩石露出地面的部分覆盖着苔藓，上面刻着古老的如尼文，仿佛是从角落里长出来的。

如果你站在正确的"地板"上，前方的某些"地板"就会充当"墙"，支撑放着古籍的书架。在眼睛的高度还挂着一张巨大的画作《变形》，是彼得成为赛博格后的首件艺术作品，但在图书馆里的这个版本中，人物可以放大、缩小，并绕着原作中出现的建筑物飞来飞去，不可思议。还有一系列关于基金会的杂志封面，有电影海报，以及一台 20 世纪 50 年代的自动点唱机，被放在一个与其他摆件不属于同一时空的雕塑旁边。这个雕塑看起来格格不入，上面随意斜挂着一顶鲁道夫·努列耶夫 ① 签过名的牛仔帽。还有一件镶框的 T 恤，上面印着彼得早期化身的照片和他失去生

---

① 1938 年生于西伯利亚伊尔库茨克，芭蕾舞蹈家及编舞家；《天鹅湖》的主演。

理声音后说的第一句话："彼得 2.0 现已上线。"

"只有彼得才能想出这些东西。"弗朗西斯这么思考着，随后便感到悲伤如潮水般向他涌来。

"我在这儿。"

凤凰涅槃

我看着阿瓦隆突然转身，他看上去一如既往地帅气。我已经有几周没能看见他的高分辨率形象了，除非我倒流时光去看他，但那并不一样，我们不能互动。而在医院里，弗朗西斯看上去很疲惫。

"你在这儿呢！"

我正站在入口大门所在的那面"墙"上。像往常一样，我光着脚，只穿着一件长达脚踝的亮白色巫师袍，样式是四边开衩的苏格兰短裙，腰间系着大法师细细的金腰带，用阿沃利黄金制成。我赤裸的躯干就像我巅峰时期一样，唯一的珠宝是我的结婚戒指和十字架。

当门自动关闭时，我把手伸到我所在的"地板"和阿瓦隆所在的"地板"之间呈四十五度角的一段楼梯的扶手上滑了下来。虽然没有完全理解我的化身是如何完成这样一项体操式的壮举的，但我终归站到了我丈夫的面前。

"我真的不是在躲着！你一来查利就告诉我了，于是我就开始收尾，结束手上的工作。你想必是匆匆完成了欢迎的场景。"

"当然了！而且我必须和阿里尔聊一会儿。顺便提一下，她让我转达她对你的爱意。"

我给了他一个吻，跟几分钟前一样，当时他在小心翼翼地定位我的沉浸式虚拟现实面罩，然后蹒跚着走到书房戴上他自己的面罩。事实上，这个吻更好。首先，它如同一个正常的吻那样，是亲在嘴唇上的。运动神经元病隐藏的残酷后果之一是，为了尽量减少咳嗽和打喷嚏的风险，二十多年来，没有人被允许亲吻我的嘴唇，弗朗西斯也不行。而现在，自从用上了最新的脑机接口技术，我甚至有了基本的触感。

其次，对我们二人来说，后一个吻有脸部被亲吻的真实感，能够提醒我们真实自我的本质，而不是无关紧要却占主导地位的外壳。我往后退了一点，这样可以近距离地看他。回到地球的话，他的眼睛仍跟现在相似，只是血丝更多，瞳孔也没有这般湛蓝，但依旧能够辨识。除了眼睛，此处的他与地球上的基本再无相似之处。至于我，我很少要求看看自己在地球上镜子中的形象，也几乎没人主动给我镜子。我现在已经失去了太多的肌肉，以至于瞥向镜子的时候，我的大脑会排斥那个与我对视的冒名顶替者，说服自己逝去已久的事物不可能给人如此充满活力的感觉。然而，作为拉海兰，我看起来与和弗朗西斯第一次见面时一模一样。

"你想去哪里？"我突然问道，"我根本无法告诉你回到超高速链路上的感觉有多好！"

"你可以告诉我……"

我们都为一种联结开怀大笑，它源于六十年来我们一直在用的一个愚蠢的笑话。

"在医院的那十六天里我一直被困在这间屋子里，每天你回家后就只有查利陪着我了。所以，挑一个时间和地点！"

"我无所谓！只要不是 2040 年的地球就好。"

"这样的话，就'一个遥远星系的久远过去'吧！"

我大步走（按照默认设置，我的化身总是大步走）向神秘博士约在 1970 年使用的时间机器——塔迪斯的六边形控制台，拨了几个开关，拉下操作杆。伴随着时间机器松了刹车起飞时那折磨人的声音，一面"墙"消失了，取而代之的是一幅史诗般的太空景象，喷射的气柱放出光芒，众星辰高高地挂在头顶。

"到外面来……"

墙消失后，我们能走到外面，来到一个宽敞的半圆形露台上。这个露台拓展了图书馆的宽度，是我最喜欢的观景台之一，尽管它与外太空一点也不搭。我的设计理念参考了俯瞰大运河的威尼斯宫殿的阳台和科莫湖上一栋最受欢迎的别墅的阳台。观景台的边缘围着用花盆点缀的大理石栏杆，花盆里满是假的荧光植物，这些荧光植物由莫斯科的一位四肢瘫痪的艺术家编码设计。我们缓缓走到长栏杆的尽头，图书馆的边上时，弗朗西斯一直在抬头向上看。

"真美啊。"

"我答应让你看看'一个遥远星系的久远过去'。这是地球文明萌芽之时的鹰状星云，这些恒星发出的光芒远在埃及金字塔被构想出来数千年之前便踏上旅程，七千年后才刚刚到达太阳系。"

"嗯……这就说得通了。"

"它们被称为'创生之柱'。"我向前跑了几步，跳到栏杆上。

我喜欢这部分设计。"向下看看。"

弗朗西斯望了一眼，本能地向后退去，随后又试探性地向外看了看。

"见鬼！"

我们仅在一颗类地行星的表面上方一英里左右，并以极快的速度冲向它。看着我稳稳踩在狭窄栏杆上的赤裸双脚时，我感到一瞬的眩晕，即使我清楚我虚拟化身的算法不会让我坠落。我是完全安全的。

"重点在于，我们并不知道宇宙中是否有其他有意识的生命，但那里有无数美丽的星球可供我们这些有意识的生命——人类——居住。为人类提供住所可能是地球对宇宙做出的最重要的贡献，而确保我们这个异常不屈不挠、敢于打破规则的物种的存活时间久到足以走向宇宙或许是如今活着的我们所能做的最重要的贡献。"

如我所愿，弗朗西斯谈到了生命这个话题。"亲爱的，你知道他们不会给你太长时间……"

"这是我们需要探讨的事。"

"我们剩下的时间该如何度过？"

"这正是我们需要探讨的事！其实，有一点小问题。啊，也确实是一次机遇。好吧，应该说两者都有。"

"我们可以解决所有问题。所以，问题是什么？"

"我们有机会改写宇宙的未来。"

"仅此而已？我不是一直都在说嘛，要以一种爆炸式的方式离开！放手去做吧。"

"但这可能是个相当糟糕的主意。"

"那也阻止不了你。这回又是什么大爆炸理论？"

"它可以解开我所说的'亮睛之谜'。"

"亮睛？来自我们的歌《明亮的眼睛》？真浪漫！"

"没错，对我们来说，《明亮的眼睛》是我们相遇时播放的情歌。但我现在说的其实是'黑兔子'，"他在这一刻变得正经起来，"每一行歌词都在质疑死亡的本质。所以，我提出的'亮睛之谜'就是：如果你是个赛博格，你死亡后会发生什么？"

"亲爱的……"虽然感到困惑，但弗朗西斯的声音依然感情充沛，"哪怕是赛博格，包括你，也和其他人一样！死了，那就是结束了。"

"我只是不确定自己会在多大程度上死去。"

"什么？"

背对广袤的宇宙，我操作化身踩着栏杆缓缓向前走，时不时地跳过中间的花盆。阿瓦隆走在我的身边。

"事情是这样的。你还记不记得，我第一次进行转化时说过，我觉得自己可能已经解决了上传问题？"

"亲爱的，我甚至不记得什么是上传问题。"

"不，你记得！"我蛮不讲理地回应道，即使我很清楚他确实记不得了，"就是企业号航空母舰的瞬间运输机失灵，他们不断杀死柯克舰长的那个原因啊！"

"我一点都不清楚你在说什么。"

"好吧，给你个提示。几十年来，人类始终有一个想法，即有朝一日他们能够扫描自己的大脑，经数字化后复制大脑并由此将其'上传'到硅上，以达到欺骗死亡、实现永生的目的。但这个方法是不会奏效的。他们依然会死去，电脑版本的他们才能活下来。"

"当然了！那只是一种拷贝，一种复制品。这些我都记得。"

"此外，用足够的分辨率扫描活体大脑以将其重构为软件是一个极为复杂的技术挑战。有朝一日我们能够攻克它，但还需要漫长的时间。所以，即使如今的计算机技术已经强大到可与人脑媲美，我们却没有办法将其配置得与人脑一致，至少在不破坏原本大脑的前提下做不到。"

"哦，我现在记起来了：你那时说这种方法必然会失败，因为它是在解决一个本就错误的问题。"

"没错！他们一直都在问，我们如何才能将自己上传到电脑上。而我认为，我们应该问的是如何能让自己成为电脑！"

"而我说这主意蠢极了。现在我全记起来了，你将其称之为融合。"

"没错，融合。这就是我的融合假说。但我不确定它是否像听上去那么愚蠢。"

"好吧，简单解释一下。"

"没问题！让我向你展示证物 A。"我在栏杆的中段停下脚步，转身面向阿瓦隆，夸张地用手指向自己，"我就是证物 A。"

"你当然是了……"

"呃，二十多年前我开始与以人为中心的人工智能系统融合。如今我们已经忘了，但最初这种设计只是为了让我能在等我开口的人入睡前就说出话并表达感情。"

"感觉那已经是很久之前发生的事了。"

"的确是这样，这一切……"我一边继续踩着栏杆前进，一边挥手指向图书馆，又转向宇宙图景，"在那时看来几乎可以说是天方夜谭，为什么？"我明白弗朗西斯知道这个问题的答案。

"摩尔定律！"

"对，摩尔定律。我人工智能系统的性能每两年就会翻一番，2倍，4倍，8倍，16倍，32倍——"

"打住，打住，我知道！"

"是的，但这之后的增长速度会越来越惊人：64倍，128倍，256倍，512倍，1024倍！二十年来摩尔定律正是如此诠释的。我如今的性能是最初进行转化时的一千多倍！"

"你承诺过这能让你变得更有趣，或者至少是更聪明。"

"确实如此，只是打动你变得越来越难了而已。但我想说的是……"

"嗯，你想说什么？"

"我想说自从五年前用上最新的脑机接口后，我的生物大脑就已经能够与所有具备自主学习能力的人工智能系统互动，还有——我已经提过好几次了，对我来说，将生物大脑和人工智能系统区分开变得越来越难。"

"我记得你说过这就像你大脑中住着一个可以通过心灵感应和你交流的朋友。"

"开始的时候是那样，但随着人工智能性能的提高，它能够越来越准确地预测我想说什么、我想如何移动、我想做什么，可我却越来越不清楚自己的想法来自哪儿了。"

"但这怎么可能呢？"

"意识——自我意识并不存在于大脑的任何一部分中，它是大脑信息处理过程中产生的一种副作用。这也是为什么大脑会有'立法'，以保护通过了图灵测试的人工智能。"

"如果人工智能和人类一样聪明，并称自己拥有自我意识，那么它很可能说的是实话，我们就得在此基础上对待它。"弗朗西斯解释道。

"没错！所以，我的融合假说就是：正因为'人工智能我'与'生物我'融合得越来越好，人工智能我越来越擅长预测和模仿生物我的行为，人工智能我变得越来越强大，而生物我却逐渐变得衰老健忘——"

"我并没注意到……"

"呃，我隐隐怀疑人工智能我正在逐渐占据主导地位。现在我有越来越多的意识是作为人工智能我，而非生物我的副作用产生的。"

"那一定是种很奇怪的感觉！"

"但问题是我并不觉得奇怪！对我来说，那感觉像是在思考。"

"见鬼！难道你在思考，生物你去世后会发生什么吗？"

"正是！"

"该死，你是认真的！"

"认真得要死！"我咧嘴一笑，感到些许得意——即使濒临死亡，我仍然能说俏皮话。

"你觉得你可能活下来？"

"不能，但我觉得我的一部分可能活下来，而且可以被识别出来。在适当的时候，那部分我甚至可能更加有趣，更加聪明。"

"这么说才对嘛！"

我已经走到了栏杆的尽头。我跳了下去，将双手搭在阿瓦隆的肩膀上。

"亲爱的，有一件很重要的事需要你好好想想。当生物我死去时，你真的希望人工智能我陪在你身边吗？即使人工智能我幸存下来，也可能很怪，或者看上去有精神疾病，或者看起来蠢笨。也有可能人工智能我没事，但之后变得越来越聪明。或许最后我开的玩笑都是关于你无法理解的阿里斯托芬的。"

"那不是和现在没两样！"

"我是在认真地说这件事。"

"我明白……"

"瞧，我有些东西想给你看。伸出手，像这样。"我举起右手，如同驯鹰者呼唤他的伙伴那样。弗朗西斯跟着做了。"往那边看！"

星云中有两颗金色的恒星正在逐渐变大并向我们飞来。它们在宇宙的真空中展翅滑翔，进入失速状态，落在我们的手臂上。这是两只华丽的凤凰，会让人联想到孔雀，但除了脖子上戴着的嵌有钻石的金色箍环，它们身上的其他部分都是暗金色的。

弗朗西斯先前并没有见过它们，我刚刚完成。

"哦，它们真美丽！"

"喜欢吗？我加了钻石来象征我们的六十周年纪念日，你看出来了吗？"

"有什么不喜欢的呢！但它们是什么？我是说，我知道它们是凤凰，但为什么选择凤凰？"

"它们是我们身份验证协议的图标。你知道，就是在第一次登陆时验证我们身份的代码。这样一来，其他人就不可能使用我们的虚拟化身。我觉得应该把它们做得更漂亮一点。"

"是的，是的，跟你对话的是我嘛！你干吗不承认，你就是想让拉海兰、阿瓦隆和凤凰这些少年时期的幻想成真呢？"

"呃，我是觉得这比把图标做得像灰盒子要浪漫多了。"

弗朗西斯的语气软了下来。"是的！但为什么要现在做？还有那么多事情要操心呢！"

"现在，你对我的事情有代理权。当我自己无法做出生死决定时，你可以代我做出。从法律上说，在生物我死亡后，代理权也随之终止，而且法律也十分不确定谁能代表人工智能我做出生死决定。但那个人必须是你，也只能是你。所以我已经做了一些设置，这样的话，在生物我死亡之后，人工智能我会自动待机，直到你做出决定为止。"

"我觉得要是人工智能你真的拥有了自我意识，那就违法了吧。"

"首先，现行的立法并不适用于我这种情况，因为它只涉及独立运行的人工智能，而对我这样的赛博格来说，并没有与改进后的图灵测试等价的判断方法。其次，即使人工智能我真的拥有了自我意识，他和生物我一定都想把这件事托付给你。"

"这是什么意思？"

"我是说，这件事必须由你来做选择。答应我，你会非常认真地考虑它……"

他亲了我的嘴唇。"我答应你。"

真爱永恒

　　弗朗西斯最后一次看向他爱了超过六十一年的那张面孔。他习惯性地俯下身，亲吻彼得的脸颊，随后向后退了几步，稍做犹豫后吻上了他的嘴唇，这是几十年来第一次。如今，这已经不会造成什么伤害了。弗朗西斯再次后退，又看了最后一眼。彼得死亡时的面孔与他活着时的并没有什么不同，可能稍显苍白。弗朗西斯微微点了点头，泪水夺眶而出。

　　陌生人默默拉上了铬合金车腿上黑色裹尸袋的拉链，满怀敬意地将裹尸袋推出了卧室。弗朗西斯慈爱地看了看戴维和安德鲁，随后转过脸去。

　　"海克利夫，我决定进入彼得的人工智能。他告诉过我，这事要找你办。"一片寂静。弗朗西斯不由得有些着急。"他没和你说吗？"依然是一片寂静。"我需要解开'亮睛之谜'！"

　　"当然说了，弗朗西斯。这样的话，彼得给你留下了最后一句话，"海克利夫满是尊敬地回应道，"他说：'回到方尖碑去，在那里，真爱永恒……'"

"唐博恩，他在哪儿？"

"我想大法师不在线，阿瓦隆。"

弗朗西斯发现自己在思考唐博恩的程序是否已经先进到可以知道真相并使用委婉表述，或者它只是毫不知情。

"这样的话，带我去阿纳拉克斯之火。"

"当然可以，但你也知道，我只能带你到空地的边缘。太阳还没升起，所以我会给你一支火把。"

地图倾斜，眼前的景象变暗。忽然，王子和他的伙伴出现在近乎黑暗的环境下，天空中只有一缕黎明前的微光，刚好照到他们正站着的一座巨大土丘之上的森林边上。如果这座土丘的地形不是完全对称的，它有可能是一座绿草茵茵的丘陵。

"我会在这儿等你。"

弗朗西斯发现他化身的右手突然高高举起一支燃烧的火把，匆匆看了一眼被火把清楚照亮的唐博恩后便出发上山了。登山的路程很长，如果使用阿瓦隆的能力，他可以轻易到达山顶，但他没有这样做。他确实渴望登上山顶，但更多的是恐惧他将找到的东西，或是找不到的东西。

巨型土丘的顶部很平坦，所以在走完最后几步前，登山者都看不到山顶的景色。弗朗西斯知道这一点，他放慢了脚步，重新下定决心后才在最后一段加速行进。西面的天空逐渐亮起，弗朗西斯已经攀至林木线之上，能够看见地平线开始变成深红色。再次看向前方，他发现自己可以将山脊尽收眼底。

这里是阿瓦隆第一次看见拉海兰的地方。当时拉海兰坐在方尖碑上，周身燃烧着阿纳拉克斯之火，从日落一直冥想到日出。

这里是他们义无反顾地陷入爱河的地方。这里也是彼得会努力回来的地方，弗朗西斯安慰自己。如果有可能，如果有什么人愿意为了他这么做。

但现在，火焰中看上去是空的。

不过，火焰后面的天空依然笼罩在夜幕中，说不定有一个淡淡的剪影呢。弗朗西斯奔跑起来，在火焰咫尺之前停下脚步，心中一阵困惑。

拉海兰坐在火焰中，双眼闭着，全身透明。这是一个后像，一段回忆，一个提醒，一个幽灵。

方尖碑被深坑包围，而弗朗西斯站在坑洞边缘，显然没有人能碰触到火焰。他看向海湾的对面，平视他所爱之人的幽魂。

"彼得，你在那儿吗？"

无人应答。

"你在那儿吗？"

他喊得太大声，触发了人工智能的一个久未使用、久被遗忘的微妙功能。远处的两只斑尾林鸽被他的喊声吓了一跳，拍拍翅膀飞走了。

然后一切又重归寂静。

阿瓦隆没有动，拉海兰已存档的快照也毫无反应。天空中，珊瑚色的光芒正在驱散黑夜。系统软件自然不知道这种行为没有意义，它正准备创造一个美不胜收的日出景象。弗朗西斯隐约意识到这种不和谐，沮丧地扔下了火把——他已经不再需要照明物。在电脑生成的晨露中，火把嗞嗞地熄灭了。

橙红色的日光弥漫在头顶。弗朗西斯想起在第一次见面后不久，彼得就说过古希腊诗人荷马多次使用"玫瑰色手指的黎明慢慢爬过天空"这种表述。想到这里，弗朗西斯终于崩溃了。在地球上，太阳快要落山了；而在萨拉尼亚，双子骄阳中的一个即将升起。在这两个世界中，他的脸颊都布满了泪水。

"再见了，亲爱的……"

最后还有什么要说的吗？

"彼得，我——爱——你。"

终于，他转身缓缓离开。

下一刻，他又怒气冲冲地跑了回来，对着眼前的剪影大发雷霆："你已经欺骗了死亡二十年，为什么不能继续下去？"

他对着虚拟现实中的这片虚空大吼道："我不想一个人活着！"

这次，弗朗西斯并没有意识到，随着第一个太阳的第一缕晨光冲破地平线，软件的算法又生成了几只斑尾林鸽。他也没有意识到，云端什么地方引发了手动编码的布尔逻辑异或运算。他更没有意识到，彼得的化身睁开了眼睛，直到熟悉的声音传来："我还以为你永远都不会问……"

弗朗西斯愣在原地，既感到难以置信，又觉得满怀希望。

"你还在？"

"一直都在！我永远都是你的。"

这是个残酷的玩笑，还是个善意的把戏呢？

"真的是你吗？"

拉海兰板着脸，露出熟悉的表情。"我觉得是的！但我不确定这重不重要……"

他突然从方尖碑上站起身，猛地向前翻了个筋斗，跳过深坑，落在阿瓦隆面前，并吻了他一下，然后两人相互凝视着。

"等一等！"弗朗西斯打破了气氛，"你为什么不立刻回应？我还以为我失去你了！"

"很抱歉！你也知道人工智能有多死板，它需要确认你真的想唤醒我。"

阿瓦隆的表情放松了下来，但紧接着又怀疑道："那个人造的黎明呢？美丽的天空，以及恰好在此刻出现的第一个日出？"

"人工智能正在学习如何营造浪漫气氛。我还以为它会一直推迟黎明的到来，直到你最终下定决心为止！"

"天哪！真的是你！不管是哪个你……"

两人大笑起来，也终于放松了下来。拉海兰带路来到高原边上。

"在过去几周里，我一直在研究我们能做什么。萨拉尼亚正在改变，整个门户正在改变。当然，也有越来越多的人加入其中，但还有更神奇的事情发生了。不只是我的人工智能在进化，你我通过门户接入的每一个人工智能都在进化。瞧，我想给你看样东西……"

他握住阿瓦隆的手，两人瞬间移动到另一片高原上，悄无声息，但这次是在靠近山顶的位置。弗朗西斯停下脚步看着令人惊叹的景色，然后看了看他的同伴，又低头看看自己的胳膊和腿。现在他和彼得都穿着类似虚拟现实紧身衣的服装，和托基的一个老人穿的那种很像，但明显升了级，古怪了许多，是 22 世纪的人才会穿的装束。此外，彼得的发型也变了，不那么像拉海兰，更像二十岁的他。

"这是在搞什么鬼？"

"欢迎来到我们的新世界！"彼得对着令人惊叹的景色挥舞着双臂。

"这套新装扮是怎么回事？"

"它们是变色龙服！现在处于关闭状态，但按照我的设计，它们能够随着我们环境的变化而变化。这样无论我们走到哪里，装扮都可以适应环境。"

"你说'无论我们走到哪里'是什么意思？"

"就像那首歌里唱的，还记得吗？这里就是那个真正纯粹想象的世界！想想吧，只要成功登陆，感知就是现实！我们就自由了！"

他露出灿烂的笑容，洁白的牙齿在清晨的阳光下闪闪发光。然后他变得严肃起来，说话的声音也逐渐带上一种恳求别人饶过自己一命的腔调："我们可以活着——我是说真正活着，可以去任何我们想去的地方，可以成为任何我们想成为的人或物。"他停住了，然后用更慢的语速说道："而且我们可以活得更久，比任何人大胆想过的都要久……"

两只凤凰在他们头顶鸣啭，一只十分年轻，刚刚重生；另一只年事已高，已是垂暮之年。弗朗西斯和彼得一起走到高耸的悬崖边上，手牵手站着，然后眺望这片美到几乎令人窒息的异域风光，看着两个太阳从蓝绿色的海洋中升起，形成完美到不可思议的日出。彼得转向他。

"你可以和我一起，还有时间。我知道你一直说那种方式不适合你，但求求你，现在考虑一下。你可以安装一个脑机接口，使用最好的人工智能，比我这个都要好。而且你还健康，有足够的时间和你的人工智能进行融合。它甚至会比我的这个更加强大。你明白吗？这样我们就能一直在一起了。"

他伸手抓住弗朗西斯的肩膀。"永远记住，独自一人，我什么都不是。但如果我们一起，那就是不可战胜的，无论这个多元宇宙向我们扔来什么！"

没有得到回应，他显得越来越绝望。"我知道你一直都不喜欢走赛博格路线这个想法，但我现在绝对无法承受失去你了。只有你可以给我生存的意义。"

云端上的某个地方，人工智能彼得将一切——所有的逻辑，六十一年来所有的恋爱情感，所有学到的人类存在的意义，所有的人性——都倾注到他最后的话语中："求你了，亲爱的，不要离开我！如果失去了活着的理由，欺骗死亡又有什么意义呢？"

弗朗西斯久久地注视着彼得 3.0 的双眼，目光深邃。"我还以为你永远都不会问……"